Por dentro da Casa Branca

As histórias privadas da residência mais famosa do mundo

Por dentro da Casa Branca

As histórias privadas da residência mais famosa do mundo

KATE ANDERSEN BROWER

Tradução
Marcelo Levy

Planeta

Título original: *The Residence: Inside the Private World of The White House*

Preparação: Elisa Martins
Revisão: Ana Paula Felippe e Huendel Viana
Diagramação: Vivian Oliveira
Capa: Departamento de criação da Editora Planeta
Imagens de capa: © Ray Kachatorian / Getty Images

CIP-BRASIL. CATALOGAÇÃO NA PUBLICAÇÃO
SINDICATO NACIONAL DOS EDITORES DE LIVROS, RJ

B896p

Brower, Kate Andersen
Por dentro da Casa Branca / Kate Andersen Brower ; tradução Marcelo Levy. - 1. ed. - São Paulo : Planeta do Brasil, 2016.

Tradução de: *The residence*
ISBN 978-85-422-0758-3

1. Obama, Barack, 1961-. 2. Presidentes - Estados Unidos - Eleições - 2008. 3. Estados Unidos - Civilização. 4. Entrevistas. 5. Reportagens e repórteres. I. Título.

16-33898 CDD: 320.973
CDU: 32(73)

2016
Todos os direitos desta edição reservados à
EDITORA PLANETA DO BRASIL LTDA.
Rua Padre João Manuel, 100 – 21º andar
Ed. Horsa II – Cerqueira César
01411-000 – São Paulo-SP
www.planetadelivros.com.br
atendimento@editoraplaneta.com.br

Para meu marido, Brooke Brower,
que me faz acreditar que tudo é possível.

E para Graham e Charlotte,
nossos adoráveis bebês.

Sumário

Personagens principais

James W. F. "Skip"Allen
Assessor, 1979–2004

Reds Arrington
Encanador-chefe, 1946–1979

Preston Bruce
Porteiro, 1953–1977

Traphes Bryant
Eletricista, cuidador de cães, 1951–1973

Cletus Clark
Pintor, 1969–2008

William "Bill" Cliber
Eletricista, 1963–1990; eletricista-chefe, 1990–2004

Wendy Elsasser
Florista, 1985–2007

Chris Emery
Assessor, 1987–1994

Betty Finney
Arrumadeira, 1993–2007

James Hall
Mordomo, 1963–2007

William "Bill" Hamilton
Camareiro, chefe da despensa, 1958–2013

James Jeffries
Ajudante de cozinha, mordomo, 1959–Atual

Wilson Jerman
Camareiro, mordomo, 1957–1993; porteiro, 2003–2010

Jim Ketchum
Curador, 1961–1963; curador-chefe, 1963–1970

Christine Limerick
Governanta-chefe, 1979–2008 (intervalo entre 1986 e 1991)

Linsey Little
Camareiro, 1979–2005

Roland Mesnier
Chef confeiteiro, 1979–2006

Betty Monkman
Curadora, 1967–1997; curadora-chefe, 1997–2002

Ronn Payne
Florista, 1973–1996

Nelson Pierce
Assessor, 1961–1987

Mary Prince
Babá de Amy Carter

James Ramsey
Mordomo, final do governo Carter até 2010

Stephen Rochon
Mordomo-chefe, 2007–2011

Frank Ruta
Chef de cozinha, 1979–1991 (intervalo entre 1987 e 1988)

Tony Savoy
Supervisor de operações, 1984–2013

Bob Scanlan
Florista, 1998–2010

Walter Scheib
Chef de cozinha, 1994–2005

Rex Scouten
Assessor, 1957–1969; mordomo-chefe, 1969–1986;
curador-chefe, 1986–1997

Ivaniz Silva
Arrumadeira, 1985–2008

Herman Thompson
Mordomo, 1960–1993

Gary Walters
Assessor, 1976–1986; mordomo-chefe e depois diretor executivo, 1986–2007

J. B. West
Assessor, 1941–1957; mordomo-chefe, 1957–1969

Lynwood Westray
Mordomo, 1962–1994

Worthington White
Assessor, 1980–2012

Zephyr Wright
Cozinheira da família Johnson

Introdução

Viver na Casa Branca é como estar em um palco
onde se alternam tragédias e comédias.
Nós, serviçais da Casa Branca, somos os atores coadjuvantes.

Lillian Rogers Parks, arrumadeira e costureira da Casa Branca,
1929–1961, em *My Thirty Years Backstairs at the White House*

Preston Bruce estava sentado com a esposa na cozinha de sua casa em Washington ouvindo rádio enquanto almoçavam – era a única refeição que faziam juntos todos os dias – quando o locutor interrompeu a programação para uma notícia extraordinária: "O presidente foi baleado". Levantou da cadeira num salto, batendo o joelho na mesa. Pratos voaram para o chão. Mais ou menos um minuto depois, um novo anúncio com voz ainda mais aguda: "O presidente foi baleado. Está confirmado que ele foi baleado. Não se sabe qual é seu estado". *Isso não pode estar acontecendo*, pensou Bruce.

Jogou o sobretudo no ombro e, esquecendo-se de pôr o chapéu – soprava um vento fresco e forte naquele dia de novembro –, entrou no carro e saiu rapidamente da entrada da garagem. A esposa, Virginia, ficou em casa, parada na cozinha, chocada no meio dos cacos de prato espalhados no chão. Bruce, normalmente imperturbável, avançava pelo centro da cidade costurando entre os carros a mais de oitenta quilômetros por hora – "Não tinha percebido que estava indo tão rápido", ele diria mais tarde – quando ouviu uma sirene de polícia soando atrás dele. Um policial em uma motocicleta o fez parar na esquina da rua Dezesseis com a Columbia Road, desceu e caminhou até ele.

"Por que tanta pressa?" Não parecia disposto a ouvir desculpas esfarrapadas.

"Senhor policial, eu trabalho na Casa Branca", disse Bruce, ofegante. "O presidente foi baleado."

Alguns instantes de silêncio. Nem todos tinham ouvido a terrível notícia. "Vamos embora", o atônito policial disse, montando na moto. "Siga-me!" Foi assim que naquele dia Bruce recebeu uma escolta policial pessoal até o portão sudeste da Casa Branca.

Quase todo mundo que já era nascido em 1963 se lembra exatamente onde estava quando soube que o presidente Kennedy havia sido baleado. Para Bruce, no entanto, a notícia tinha um significado especial: Kennedy era não apenas o presidente, mas também seu chefe e, mais importante, seu amigo. Preston Bruce era porteiro na Casa Branca e um funcionário querido da equipe que lá trabalhava. Na manhã do dia anterior, ele havia acompanhado o presidente, a primeira-dama e seu filho John-John até o helicóptero da Marinha pousado no Jardim Sul que os levaria até a Base Aérea de Andrews, onde estava o avião presidencial *Air Force One*. De lá, os Kennedy decolariam para seu fatídico giro de dois dias por cinco cidades do Texas, em campanha pela reeleição. (John-John, que completaria 3 anos quatro dias depois, adorava voar de helicóptero com os pais. Voou apenas até Andrews. Quando lhe disseram que não poderia viajar com os pais até Dallas, abriu um berreiro. Foi a última vez que viu o pai.)

"Quero que você cuide de tudo por aqui", gritou o presidente Kennedy para Bruce, a voz abafada pelo ruído dos motores do helicóptero no gramado do Jardim Sul. "Tome as decisões que precisar."

Descendente de escravos e filho de um meeiro da Carolina do Sul, Bruce se tornara membro honorário da família Kennedy. Assistia a filmes com eles no cinema da Casa Branca e os observava quando o presidente brincava com os filhos. Tomou um susto quando Kennedy bateu a cabeça em uma mesa quando estava no Salão Oval correndo atrás do irrequieto filho John-John. (A escrivaninha de JFK era um dos esconderijos favoritos do garoto. Bruce às vezes tinha de resgatá-lo de baixo dela antes de reuniões importantes.) Alto e magro, cerca de 50 anos, alguns cabelos brancos aqui e ali e um luminoso bigode branco, Bruce trabalhava todos os dias de terno preto e gravata-borboleta branca. Era extremamente dedicado ao trabalho. Tinha, entre outras, a delicada responsabilidade de conduzir nervosos convidados aos seus lugares à mesa em jantares oficiais, e projetou uma miniatura de mesa com tampo inclinado, apelidada de "Mesa do Bruce", para facilitar a colocação das placas com os nomes indicando o lugar de cada um. Sua invenção seria usada por décadas.

Naquele 22 de novembro, enquanto acelerava rumo à Casa Branca, Bruce não conseguia acreditar no que estava acontecendo. "Até hoje posso sentir o choque que me atravessou o corpo inteiro", lembraria tempos depois.

Depois de chegar à mansão presidencial, ele só tinha uma coisa em mente: "Vou esperar a sra. Kennedy voltar". Juntou-se a outros funcionários em frente à TV no gabinete do mordomo-chefe. As notícias confirmavam os temores de todos os funcionários da Casa Branca. Anos mais tarde ele escreveria: "A maioria de nós tinha consciência de que era totalmente possível que qualquer presidente que saísse do perímetro daqueles 73 mil metros quadrados poderia voltar como voltou o presidente Kennedy".

Quando Jackie Kennedy finalmente regressou à Casa Branca, às quatro da madrugada, vestindo o icônico terninho de lã cor-de-rosa manchado de sangue, agarrada ao braço do cunhado Robert F. Kennedy, ela estava fantasmagoricamente branca e sinistramente calma. "Puxa, Bruce, você esperou até que voltássemos", disse ela com voz suave, como tentando confortá-lo. "Sim, a senhora sabia que eu estaria aqui, senhora Kennedy", ele respondeu.

Depois de uma rápida cerimônia no Salão Leste, ele conduziu a primeira-dama e o procurador-geral até a ala privada, no segundo andar. Naquele momento de silêncio no elevador, em pé ao lado das duas pessoas mais próximas de JFK, Bruce finalmente desatou a chorar. Jackie e Robert fizeram o mesmo e, abraçados, choraram juntos até alcançar o segundo andar. Quando chegou ao seu quarto, Jackie disse à sua assistente pessoal e confidente, Providencia Paredes: "Pensei que eles fossem me matar também". Ela, então, finalmente tirou o terninho empapado com o sangue do marido e tomou um banho.

Exausto, Bruce passou o final daquela noite sentado em uma cadeira em um quartinho minúsculo no terceiro andar. Tirou o paletó e a gravata-borboleta, desabotoou o colarinho da camisa branca engomada, mas não se entregou ao extremo cansaço. "Eu não queria me deitar. A primeira-dama poderia precisar de mim a qualquer momento." Sua lealdade foi retribuída. Pouco depois do funeral, a primeira-dama lhe deu de presente a gravata que o presidente usara no voo para Dallas. "O presidente gostaria muito que você ficasse com ela", disse a ele (JFK tinha trocado de gravata instantes antes da carreata e trazia a outra no bolso do paletó quando foi baleado). Robert Kennedy tirou as luvas e as deu ao amigo consternado: "Fique com essas luvas", disse a Bruce, "e lembre-se sempre de que eu as vesti no funeral do meu irmão".

Recusando-se a deixar o posto, o porteiro da Casa Branca só voltou para casa e reencontrou a esposa em 26 de novembro, quatro dias após o assassinato. A dedicação de Bruce ao trabalho e à primeira-família pode parecer extraordinária, mas não se espera nada menos que isso daqueles que trabalham na mansão.

★★★

A vida da família do presidente americano, chamada informalmente de "primeira-família", é em boa medida indevassável. Sua privacidade é resguardada por assessores da Ala Oeste e por uma equipe de cerca de cem pessoas que fazem questão de permanecer longe dos holofotes: elas compõem o quadro de funcionários da ala residencial da Casa Branca. Esse pessoal passa a maior parte do tempo no segundo e terceiro andares da mansão de 5.100 metros quadrados. É lá que a primeira-família pode se refugiar das sufocantes pressões da presidência, mesmo que seja apenas por algumas horinhas preciosas jantando ou assistindo à TV. Nos andares superiores, enquanto turistas circulam pelos corredores do primeiro andar e fotógrafos amadores se amontoam em torno da grade externa com as câmeras de seus celulares, eles estão à vontade para tocar suas vidas pessoais com privacidade.

Ao contrário dos incontáveis assessores políticos que prazerosamente se deixaram entrevistar e publicaram livros de memórias depois de deixarem a Casa Branca, as arrumadeiras, governantas, mordomos, *chefs* de cozinha, porteiros, engenheiros, eletricistas, encanadores, carpinteiros, marceneiros e floristas que fazem funcionar a mais famosa mansão dos Estados Unidos preferiram, em sua grande maioria, permanecer invisíveis. Um desses trabalhadores me disse que ele e seus colegas "são apaixonados pelo anonimato". O resultado disso é que o mundo dos funcionários invisíveis da Casa Branca sempre foi objeto de todo tipo de especulação.

Esse mundo chamou minha atenção pela primeira vez quando, como jornalista, eu fazia a cobertura da Casa Branca e fui convidada para um almoço com Michelle Obama juntamente com menos de uma dúzia de outros repórteres. O encontro teve lugar em uma sala de jantar íntima no primeiro andar da Casa Branca. Apelidada de "antiga sala de jantar da família" depois que Jackie Kennedy criou uma sala de jantar separada no segundo andar, usada com maior frequência pelas atuais primeiras-famílias, a sala está escondida do lado oposto ao Salão de Jantares Oficiais, mais formal, onde eu estivera várias vezes antes para cobrir eventos. Eu nunca havia visto este lado privado da Casa Branca; na verdade, nem sabia que essa sala existia.

O acesso a muitas áreas da residência é rigorosamente controlado; repórteres e fotógrafos que cobrem eventos formais, como as recepções no Salão Oeste e os jantares oficiais (atualmente realizados em um imponente pavilhão branco na Ala Sul), não têm acesso aos convidados da Casa Branca. Para essas grandes recepções, o quadro de funcionários é reforçado por mordomos e garçons contratados exclusivamente para esses eventos.

Por esses motivos, fiquei surpresa quando, no dia do almoço com a primeira-dama, fui conduzida por um assessor até a relativamente pequena e aconchegante antiga sala de jantar da família, onde um cavalheiro elegantemente trajado nos serviu uma taça de champanhe em uma reluzente bandeja de prata. No menu, salada de verduras cultivadas na horta da Casa Branca e peixe fresco assado e elegantemente servido em louça de porcelana chinesa da época dos Truman. Todos os mordomos que nos serviram claramente tinham uma relação calorosa com a primeira-dama.

Tudo isso é muito Downton Abbey,[1] pensei.

A experiência fez brotar em mim a pergunta: quem são essas pessoas que conseguem ser tão íntimas da família mais poderosa do mundo?

Como repórter que cobria a Casa Branca para a Bloomberg News, eu trabalhava em um cubículo sem nenhuma janela localizado sob a Sala de Coletivas de Imprensa James S. Brady. O porão apertado é um turbilhão constante de agitação, com repórteres correndo de um lado para o outro, cobrindo eventos, conversando com fontes e voltando aos seus computadores para enviar suas matérias. Durante minha temporada como correspondente na Casa Branca, viajei pelo mundo inteiro a bordo do *Air Force One* e do *Air Force Two* (o avião do vice-presidente), e despachei reportagens da Mongólia, do Japão, da Polônia, da França, de Portugal, da China e da Colômbia. Mas das reportagens que fiz na minha carreira, a mais interessante de todas aconteceu na minha frente dia após dia: sobre os homens e as mulheres que cuidam da primeira-família e compartilham uma profunda lealdade à presidência dos Estados Unidos enquanto instituição. Todo funcionário que serve na Casa Branca é testemunha ocular da história e todos têm coisas incríveis para contar.

★★★

1. *Downton Abbey* é um seriado de TV britânico sobre uma família da aristocracia e sua relação com seus empregados, ambientado no Reino Unido dos anos 1910 e 1920. (N. E.)

A Casa Branca é o mais antigo e poderoso símbolo da presidência. Seus 132 quartos, 147 janelas, 28 lareiras, oito escadas e três elevadores estão espalhados por seis andares – além de dois mezaninos secretos – distribuídos em uma edificação que parece ter apenas três andares. A casa é a residência de apenas uma família por vez, mas os membros do seu elenco coadjuvante são seus verdadeiros moradores permanentes.

Os funcionários da residência incutem humanidade e valores tradicionais nos mais famosos 73 mil metros quadrados do mundo. Despertando ainda de madrugada, sacrificam suas vidas pessoais para servir a primeira-família com dignidade ao mesmo tempo discreta e assombrosa. Para eles, trabalhar na Casa Branca, independentemente do cargo, é uma grande honra. Eleições podem trazer novos rostos, mas eles permanecem governo após governo, sempre tomando o cuidado de guardar para si suas preferências políticas. Eles têm uma missão: garantir o conforto da primeira-família na residência privada mais pública do mundo.

Por conta de seu trabalho, muitos desses homens e mulheres estiveram ao lado de presidentes e suas famílias em momentos incrivelmente vulneráveis, mas apenas poucos deles publicaram memórias de suas vidas na Casa Branca. Este livro marca a primeira vez que tantas pessoas compartilharam publicamente suas experiências de vida dedicadas a cuidar da primeira-família. Suas lembranças incluem desde pequenos gestos de gentileza a episódios de raiva e desespero, de histórias de pequenas idiossincrasias e fraquezas a momentos em que seu trabalho rotineiro se misturava com passagens de triunfo ou tragédia nacional.

Desde brincar com os filhos dos Kennedy no Salão Oval a presenciar a chegada do primeiro presidente negro à Casa Branca; de serem instruídos por Nancy Reagan a recolocar cada uma de suas 25 caixas de porcelana Limoges exatamente no lugar onde estavam antes de serem limpas a deixar Hillary Clinton a sós para um momento de privacidade durante o escândalo sexual que levou à tentativa de impeachment de seu marido, os funcionários da mansão são testemunhas vivas de detalhes da primeira-família aos quais ninguém jamais teve acesso.

Embora tenham me permitido conhecer de forma inédita suas histórias, funcionários atuais e antigos da mansão pautam-se por um velho código de ética que valoriza acima de tudo a discrição e a proteção da privacidade da primeira-família. Ao contrário da maioria das pessoas que vive em Washington – onde a obsessão pelo poder é tal que muitos quase se apresentam pelo cargo antes de dizer o próprio nome –, os funcionários da Casa Branca evitam mencionar seus extraordinários empregos. Esse código de honra foi herdado das gerações anteriores, que, por exemplo, guardaram segredo a respeito da paralisia do presidente Roosevelt – conduzindo os convidados de jantares oficiais para o salão somente depois que o próprio presidente já estivesse sentado à mesa e sua cadeira de rodas guardada longe da vista de todos –, e não deixaram que as histórias das aventuras de John Kennedy com outras mulheres traspassassem os portões da Casa Branca.

Empregados da mansão têm acesso irrestrito a tantas situações que os atuais assessores não queriam que eles falassem comigo. Um antigo funcionário me disse por e-mail: "Acho que você vai perceber que aqueles que ainda trabalham lá não vão querer falar com você, por medo de perder o emprego – sim, isso acontece de verdade. Fomos treinados para preservar dentro da CB o que acontece na CB".

Mas, embora alguns deles tenham relutado no começo em compartilhar suas experiências de trabalho na "casa" – é assim que se referem a ela – todos foram incrivelmente generosos. Brancos e negros, homens e mulheres, *chefs* de cozinha, eletricistas, governantas e arrumadeiras, dúzias de funcionários aposentados me convidaram para ir às suas casas, onde nos sentamos para conversar à mesa da cozinha ou no sofá da sala.

Eu estava grávida do meu segundo filho à época, o que despertou várias perguntas sobre como estava me sentindo e se eu queria comer alguma coisa.

Não demoravam muito para começar a relembrar, com alegria, décadas de trabalho para vários presidentes e suas famílias. Muitos pareciam indiferentes ao fato de que viveram vidas notáveis, em que assistiam da primeira fila ao desenrolar da história. Suas lembranças nem sempre eram uniformes: alguns guardavam boas recordações das famílias a que serviram, outros contaram passagens nada elogiáveis.

Nem sempre era fácil conseguir que falassem. Alguns se abriram para mim somente depois de eu mencionar os colegas que já haviam me concedido entrevista. Outros se mantiveram na defensiva até nos encontrarmos pessoalmente, como o eletricista-chefe William "Bill" Cliber, que contou histórias fascinantes envolvendo os últimos dias de Richard Nixon na presidência, e a governanta-chefe Christine Limerick, que falou sobre sua dolorosa decisão de deixar o cargo temporariamente depois de fartar-se de ser maltratada por uma certa primeira-dama.

Algumas pessoas, como James Ramsey, o mordomo favorito de George W. Bush, queriam falar apenas sobre suas experiências positivas. Ramsey chegou a dizer que temia que o governo tirasse sua pensão, pela qual trabalhou duro a vida inteira, se ele revelasse qualquer coisa negativa. Ele tinha grande amor pelas famílias às quais serviu. Morreu em 2014, mas sou grata pela oportunidade de tê-lo conhecido assim como outros funcionários que morreram antes que as histórias que me contaram fossem publicadas.

Conversei com pessoas que trabalharam na Casa Branca no período conhecido como Camelot[2] – inclusive com o primeiro funcionário a ser informado sobre o assassinato do presidente Kennedy – e com mordomos, porteiros e floristas que serviram aos Obama. Ouvi filhos e filhas de presidentes descreverem como foi crescer na Casa Branca. Tive também conversas francas com as ex-primeiras-damas Rosalynn Carter, Barbara Bush e Laura Bush, assim como com vários assessores graduados da Casa Branca. Muitos se mostraram sinceramente dispostos a ajudar a lançar luz sobre as pessoas que trabalham discreta e zelosamente nos bastidores.

Apesar dos sacrifícios e trabalho duro, funcionários da mansão evitam tenazmente os holofotes – e não apenas metaforicamente. "Há uma lei não escrita que determina que fiquemos nos bastidores.

2. Período Camelot: foi assim que ficaram conhecidos os anos da administração de Johnn F. Kennedy como presidente dos Estados Unidos. (N. E.)

Sempre que havia uma câmera, nos escondíamos debaixo, ou atrás ou acima dela", insistiu o assessor James W. F. "Skip" Allen. Os trabalhadores que entrevistei possuem uma mistura de caráter e inteligência que só faziam aumentar meu apetite por conhecer mais sobre suas vidas. Muitos tinham um senso de humor sarcástico, quase perverso. Depois de nossa entrevista, o mordomo aposentado James Hall fez questão de me acompanhar até a porta, atravessando comigo – muito devagar – o saguão cheio de gente espremida no asilo onde vive. Ele não estava apenas sendo cortês, admitiu: queria que todos o vissem com uma mulher mais jovem. "Isso aqui é como *A caldeira do diabo,*[3]" disse, rindo.

Minha pesquisa me levou para além de Washington e sua periferia. Allen havia se aposentado e se mudara para uma casa de fazenda do século XIX de seiscentos metros quadrados, em Bedford, na Pensilvânia. Comíamos sanduíches de salada de frango ao lado de sua piscina em meio a uma leve garoa quando ele descreveu para mim como os presidentes podiam ser próximos de seus funcionários: "Não era incomum um presidente cumprimentar alguém por seu aniversário", relembra ele. E comentou sobre o peso do cargo de comandante da nação americana: "Diga o nome de qualquer presidente: nenhum deixou a Casa Branca mais jovem do que era quando entrou".

Embora sejam ignorados no meio da pompa dos eventos e das recepções oficiais, funcionários da Casa Branca são essenciais nas vidas pública e privada dos presidentes. "De certa maneira, eu e minha família sempre os vimos como coanfitriões juntamente com o presidente e a primeira-dama", me disse Tricia Nixon Cox, a mais velha das duas filhas do presidente Nixon. "Eles deixavam tudo muito bonito e acolhedor."

Às vezes, chegam a ajudar o casal mais famoso do mundo a atravessar crises pesadas e a se sentirem normais, mesmo que por algumas poucas horas. Vários funcionários me contaram que, no auge do

---

3. *A caldeira do diabo* é um filme americano de 1957 baseado em livro homônimo de Grace Metalious, que retrata a hipocrisia na qual vive os habitantes de uma cidade do interior dos Estados Unidos que sob as aparências escondem sórdidos segredos, como adultério e estutpro. (N. E.)

escândalo Monica Lewinsky, Hillary Clinton parecia cansada e deprimida. Disseram que sentiram pena dela, sabendo que ela ansiava por ter a única coisa que não estava ao seu alcance: privacidade. Um deles, o assessor Worthington White, lembrou-se de como retirou turistas da Casa Branca e manteve os agentes do Serviço Secreto à distância para que a primeira-dama pudesse desfrutar de algumas poucas horas sozinha à piscina. Poder ajudar a senhora Clinton "foi incrivelmente importante para mim", disse White.

Funcionários da mansão às vezes têm a oportunidade de presenciar a felicidade plena sentida por um presidente recém-empossado ao alcançar o nível mais alto da política americana. Em 2009, depois de encerrados os bailes oficiais tradicionais para a ocasião, os Obama estavam se preparando para sua primeira noite na Casa Branca. Eles ainda não estavam totalmente prontos para ir para a cama quando, tarde da noite, White foi deixar alguns papéis. Quando chegou ao segundo andar, ouviu algo estranho.

"De repente ouvi o presidente Obama dizer: 'Agora sim, agora sim. Entendi como funciona'. Logo depois, o volume da música aumentou e era Mary J. Blige." Os novos residentes tinham deixado de lado suas roupas formais: o presidente estava de camisa sem gravata e a primeira-dama vestia uma camiseta e calça de agasalho. O presidente enlaçou a primeira-dama, relembra White, e de repente "eles estavam dançando juntos ao som do sucesso 'Real Love'." O assessor pausou por um instante sua narrativa e, então, arrematou: "Foi a coisa mais linda e adorável de se ver".

"Aposto que você nunca viu nada parecido nesta casa, não é?", perguntou Obama enquanto dançavam.

"Sinceramente, posso garantir que *nunca* ouvi uma música de Mary J. Blige ser tocada neste andar", respondeu White.

Ele não tem certeza de quanto tempo os Obama seguiram dançando, mas sem dúvida eles estavam decididos a curtir o momento.

★★★

Muitas primeiras-famílias dizem que consideram os funcionários os verdadeiros moradores da Casa Branca. O presidente Carter se referiu a eles como "o cimento que mantém a casa em pé". Um desses trabalhadores chamou os colegas de "grupo de pessoas que comem, dormem e bebem a Casa Branca".

A Casa Branca emprega aproximadamente 96 funcionários em período integral e 250 em meio período: assessores, camareiros, *chefs* de cozinha, floristas, empregados e arrumadeiras, mordomos, porteiros, pintores, carpinteiros, engenheiros e calígrafos. Além disso, cerca de duas dúzias de trabalhadores do Serviço Nacional de Parques cuidam da área externa da casa. Todos eles são servidores públicos federais à disposição do presidente.

O centro das atividades dos funcionários da Casa Branca é o gabinete do mordomo-chefe, localizado no primeiro andar, próximo à entrada do Pórtico Norte. O alto funcionário é responsável pela administração dos recursos alocados pelo Congresso para o funcionamento da residência oficial da presidência, inclusive custos de aquecimento, eletricidade, ar-condicionado e salários de funcionários. Em 1941, quando eram 62 funcionários, o orçamento anual era de 152 mil dólares. Atualmente, 75 anos depois, com o aumento do quadro e dos custos operacionais, inflação e outras coisas, o orçamento anual gira em torno de 13 milhões de dólares (esse valor não inclui os 750 mil dólares anuais necessários para serviços de manutenção e reparos).

O trabalho do mordomo-chefe é equivalente ao do gerente-geral de um grande hotel, com a diferença de que há apenas um hóspede. Ele ou ela comanda toda a equipe da mansão, trabalhando em sintonia com a primeira-dama. Reportando-se diretamente ao mordomo-chefe há um vice e uma equipe de assessores responsáveis pela supervisão de vários departamentos, também chamados de "centrais" ou "oficinas", como a central de manutenção e serviços domésticos e a floricultura. Os assessores cuidam do contato com visitantes, inclusive dos convidados da primeira-família, e registram os movimentos do presidente dentro da casa, os quais em algum momento futuro serão transferidos para as bibliotecas presidenciais para a posteridade.

O trabalho do mordomo-chefe da Casa Branca é tão complexo que exige o tipo de rigor e disciplina normalmente associado a ambientes militares. Antes de ser nomeado diretor por George W. Bush, em 2007, o almirante da Guarda Costeira dos Estados Unidos Stephen Rochon – o primeiro negro entre as oito pessoas que até aquele momento ocuparam oficialmente o posto – teve de passar por oito entrevistas, para as quais se deslocava desde sua base em Norfolk, Virgínia, até Washington. A entrevista final foi com o próprio presidente, no Salão Oval. Bush não tinha certeza de que Rochon ficaria contente com o novo e falsamente modesto título:

"O que você acha dessa história de mordomo-chefe?", perguntou a ele.

"Bem, senhor presidente, será que o título é assim tão importante?", respondeu Rochon.

Aparentemente, sim: quando Rochon foi contratado, o título do cargo foi mudado de mordomo-chefe para diretor executivo da Residência Oficial da Presidência – certamente uma descrição mais imponente. Desde outubro de 2011, a função é exercida por Angella Reid, ex-gerente-geral do hotel Ritz-Carlton, de Arlington, Virgínia – a primeira mulher e segunda de ascendência afro-americana.

Independentemente da solenidade do título, a missão é simples: atender às necessidades da primeira-família. Para o mordomo-chefe J. B. West, isso incluía também procurar pelos hamsters de Caroline Kennedy perdidos pela casa e convocar dúzias de especialistas para resolver o problema da pressão da água do chuveiro do presidente Johnson. Jacqueline Kennedy dizia que West era o "homem mais poderoso de Washington depois do presidente".

Da posição mais alta na hierarquia aos cargos mais básicos, ser contratado para trabalhar na Casa Branca é mais complicado que simplesmente responder a um anúncio nos classificados de um jornal ou enviar o currículo por e-mail. "As vagas de trabalho na Casa Branca não são anunciadas", disse Tony Savoy, supervisor de operações até 2013. "Quase todo mundo que entrevistei tinha sido recomendado para o cargo por um parente ou amigo. Você de certa forma se responsabiliza pela pessoa que recomenda." A maior parte dos trabalhadores permanece no emprego por décadas e gerações: a família Ficklin teve nove de seus membros empregados na Casa Branca.

Todo novo governante nomeia um novo chefe de cerimonial. Tradicionalmente o cargo era ocupado por uma mulher, mas em 2011 os Obama indicaram para a função Jeremy Bernard, o primeiro chefe de cerimonial do sexo masculino e também o primeiro assumidamente gay. O chefe de cerimonial atua como elo entre a primeira-família e a equipe de empregados da residência e também entre as Alas Oeste e Leste. Uma das atribuições do cargo é supervisionar a distribuição dos convidados nos jantares e eventos oficiais realizados na Casa Branca, nos quais o chefe de cerimonial entrega aos funcionários planilhas indicando quantas pessoas são aguardadas e que salas serão usadas para as cerimônias.

Não raro os chefes de cerimonial se veem em meio a conflitos. Letitia Baldrige, que exerceu o cargo no governo Kennedy, uma vez mostrou ao presidente cartas criticando os cabelos longos de seu filho John-John, que a primeira-dama adorava. Quando o presidente insistiu para que cortassem o cabelo do garoto, Jackie Kennedy ficou três dias sem falar com Letitia.

Funcionários da mansão são essenciais para tornar mais fácil o trabalho do chefe de cerimonial de administrar uma festa atrás da outra e respeitar antigas tradições. Julianna Smoot, chefe de cerimonial dos Obama entre 2010 e 2011, é grata pela ajuda que recebeu dos calígrafos da Casa Branca, que ficam em uma salinha no fim do corredor onde está o escritório social na Ala Oeste, ao evitarem que ela cometesse um erro embaraçoso: um dia, no fim do verão americano de 2010, em meados de setembro, um dos três calígrafos – cuja função é criar quantidades imensas de convites para eventos na Casa Branca – a procurou e perguntou: "Você já sabe o que faremos para o Natal?".

"É só em dezembro. Será que não podemos falar sobre isso mais à frente?", respondeu Juliana. O Natal parecia tão distante e havia tantas coisas para cuidar antes.

"Na verdade já estamos atrasados no planejamento", o calígrafo observou, preocupado.

Smoot ficou chocada. "É claro que eu não sabia disso!", ela relembraria tempos depois. "Entrei em pânico. Tínhamos de pensar em um tema e no cartão de Natal. Acho que não teríamos tido Natal em 2010 se não fossem os calígrafos."

Às vezes é o chefe de cerimonial quem dá notícias ruins aos funcionários da mansão em nome da primeira-dama, que normalmente quer distância de atritos. Quando Laura Bush contratou Lea Berman para ser sua chefe de cerimonial, coube a esta chamar de lado o *chef* Walter Scheib para pedir que parasse de fazer para a família "pratos de country club". Scheib disse que estava seguindo instruções que haviam lhe passado e, além disso, muito pouco do que ele preparava podia realmente ser considerado "prato de country club". Na verdade, estava longe de ser sofisticado. "Se o presidente pede um sanduíche de manteiga de amendoim com mel, nós, claro, tratamos de fazer o melhor sanduíche de manteiga de amendoim com mel do planeta", diz Scheib, acrescentando: "É o que o presidente quer, portanto, escolha bem as palavras para descrever o que ele come". Quando Berman começou a mostrar a ele as páginas marcadas com os cantos dobrados dos livros de culinária de Martha Stewart, o *chef* ficou furioso.

A governanta-chefe Christine Limerick supervisionava cerca de vinte funcionários da central de manutenção e serviços domésticos, que ela gerenciou entre 1979 e 2008 (com uma interrupção entre 1986 e 1991). Seis deles trabalhavam nos segundo e terceiro andares, na área privativa da família; entre eles havia várias arrumadeiras e um empregado que passava o aspirador e cuidava do deslocamento de móveis pesados. Dois funcionários cuidavam exclusivamente da lavanderia e o resto das áreas abertas a visitantes e do Salão Oval; ocasionalmente, quando havia convidados e grandes eventos, como jantares oficiais, o quadro era reforçado por outros funcionários.

A Casa Branca utiliza também uma equipe de floristas, comandada por um florista-chefe, que diariamente prepara arranjos na floricultura, localizada em um pequeno espaço no andar térreo, espremida sob a entrada de carro que leva ao Pórtico Norte. Os floristas têm a incumbência de inventar arranjos originais ao gosto da primeira-família. Nas datas comemorativas e quando há recepções oficiais, os floristas convocam voluntários para ajudar; os Obama frequentemente usam empresas de Chicago especializadas em festas para organizar jantares oficiais e criar a decoração de Natal. O florista-chefe cuida dos espaços públicos e ajuda a supervisionar todos os arranjos; os que trabalham na floricultura são corresponsáveis pela decoração do complexo como um todo: áreas privativas nos segundo e terceiro andares, Alas Leste e Oeste, e salas públicas. Nenhum canto da Casa Branca é negligenciado.

Reid Cherlin, que foi porta-voz de Obama, lembra ter ficado impressionado com o trabalho desses profissionais. "As flores sempre me deixavam atônito. De manhã, chegando na Ala Oeste, dependendo da hora, você via os floristas colocando do lado de fora novos vasos de peônias", disse ele. "Tem algo mágico em colocar flores frescas em um lugar por onde talvez ninguém venha a passar. Uma coisa é colocá-las na mesinha de café do Salão Oval, outra é deixar tudo enfeitadinho em áreas por onde as pessoas mal passam".

"Todo mundo trabalha junto para que a residência fique absolutamente perfeita", disse Bob Scanlan, que trabalhou na floricultura de 1998 a 2010. "Se em um arranjo uma flor parecesse meio caída, não seria surpresa se alguém da manutenção aparecesse dizendo: 'Pessoal, é bom vocês darem uma olhada lá no Salão Vermelho. Vi umas pétalas caídas na mesa. Eu as recolhi, mas parece que continuam se soltando'. A gente dava cobertura uns aos outros porque tudo afeta a nós todos".

A mansão é atendida por seis mordomos permanentes e dúzias de mordomos temporários, que são chamados regularmente para ajudar em jantares e recepções oficiais. Dos seis mordomos em período integral, um é designado *maître*. Os cuidados com as necessidades mais pessoais do presidente ficam a cargo dos camareiros, que sempre estão por perto. Normalmente são dois, que se alternam em turnos. Trata-se de militares que cuidam das roupas do presidente, resolvem pequenos assuntos do dia a dia, engraxam sapatos e trabalham em conjunto com o pessoal dos serviços domésticos. Por exemplo, se for preciso trocar a sola do sapato do presidente, um camareiro avisa o escritório da governanta-chefe. Quando o presidente vai para o Salão

Oval pela manhã, um camareiro permanece por perto caso ele precise de alguma coisa, seja um café, uma refeição leve ou uma pastilha para dor de garganta. Nas viagens presidenciais, é o camareiro quem arruma sua mala e não raro viaja junto, em um veículo oficial de apoio, levando consigo uma camisa ou gravata para a eventualidade de o chefe de Estado deixar alguma coisa cair na roupa e precisar trocá-la.

No dia seguinte à posse, George W. Bush ficou chocado quando conheceu seus dois camareiros. Segundo Laura Bush: "Chegaram esses dois homens e se apresentaram ao George dizendo: 'Nós somos seus camareiros'. Ele então foi falar com seu pai: 'Apareceram dois sujeitos, se apresentaram e disseram que são meus camareiros. Eu não preciso de camareiros. Eu não quero um camareiro'. O pai (o ex-presidente George H. W. Bush) então respondeu: 'Você vai se acostumar'". E foi isso mesmo que aconteceu. Cedo ou tarde, presidentes acabam se vendo em situações em que dão graças a Deus por não ter de se preocupar com colocar na mala uma camisa extra.

★★★

Os empregados da mansão estão ali para poupar a primeira-família de realizar as tarefas do dia a dia, já que normalmente falta a elas tempo para cozinhar, ir às compras ou fazer a faxina. Além disso, trabalham sob as mais severas condições de segurança – que outra residência tem um grupo de atiradores de elite no telhado o tempo todo? – e precisam se acostumar com um emprego em que não têm nenhuma privacidade. Vários já comentaram que viver na Casa Branca pode ser equivalente a passar um período na prisão – mas é preciso reconhecer também, como observou Michelle Obama, que é "uma prisão bem bonita".

★★★

Para a arrumadeira Betty Finney (apelidada de "Little Betty", por seu porte físico pequeno), o altíssimo nível de segurança ajuda as pessoas que lá trabalham e a família a se sentirem seguras. "Você sabe que os atiradores estão lá em cima para nos proteger. Por que não ficar à vontade?", afirmou. "Se a gente não os pudesse ver, ficaríamos nos perguntando onde estariam."

No entanto, ocorrências recentes de furos na segurança revelaram a vulnerabilidade desse marcante símbolo da democracia e dos membros da família que nele reside. Mostraram também como o trabalho dos seus funcionários pode ser multifacetado e delicado. Há informações de que, como primeiro presidente negro do país, Barack Obama é alvo de um número de ameaças três vezes maior que seus antecessores. Em 2014, funcionários da residência ficaram horrorizados quando um homem armado com uma faca conseguiu pular a cerca da Casa Branca, atravessar correndo o Pátio Norte e efetivamente invadir o interior do piso principal da mansão, passando por vários agentes do Serviço Secreto, até ser contido por um agente que estava de folga. Em outro aterrorizante episódio, em 2011, uma arrumadeira atuou sem querer como detetive particular ao ser a primeira pessoa a notar uma janela quebrada e um pedaço de concreto branco no andar do Terraço Truman. Sua descoberta levou à conclusão de que um homem realmente havia disparado pelo menos sete vezes na direção da Casa Branca alguns dias antes. (O Serviço Secreto sabia da ocorrência de tiros, mas equivocadamente concluíra que os disparos haviam sido feitos por gangues rivais em um tiroteio e não tinham por alvo a residência oficial da presidência.) Empregados e empregadas da Casa Branca são treinados para serem "observadores ao máximo" e sabem como alertar quando percebem qualquer coisa fora do normal, afirma Christine Limerick, principalmente se a primeira-família estiver correndo perigo.

Sem dúvida, não há nada de normal na vida na mansão, independentemente do esforço dos funcionários para fazer com que o presidente e sua família sintam-se em casa. Preocupações com segurança à parte, o fato é que há muito pouco na vida na Casa Branca que se pareça com a de um lar americano comum. Ron, filho de Ronald Reagan, contou-me a história de uma visita que ele e sua esposa fizeram aos pais. Tendo chegado tarde demais para o jantar, decidiram atacar a cozinha da ala privada em busca de ovos e uma frigideira. Ao ouvir o barulho do metal das panelas tarde da noite, um mordomo preocupado entrou correndo na cozinha:

"Posso ajudá-los? Não querem que alguém faça isso para vocês?", perguntou com severidade.

"Não, obrigado", respondeu Ron. "Mas você poderia me dizer onde ficam os ovos e onde guardam a frigideira?"

O mordomo não pareceu satisfeito. Funcionários da residência detestam sentir-se inúteis. No final, Ron teve de pedir ao mordomo que trouxesse ovos da cozinha do andar térreo, pois não havia nenhum na cozinha da ala privada da família.

"Eles querem muito, mas muito mesmo, fazer o serviço deles. Não querem simplesmente ficar lá, parados", acrescentou Ron.

Hillary Clinton era outra que às vezes preferia fazer as coisas ela mesma. Ela escolheu uma área na cozinha do segundo andar onde sua família pudesse fazer as refeições informalmente.

"Eu sabia que tinha agido corretamente naquela noite em que Chelsea estava doente", disse ela. Naquela ocasião, relembra, os funcionários "ficaram loucos" quando ela resolveu fazer ela própria ovos mexidos para a filha.

"Ah, deixe que nós trazemos uma omelete para ela lá de baixo", dissera-lhe o mordomo.

"Não, só quero fazer uns ovos mexidos e purê de maçã. Quero dar a ela a mesma comida que eu daria se estivesse morando em qualquer outro lugar dos Estados Unidos."

Embora às vezes membros da primeira-família desejassem esquecer a pompa da mansão, para muitos funcionários essa mesma pompa era um consolo. "Se você está tendo um dia ruim com algum membro da primeira-família ou seus assessores, basta se afastar um pouco e olhar para aquela construção", disse Limerick. "Quando eu via a Casa Branca iluminada à noite, pensava comigo: *Eu realmente trabalho aí dentro e sinto-me privilegiada*. Isso era o suficiente para eu me aprumar, colocar as ideias em ordem e enfrentar o dia seguinte."

★★★

A Casa Branca é a corporificação da democracia americana. Seu terreno ocupa uma área de 73 mil metros quadrados. A manutenção dos espaços externos é feita pelo Departamento Nacional de Parques. O prédio principal, conhecido formalmente como residência oficial da presidência, é dividido em ambientes públicos e privados. A aparência de ter apenas três andares é enganosa, pois o prédio na verdade tem seis andares e dois pequenos mezaninos. Além dos dois andares subterrâneos, temos: andar térreo, onde estão localizadas a cozinha principal, a floricultura e a carpintaria; primeiro andar; dois mezaninos, que abrigam o gabinete do diretor e a cozinha da confeitaria; segundo e terceiro andares, que abrigam a área privativa da primeira-família. A cozinha dos funcionários e as áreas de depósito estão nos andares subterrâneos. As Alas Leste e Oeste têm seus próprios andares secretos, sendo o mais famoso deles a Sala de Gestão de Crises, localizada sob a Ala Oeste, que se tornou símbolo da solenidade da presidência por ser o local onde o comandante em chefe se reúne com seus assessores para gerir as crises mais graves e para falar em segurança com outros líderes mundiais.

Os funcionários da mansão têm sua própria cantina, sala de jantar, sala de descanso e área de depósito, localizado no mezanino subterrâneo (na verdade, um andar inteiro) exatamente abaixo do Pórtico Norte. Essa cantina está separada da cozinha principal, no andar térreo, onde são preparadas as refeições da primeira-família bem como para as ocasiões formais, inclusive jantares oficiais. (Há também uma pequena cozinha no segundo andar, usada exclusivamente para refeições mais íntimas da primeira-família.) Tradicionalmente a cantina do subsolo era o local onde os funcionários se juntavam para comer, conversar e relaxar. Durante anos, era ali que o pessoal saboreava pratos da culinária tradicional do sul do país, como frango frito, broa de milho e feijão-fradinho, preparados carinhosamente por uma equipe de cozinheiros negros, entre os quais Miss Sally, que sempre vestia engenhosos chapéus quando não estava trabalhando e adorava provocar os colegas – às vezes falando mais palavrões que um marinheiro – enquanto os servia. Embora, para tristeza dos funcionários, a cantina do subsolo tenha sido fechada pouco tempo atrás, aparentemente por medida de contenção de despesas, o espaço permanece sendo um ponto de encontro, aonde os funcionários trazem suas próprias refeições e se reúnem para comer e colocar a conversa em dia.

Às vezes até mesmo assessores políticos do alto escalão descem para jantar com os funcionários da mansão. Reggie Love, um ex-assessor pessoal de Obama, conhecido como sombra do presidente, ficou tão íntimo de alguns dos mordomos que vinha comer com eles na cozinha nos fins de semana, quando a cantina dos funcionários da Ala Oeste estava fechada. Love deixou a Casa Branca em 2011, mas ainda joga um carteado com os mordomos da Casa Branca quando está na cidade.

★★★

É na Ala Oeste que ficam o Salão Oval e a equipe de assessores políticos do presidente. Na Ala Leste estão os escritórios da primeira-dama e sua equipe. A distância entre as duas é aproximadamente igual a um campo de futebol.

Todas as manhãs funcionários têm de desenrolar os tapetes e montar nos postes as cordas que demarcam os espaços abertos a turistas no andar térreo e no primeiro andar. Todas as tardes, depois de milhares de pessoas terem passado por ali, eles têm de limpar tudo, tirar os postes e enrolar os tapetes para que a primeira-família possa passar algum tempo ali sem que o ambiente pareça tão gritantemente uma atração turística.

"Antes de trabalhar lá eu não dava importância ao fato de o presidente e a primeira-dama não ficarem muito afastados dos lugares por onde passam os turistas. Eles estão apenas um andar acima", afirma Katie Johnson, secretária pessoal do presidente Obama de 2009 a 2011. Entre suas responsabilidades estava garantir que o presidente cumprisse sua agenda e fazer a coordenação entre a primeira-dama e os funcionários da mansão. Cabia a ela a função nada invejável de informar o pessoal da Ala Leste que o presidente se atrasaria para o jantar com sua família.

"A residência lembra um pouco um apartamento superluxuoso em Nova York", disse ela, ingenuamente. "Tem um monte de coisas acontecendo lá fora e na cidade, mas, quando você está lá dentro, é apenas sua casa."

Katie McCormick Lelyveld, a primeira secretária de imprensa de Michelle Obama, às vezes ficava em uma sala contígua ao salão de beleza no segundo andar. Ela recorda como esses andares eram sossegados em comparação com a agitação dos andares de baixo. "No espaço privativo da família, não tem um monte de gente andando de um lado para o outro. Eles se esforçam para tratar o espaço como um lar comum de uma família. Os agentes não ficam ali parados em pé. Eles permanecem do lado de fora."

"A Casa Branca foi projetada para preservar uma dimensão humana", afirma Tricia Nixon Cox. Um dia, depois de uma cerimônia de recepção no Jardim Sul, um príncipe europeu virou-se para ela e disse: "É uma casa de verdade". Ficara impressionado com as dimensões da mansão presidencial em comparação com os palácios que conhecia. "Para ele, a casa era pequena."

Pode até parecer menos imponente, mas está longe de ser modesta. O grandioso saguão de entrada no lado norte abre-se em uma extremidade para o Salão Leste, de 25 metros de comprimento, e na outra para o Salão de Jantares Oficiais, frequentemente usado para receber chefes de Estado estrangeiros. Entre um e outro, encontram-se os Salões Verde, Azul e Vermelho.

Os aposentos privativos da primeira-família nos segundo e terceiro andares são acessíveis por um corredor principal em cada andar: dezesseis quartos e seis banheiros no segundo andar e outros vinte quartos e nove banheiros no terceiro. Em algumas ocasiões, arrumadeiras e camareiros foram alojados nesses andares, assim como filhos e filhas do presidente. Os quartos de hóspedes não têm número na porta, mas são conhecidos entre os funcionários pelos seus números, como em um hotel. A cada semana, as camareiras recebem a lista de quartos que devem limpar. Todas detestam o quarto número 328.

"É o quarto mais difícil de limpar!", disse a camareira Betty Finney. O quarto 328 tem uma cama trenó, com cabeceira e pés altos. "É muito difícil fazer a cama. Quando você faz a cama, quer que fique perfeitinha, mas aquela é muito difícil. A gente sabe que precisa fazer, mas ninguém gosta."

Cada andar tem uma sala ovalada: o Salão de Recepções Diplomáticas no andar térreo, onde o presidente conversa com seus convidados próximo à lareira e por onde normalmente a primeira-família entra na casa; a Sala Azul, no primeiro andar, que se abre sobre o Jardim Sul e onde há um lustre de cristal francês e cortinas azuis de cetim; e a Sala Oval Amarela, no segundo andar, que abre para o Terraço Truman. Esta última era antes uma biblioteca com passagem privativa para o escritório do presidente Lincoln, atualmente Sala Lincoln, criada para que o presidente pudesse evitar encontrar as pessoas que esperavam na Sala de Tratados para vê-lo. Hoje é um escritório para uso pessoal do presidente. A Ala Oeste, onde está localizado o Salão Oval, só viria a ser construída décadas depois. Antes disso, a mansão era ao mesmo tempo lar e local de trabalho do presidente.

A mansão tem quatro escadas: a Escadaria Grand, que liga o primeiro ao segundo andar; uma ao lado do elevador do presidente, que serve do subsolo ao terceiro andar; uma escada espiral próxima ao elevador dos funcionários que liga o mezanino do primeiro andar, onde está a confeitaria, ao subsolo; e finalmente uma verdadeira "escada secreta", que vai do segundo andar, ao lado do Dormitório Real (um elegante quarto cor-de-rosa assim batizado em alusão a personagens de diferentes casas reais que ali se hospedaram), até a extremidade leste do terceiro andar. Camareiras normalmente usam essa escada quando precisam limpar dormitórios no segundo andar e querem evitar incomodar a primeira-família. Essa escada permite que cheguem ao terceiro andar.

A Casa Branca foi projetada pelo arquiteto de origem irlandesa James Hoban, que venceu um concurso concebido pelo presidente

George Washington e pelo secretário de Estado Thomas Jefferson. O projeto foi inspirado na Leinster House, mansão de Dublin em estilo georgiano do século XVIII que hoje é sede do parlamento irlandês. Seus primeiros residentes queixavam-se de que era grande demais, crítica raramente ouvida nos dias de hoje, em que frequentemente jantares oficiais para centenas de convidados têm de ser preparados na cozinha apertada e quase todos os quartos são tomados por amigos e familiares na época da posse.

George Washington previu que a cidade de Washington um dia teria beleza e grandiosidade comparáveis às de Paris e Londres, mas no começo o lugar em nada lembrava as icônicas capitais europeias. Em 1800, quando o presidente John Adams e sua esposa, Abigail, se tornaram os primeiros residentes, havia apenas seis quartos habitáveis, e eles trouxeram com eles apenas quatro serviçais. A nova residência presidencial estava longe de ficar pronta e Washington era um lugar tão alagadiço e isolado que a primeira-família ficou perdida por horas no caminho entre Baltimore e a capital. Quando conseguiram chegar, tiveram de entrar na casa pisando em tábuas de madeira, porque os degraus da entrada ainda não tinham sido instalados. Uma lavanderia e estábulos ocupavam a área onde hoje está a Ala Oeste, e os administradores da cidade chegaram a fechar um bordel que funcionava na área dos barracos onde viviam os trabalhadores empregados na construção. (Há notícias de que carpinteiros e pedreiros ficaram tão chateados com a medida que o bordel foi mudado e reaberto em uma região mais remota da cidade.)

"Não há aqui nenhuma cerca, nenhum jardim ou qualquer outro conforto", escreveu Abigail a sua filha. "As escadas principais não estão prontas e não estarão até o inverno."

Quando mudou-se para a Casa Branca, Abigail Adams calculava que seriam necessários pelo menos trinta serviçais para fazê-la funcionar adequadamente. (Hoje, perto de cem pessoas trabalham lá.) Nos primeiros governos, as primeiras-famílias não raro traziam suas próprias arrumadeiras, cozinheiros e camareiros, e pagavam do próprio bolso esse pessoal. Nas últimas décadas algumas primeiras-famílias trouxeram um ou dois empregados mais leais que tinham antes de chegar à presidência, mas para a grande maioria das situações contam com a experiência da equipe de funcionários fixos da casa.

Em 1814, perto do fim da Guerra de 1812, os ingleses incendiaram totalmente a Casa Branca. O presidente James Madison pediu a Hoban que ajudasse na reconstrução, àquela altura já um símbolo nacional. Desde então, cada presidente procurou deixar sua marca pessoal no prédio. A mansão recebeu vários elementos decorativos em estilo vitoriano durante o século XIX, mas em 1902, Theodore Roosevelt contratou o famoso escritório de arquitetura McKim, Mead & White para reformá-la, preservando o estilo neoclássico original. Roosevelt mandou instalar quartos de hóspedes no terceiro andar e pôs abaixo um conjunto de gigantescas estufas de vidro – usadas para cultivar flores e frutas para a primeira-família – para abrir espaço para a construção do que viria a ser a Ala Oeste. Mais tarde naquele ano, o presidente mudou seu escritório do segundo andar para a Ala Oeste; seu sucessor, William Howard Taft, acrescentou o Salão Oval, concluído em 1909.

A última grande reforma foi feita durante o governo Truman, quando o telhado estava literalmente afundando e a casa correndo risco de desmoronar. As coisas tinham ficado tão perigosas que em certa ocasião, em uma recepção oferecida pela primeira-dama à organização Filhas da Revolução Americana, o lustre – que tinha o tamanho de uma geladeira – começou a balançar descontroladamente sobre a cabeça das desavisadas convidadas, em parte porque o presidente estava tomando um banho de banheira no andar de cima. Há registro também de que o pé de um dos pianos de Margaret Truman literalmente afundou dentro do piso apodrecido de sua sala de estar durante um ensaio especialmente animado. Truman trocou a estrutura de madeira original da casa por uma nova, de aço, e acrescentou uma área externa no segundo andar, da qual se avista o Jardim Sul, e que passaria a ser conhecida como o Terraço Truman; ainda hoje é um dos espaços prediletos para a primeira-família relaxar.

Desde o século passado, nenhum entre os residentes da Casa Branca promoveu tantas mudanças quanto Jacqueline Kennedy, que lançou uma campanha amplamente divulgada para reformar o interior (ela detestava o termo "redecorar"), cujo objetivo era fazer daquela a "casa mais perfeita" do país. Ela pediu a sua amiga filantropa Rachel "Bunny" Mellon, para reprojetar o jardim das rosas e o Salão do Jardim Leste, substituindo o rosa de Mamie Eisenhower pelas cores creme e azul-claro. Jackie deu muito trabalho aos funcionários da Casa Branca ao trazer a renomada decoradora de interiores Sister Parish para ajudar na reforma, vasculhando a residência em busca de "tesouros" e dispensando "coisas horrorosas". "Se há algo que eu não suporto são espelhos vitorianos: eles são medonhos. Joguem-nos nas masmorras", costumava brincar a primeira-dama, insistindo que "tudo na Casa Branca precisa de um motivo para estar lá." Convocou Henry Francis du Pont, colecionador de móveis americanos antigos e herdeiro da fortuna de sua família, para presidir a Comissão de Belas Artes da Casa Branca, criada por ela um mês depois de se mudar para a mansão. Criou também a Oficina de Conservação, cuja função seria inventariar e preservar adequadamente os móveis e as obras de arte da mansão. Em 1962, protagonizou o primeiro tour da Casa Branca televisionado, assistido por 8 milhões de pessoas, que ajudou a fazer dela uma das primeiras-damas mais populares do país. À época, ela tinha apenas 32 anos.

A Casa Branca de hoje ainda guarda as marcas de Jackie Kennedy. Ela pegou uma casa que parecia decadente havia muitos anos e a deixou moderna, trazendo para o trabalho como primeira-dama uma mistura de sensibilidade histórica com elegância contemporânea. Trouxe frescor à equipe de funcionários da Casa Branca ao contratar o *chef* francês René Verdon e nomear Oleg Cassini seu estilista oficial. Suas atenções voltaram-se também para as áreas privativas da primeira-família na mansão: sentindo que a antiga sala de jantar parecia formal demais para servir como espaço de encontro de sua jovem família, ela pegou um aposento no segundo andar, que fora o quarto de dormir de Margaret Truman, reformou-o e criou ali uma cozinha e uma copa.

Hoje os funcionários referem-se à casa com a mesma solenidade que normalmente reservam a suas primeiras-famílias favoritas. Um deles contou que toda vez que trazia amigos para conhecer a Casa Branca terminava o tour dizendo a eles que dessem uma boa olhada em volta, absorvessem tudo com atenção: "Vocês acabam de passar exatamente pelos locais onde viveram todos os presidentes desde John Adams". E acrescentou que todas as vezes que fez isso "foi delicioso".

★★★

Funcionários da Casa Branca adoram conhecer cada centímetro quadrado da mansão, seus cantinhos pouco conhecidos e segredos históricos. Os vestiários do subsolo, onde os mordomos guardam seus smokings impecáveis e as camareiras seus uniformes (camisas em cor pastel e calças brancas), ficam perto de um abrigo antibomba sob a Ala Leste construído para o presidente Franklin Roosevelt durante a Segunda Guerra Mundial; essa sala é atualmente o Centro de Operações de Emergência, projetado para resistir a uma explosão nuclear. É para esse abrigo que o presidente pode ser levado em caso de um ataque. A Sala de Mapas do andar térreo foi no passado uma sala de bilhar antes de ser transformada em centro de planejamento ultrassecreto durante a Segunda Guerra Mundial; foi lá que, cercado de mapas representando os movimentos dos americanos e das tropas inimigas, Roosevelt considerou a possibilidade da invasão da Normandia. Poucos tiveram a oportunidade de ver como a sala é por dentro. "Quando a sala precisava ser limpa", escreveu o diretor J. B. West, "o agente de segurança cobria os mapas com um pano e ficava ali vigiando enquanto o faxineiro passava o esfregão no chão." Décadas mais tarde, Bill Clinton usou essa mesma sala para dar seu depoimento televisionado ao júri durante o escândalo Monica Lewinsky. Hoje é usada como área de espera dos convidados das festas de datas nacionais que aguardam sua vez para serem fotografados com o presidente e a primeira-dama no contíguo Salão de Recepções Diplomáticas.

Outras salas foram palco de passagens diferentes abrangendo séculos de história americana. Abigail Adams usava o pomposo e fresco Salão Leste – o maior recinto da Casa Branca, com pé direito de mais de seis metros de altura – para pendurar roupas lavadas. O salão, que depois serviria como casa temporária para soldados na Guerra Civil, atualmente é utilizado para a maioria das coletivas de imprensa da presidência. O Salão de Jantares Oficiais, frequentemente usado para solenes recepções que marcam a assinatura de importantes acordos comerciais e militares, foi no passado o escritório de Thomas Jefferson. O Salão Verde, hoje uma sala de espera formal localizada no primeiro andar, era no início o dormitório e a copa de Jefferson. James Monroe o usava como sala de jogos. Foi ali que o adorado filho de Abraham Lincoln, Willie, foi embalsamado, seu rosto iluminado por chamas de velas e arranjos de camélias colocados em suas mãos. A pequena Sala de Estar Lincoln, em estilo vitoriano, localizada no segundo andar, foi usada como central de telegrafia no século XIX; foi ali que, durante os dias mais sombrios de Watergate, Richard Nixon refugiou-se, entre suas cortinas pesadas e móveis escuros, com a música tocando em altíssimo volume, o fogo crepitando na lareira, e o ar-condicionado ajustado na potência máxima.

No terceiro andar há um refúgio no teto do Pórtico Sul, com visão de 180 graus do Mall e do Monumento a Washington, dois dos mais importantes símbolos da cidade. Foi projetado pela primeira-dama Grace Coolidge para ser seu "Salão ao Céu". Chamado hoje de Solário, o arejado ambiente serve como sala de estar da primeira-família. É aqui que a pequena Caroline Kennedy fez o jardim da infância, que o presidente Reagan se recolheu durante sua recuperação após ter sido baleado em um atentado, e onde Sasha e Malia Obama brincam com as amigas que as visitam e ficam para dormir.

Nenhum dos funcionários da residência que entrevistei se importa de ser chamado de "empregada" ou "empregado". Não há nada depreciativo em trabalhar na Casa Branca, seja qual for a função. "Como não dá para comprá-los, até que é bem legal trabalhar todo dia cercado pelos móveis mais bonitos do país inteiro", me disse brincando o florista Ronn Payne.

Para o *chef* confeiteiro Roland Mesnier, preparar sobremesas sofisticadas para cinco presidentes foi o auge da carreira dele. "A Casa

Branca é o topo do topo. Se a Casa Branca não é o topo, o que mais pode ser?"

É graças à dedicação incomparável desses profissionais ao serviço e graças ao orgulho por realizá-lo que as primeiras-famílias dos Estados Unidos conseguem trabalhar e viver com confiança e segurança na Casa Branca e desfrutar de preciosos momentos de tranquilidade. As histórias desses funcionários da residência nos dão breves retratos dos presidentes americanos e suas famílias durante os períodos em que viveram entre aquelas paredes (tanto no sentido figurado quanto literal). Suas histórias incríveis – tocantes, hilariantes ou trágicas – merecem um lugar na história dos Estados Unidos.

CAPÍTULO I

Caos controlado

Na passagem de um governo para outro, a transformação da casa é tão repentina quanto a morte. Com isso quero dizer que ela nos deixa com um sentimento misterioso de vazio interior. De manhã você serve o café para uma família com a qual passou anos. Na hora do almoço essa família já não está mais na sua vida e, em seu lugar, surgem novos rostos, novas atitudes, novos gostos.

Alonzo Fields, mordomo e *maître*, 1931–1953
My 21 Years in the White House

Foi a única vez na minha vida que um emprego me derrubou.

Walter Scheib, *chef* de cozinha, 1994–2005

Uma ou duas vezes por década, na maior parte das vezes em um dia frio de rachar do mês de janeiro, as atenções dos americanos são atraídas para a transferência pública do poder do presidente ao seu sucessor. Centenas de milhares de pessoas se aglomeram no National Mall, em Washington, para assistir ao presidente eleito fazer seu juramento e assumir o governo em uma cerimônia tranquila e cuidadosamente coreografada, a qual a esposa do presidente Johnson, Lady Bird, uma vez chamou de "a grande e pomposa encenação quadrienal americana".

Nos bastidores, no entanto, essa cerimônia tranquila é acompanhada por uma espantosa operação logística. Laura Bush se refere a ela como "transferência de famílias" e "obra-prima coreográfica, realizada com velocidade extraordinária". Para ser bem-sucedida, depende do conhecimento institucional e da flexibilidade dos funcionários da mansão. No dia da posse, o frenesi se inicia bem mais cedo do que o normal; os funcionários começam a chegar ainda antes do amanhecer. Ao fim do dia, já terá começado uma nova era da história dos Estados Unidos.

A Casa Branca pertence à família que se despede até o meio-dia, quando tem início o mandato do novo presidente. Na manhã da posse, o presidente a ser substituído oferece uma rápida recepção à nova primeira-família. Antes da partida da antiga primeira-família, a equipe de empregados lota o opulento Salão de Jantares Oficiais, onde serviram em inúmeros eventos, para se despedir. Não raro são tomados por uma ampla gama de emoções despertadas pela troca de um chefe (em muitos casos um amigo) por outro em apenas seis horas. A convivência ao longo de oito anos acaba criando fortes laços com a família que está partindo; por outro lado, até aquele instante, poucos tiveram a oportunidade de conhecer os novos residentes. Praticamente não há quem consiga manter secos os olhos. Nem mesmo quem está animado com o futuro.

"Quando os Clinton desceram, Chelsea inclusive, nada falaram", disse a governanta-chefe Christine Limerick, recordando o dia da posse de George W. Bush, em 2001. "Só de lembrar, me emociono. O presidente Clinton olhou cada um de nós no fundo dos olhos e disse: 'Obrigado'. O salão inteiro simplesmente caiu no choro."

Durante a despedida, a equipe oferece à família um presente – às vezes a bandeira que estava hasteada sobre a Casa Branca no dia da posse – acondicionada em uma linda caixa de madeira entalhada pelos marceneiros da Casa Branca. Em 2001, Christine, Nancy Clarke, florista-chefe, e Betty Monkman, chefe da oficina de conservação de móveis e obras de arte, deram a Hillary Clinton uma grande almofada feita com retalhos de tecidos que ela havia escolhido para decorar diferentes quartos da casa.

Praticamente não há tempo para grandes reflexões. Perto das onze da manhã, as duas famílias deixam a Casa Branca em direção ao Capitólio. Desde esse momento até aproximadamente cinco da tarde, quando o novo presidente e sua família voltam para descansar e se preparar para os bailes comemorativos, a equipe precisa concluir duas mudanças: a saída de uma família e a entrada de outra. Durante esse raro momento, quando todos os olhares voltam-se para o Capitólio, a equipe dá graças aos céus pelo fato de a atenção do público estar temporariamente longe da turbulenta atividade em curso dentro da casa.

Como contratar empresas de mudança profissionais por um dia exigiria cumprir uma lista impraticável de medidas prévias de segurança, cabe à equipe de funcionários, e só a eles, instalar o presidente recém-empossado e cuidar da saída do antecessor e sua família. Não é permitido trazer gente de fora para o serviço. Ao longo do dia, mesmo tendo de continuar desempenhando suas funções normais, os trabalhadores da mansão também realizam o serviço de profissionais de mudanças, com apenas seis horas para concluir a tarefa. O trabalho é tanto e demanda tanto esforço físico que todo mundo é convocado para ajudar: lavadores de panelas ajudam a mover móveis, marceneiros são vistos colocando fotos emolduradas em mesas de canto... O serviço braçal é de tal forma intenso que, na chegada do presidente Clinton, um funcionário sofreu uma lesão nas costas tão grave ao erguer um sofá que teve de ficar afastado por vários meses.

Para o supervisor de operações Tony Savoy, o dia da posse é o mais importante da sua carreira. O departamento de operações normalmente administra recepções e jantares, reposiciona móveis para gravações de entrevistas para a TV e cuida de eventos na área externa, mas no dia da posse é responsável por "trazer para dentro uma mudança e pôr outra para fora", afirma Savoy. Depois de autorizada sua entrada e atravessarem vários portões, os caminhões com os pertences da nova família são descarregados por dezenas de funcionários das oficinas de operações, engenharia, carpintaria e elétrica. Serão eles os encarregados de pegar os móveis e colocá-los exatamente onde o decorador de interiores da nova família mandar. "A melhor transição é quando o presidente não perde a eleição para o segundo mandato", brinca Savoy, disfarçando a tremenda ansiedade que essa assombrosa tarefa provoca.

Nas seis horas entre a partida da primeira-família e a chegada do novo presidente e sua família, a equipe tem de colocar no lugar novos capachos, novos colchões e novas cabeceiras de cama, remover quadros e, em última instância, redecorar a casa ao gosto dos novos ocupantes. Eles desfazem caixas, dobram roupas à perfeição e as guardam nas gavetas. Precisam até colocar pasta e escova de dente no balcão da pia do banheiro. Nenhum detalhe passa despercebido.

O florista Bob Scanlan ajudou na transição de Clinton para George W. Bush, em 2001. Em termos de transição, essa foi relativamente fácil, já que os Bush conheciam o território melhor que a maioria. George W. Bush visitava a mansão com frequência quando seu pai era presidente. Eles estavam acostumados à presença de grandes equipes de empregados trabalhando para eles; Laura Bush admite que tiveram "imensa vantagem" em relação a outras famílias porque haviam passado muito tempo na casa durante o mandato do primeiro presidente Bush ("o velho Bush", como carinhosamente o chamavam os funcionários). "O único outro casal que teve isso foi John Quincy e Louisa Adams."

Bill Clinton sabia que Bush conhecia bem a casa e seu quadro de funcionários e brincava dizendo que Bush sabia até onde ficavam os disjuntores. Clinton, por sua vez, só tinha estado na Casa Branca meia dúzia de vezes antes da posse: na adolescência, para participar do fórum anual de jovens da American Legion, quando foi fotografado apertando a mão do presidente Kennedy; a convite dos Carter, em 1977 (foi também a primeira visita de Hillary Clinton), e várias vezes como governador do Arkansas, nos jantares da Associação Nacional dos Governadores. Hillary conta que, antes de se mudarem, ela havia estado no segundo andar apenas uma vez, quando Barbara Bush mostrou-lhe a casa, depois da vitória do marido Bill nas eleições. Ela nunca antes estivera no terceiro andar. Quando se mudaram, Hillary passou a estudar a fundo a história da casa e pediu aos curadores responsáveis pela oficina de conservação para reunir em livro uma compilação com imagens – desde os primeiros desenhos e fotos – de cada ambiente ao longo da história.

Na era moderna, no entanto, Barack Obama foi o presidente que mais enfrentou dificuldades na transição. Ele e sua família deixaram a casa em que viviam no bairro Hyde Park, em Chicago, e foram diretamente para a Casa Branca. Os Obama estavam ainda menos acostumados com a presença de empregados domésticos em casa que os Clinton: eles tinham uma empregada, mas não uma babá, e, durante a campanha presidencial, deixavam as filhas, Sasha e Malia, com a mãe de Michelle, Marian. Sem a experiência de crescer como filho de presidente – ou de viver no luxo que a condição de chefe de Estado proporciona – levou tempo para que Obama e sua família se sentissem à vontade em suas novas vidas.

Em 20 de janeiro de 2009, 1,8 milhão de pessoas se aglomeraram sob temperatura inferior a dois graus Celsius negativos para acompanhar o juramento de Barack Obama, o primeiro presidente afro-americano dos Estados Unidos. Foi não apenas a maior presença em cerimônias de posse de presidente, mas também a maior audiência em um evento na história de Washington.

A maioria dos americanos ouviu falar em Barack Obama pela primeira vez em 2004, quando, como senador pelo estado de Illinois, ele fez um discurso eletrizante na convenção do Partido Democrata. Devido à sua ascensão meteórica, ele teve pouco tempo para se preparar para a vida na Casa Branca. Sabendo disso, a equipe de funcionários se esforçou ao máximo para facilitar a transição. Para Obama, deve ter parecido surreal quando, ao entrar na casa pelo Pórtico Norte pela primeira vez como presidente, viu o diretor executivo voltar-se para ele e dizer: “Olá, senhor presidente. Bem-vindo ao seu novo lar”. Durante os breves momentos de sossego naquela tarde e início de noite – depois de acompanhar os desfiles na Pennsylvania Avenue e antes do primeiro baile de posse – os Obama ficaram beliscando em um bufet montado na Antiga Sala de Jantar da Família, onde nenhum detalhe passou despercebido.

Esse dia foi resultado de meses de cuidadoso planejamento. Para os funcionários da Casa Branca, a transição começa cerca de dezoito meses antes da posse, quando o diretor executivo prepara para o novo presidente e a primeira-dama (com o desafio extra de não saber quem serão) livros contendo informações, como uma planta detalhada da Casa Branca, uma lista dos funcionários e uma visão geral do que pode ser alterado no Salão Oval.

Gary Walters, que foi diretor de 1986 a 2007, começava a levantar informações sobre os candidatos ainda durante as primárias, muito antes das eleições propriamente ditas. Para ele, foi particularmente difícil quando os presidentes Ford, Carter e George H. W. Bush perderam as disputas para um segundo mandato. "O lugar é das famílias que lá estão, mas é preciso ficar atento ao que está acontecendo", Walters disse.

Em dezembro, entre a eleição e a posse, Walters costumava providenciar para que a futura primeira-família fizesse uma visita à Casa Branca acompanhada pela primeira-dama em exercício. Nessa ocasião, a futura primeira-dama recebia um livro contendo os nomes e as fotos dos integrantes do quadro de funcionários. O livro é útil para conhecer os nomes do pessoal e também uma medida de segurança, para que possam avisar o Serviço Secreto caso venham a se deparar com algum desconhecido.

É a própria primeira-família quem paga pela mudança de seus objetos particulares ao final do mandato. Também é o presidente eleito quem paga as despesas de trazer suas coisas para a Casa Branca; para tanto, ele pode usar recursos próprios da família ou de fundos arrecadados para a campanha ou para a transição. Cabe à primeira--família combinar com o Serviço Secreto como será feita a entrada dos seus objetos na Casa Branca na manhã da posse.

Em todas as transições, um dos maiores desafios logísticos é a mudança dos móveis e outros objetos de maior porte da nova primeira--família para a Casa Branca. Depois da eleição de 1960, a chefe de cerimonial dos Kennedy, Letitia Baldrige, disse em memorando a

Jacqueline Kennedy que havia pedido à chefe de cerimonial dos Eisenhower, Mary Jane McCaffree, "se poderiam contrabandear um monte de coisas para dentro da casa sem que eles (os Eisenhower) soubessem, e ela disse que sim, e que o diretor poderia guardar caixas, malas etc. em algum lugar fora da visão de todos e rapidamente colocar tudo no seu devido lugar ao meio-dia. Não é maravilhoso? Parece cena de Hitchcock". Letitia relembrou como chegou à Casa Branca, acompanhada da assistente pessoal de Jackie, Providencia Paredes, e do camareiro de John Kennedy, George Thomas, em um carro onde levavam o vestido de Jackie para o baile da posse e as malas da família. Naquele momento, todo mundo estava no Capitólio para a cerimônia de posse. Era um dia ensolarado e o Jardim Sul estava coberto de neve. "Nós tínhamos calculado o tempo de viagem entre Georgetown e a Casa Branca de forma que não chegássemos antes do meio-dia, porque esta é a hora em que o novo presidente toma oficialmente posse da mansão."

As mesmas regras permaneciam vigentes meio século depois: os assessores dos Obama começaram a se reunir com o pessoal da mansão pouco depois da eleição e, na semana anterior à posse, boa parte dos móveis da família já tinha sido despachada para a Casa Branca e guardada no Salão China, onde é mantida a coleção de porcelana, no andar térreo, para que pudesse ser levada rapidamente para o andar de cima. Os Bush haviam dito ao diretor executivo Stephen Rochon que desejavam facilitar ao máximo a mudança, mas Rochon fazia questão de evitar que os Bush sentissem que estavam sendo despejados. "Para nós era importante que as coisas da nova família não estivessem à vista da família que sairia. Não que eles não soubessem que elas estavam lá, mas não queríamos que tivessem a sensação de que os estávamos expulsando."

Outros assessores dos Obama fizeram contatos similares com funcionários da mansão. Mais de dois meses antes da posse, a florista-chefe Nancy Clarke reuniu-se com o decorador dos Obama, Michael Smith, para discutir os arranjos florais para os aposentos privados onde ficariam hospedados os amigos e parentes na noite da posse.

"Como o tempo para preparar a casa é muito exíguo, o quadro de funcionários inteiro é convocado para garantir que tudo esteja perfeito naquele intervalo que tínhamos", disse a chefe de cerimonial Desirée Rogers, confidente próxima dos Obama desde os tempos de Chicago e primeira secretaria pessoal que tiveram. No dia da posse, "conseguimos entrar na casa o mais cedo possível", recorda-se ela, "e ficamos colocando as coisas no lugar, deixando tudo pronto, guardando as roupas nos respectivos quartos".

Semanas antes da posse, Desirée reuniu-se com os floristas para decidir que tipos de flores ficariam nas mesinhas redondas e quais candelabros e velas usariam naqueles preciosos momentos que a família tem para curtir aquele novo e inebriante ambiente antes de se trocar para os bailes.

"Todos esses pequenos detalhes ajudam a deixar todo mundo à vontade e acolhido", acredita o florista Bob Scanlan.

O novo presidente preencheu quase todos os cargos da Ala Oeste com assessores leais de sua campanha presidencial e de sua carreira política, entre eles o porta-voz que o acompanhava havia muitos anos, Robert Gibbs, que acabaria sendo seu primeiro secretário de imprensa, e a amiga íntima Valerie Jarrett, que se tornou uma importante assessora. Michelle Obama trouxe sua própria equipe de assessores, muitos dos quais conhecidos dela de longa data. Dois dias depois de se mudar, ela convocou para uma reunião no Salão Leste sua equipe da Ala Leste e todos os empregados da mansão. Katie McCormick Lelyveld, secretária de imprensa da primeira-dama à época, recorda como sua chefe deixou claro para todos quem estava no comando:

"Esta é a equipe que entrou aqui comigo", disse a primeira-dama aos empregados fixos da mansão enquanto apontava para seu pequeno grupo de assessores políticos. "Vocês agora fazem parte da nossa nova equipe", ela disse antes de se dirigir aos seus assessores, entre eles a própria Katie: "Cabe a *vocês* se certificarem de que conhecem todo mundo que trabalha aqui. Eles estavam aqui antes de vocês chegarem e são eles que fazem este lugar funcionar. Nós estamos no campo *deles* agora". A equipe da primeira-dama passou então a circular pelo salão se apresentando.

"Naquele momento tratava-se de nos aproximarmos deles para saber quais eram suas funções e como eles se encaixavam no contexto mais amplo", disse Katie. "*Nós* éramos os alunos novos da escola."

A partir daqueles primeiros dias, Katie passou a consultar os funcionários da mansão. Quando quis pensar em uma forma astuta de ver antecipadamente o menu do primeiro jantar oficial de Obama, ela desceu à cozinha e perguntou à *chef* executiva Cristeta "Cris" Comerford como ela achava que deveria arrumar o ambiente de forma que o pessoal da imprensa pudesse ver o que ela estava preparando sem a atrapalhar. Uma vez, quando perguntou a pessoas dos departamentos de engenharia e operações sobre como reposicionar móveis para realizar uma entrevista para a TV no andar térreo, foi advertida de que a Casa Branca não era uma casa comum. "Era como se trabalhássemos em um museu", ela afirmou. "Não são apenas duas cadeiras para uma entrevista" mas "duas cadeiras da Sala Azul que são mais antigas que você – na verdade, de séculos atrás – que precisam ser tiradas do lugar. Por esse motivo, nesses momentos é preciso solicitar o pessoal cujo trabalho é preservar aquele espaço." (O mobiliário é tão valioso que um dia um funcionário ouviu de seu chefe que, se quebrasse um refinado relógio de bronze que estava na Casa Branca desde 1817, não precisaria nem aparecer no dia seguinte para trabalhar, pois nem que trabalhasse três vidas inteiras conseguiria juntar dinheiro para repor a peça.)

Na sexta-feira depois de sua posse, o presidente Obama deu um giro informal pela casa para se apresentar. Quando chegou à cozinha do segundo andar, encontrou vários mordomos reunidos em torno da TV. Brincando, deu um tapa no ombro de James Jeffries e perguntou-lhes:

"O que vocês estão assistindo?"

"Estávamos vendo o que estava acontecendo no Lincoln Memorial antes da posse", respondeu Jeffries. "Parabéns por se tornar presidente."

"Obrigado", respondeu Obama com seu sorriso de orelha a orelha antes de se retirar.

Minutos depois, quando ele retornou à cozinha, Jeffries criou coragem e acrescentou: "Eu acabei de lhe dar os parabéns. Amanhã, se calhar de eu estar escalado para trabalhar, você pode me dar os parabéns por trabalhar aqui há cinquenta anos".

"Eu não preciso esperar até amanhã", respondeu de bate-pronto o presidente. "Posso fazer isso agora mesmo. Parabéns."

Apesar de Desirée Rogers qualificar a relação deles com os funcionários como "muito, muito cordial", o novo presidente era consideravelmente mais reservado e menos dado a conversas que seus antecessores. Alguns funcionários afirmam que sentiram saudade da camaradagem bacana construída com os presidentes Bush, Clinton e Bush filho. "Os Bush queriam que você se sentisse próximo deles", afirma o diretor executivo Rochon. Com os Obama, "você precisava ser absolutamente profissional". No entanto, os Obama fizeram amizades com alguns dos homens e mulheres que atuam nos bastidores; o mordomo James Jeffries fala em uma espécie de mútuo respeito e entendimento não verbalizados entre os Obama e a equipe de mordomos – composta em sua maioria por afro-americanos – sobre o que é ser negro nos Estados Unidos. O próprio presidente reconheceu isso quando disse que parte do calor humano dedicado pelos mordomos a sua família deve-se ao fato de que "quando olham para Malia ou Sasha, eles dizem: 'Bom, essa aqui se parece com minha netinha ou aquela ali se parece com minha filha'".

O porteiro Vincent Contee, de 84 anos, trabalhou todas as segundas e terças-feiras de 1988 a 2009, e acompanhou o presidente no elevador ao entrar ou sair do Salão Oval. "A gente se dava muito bem", lembra. "Quando me via de manhã, ele puxava conversa e perguntava como estava o meu dia." Durante seus 21 anos na Casa Branca, Contee teve incontáveis encontros com celebridades, além de falar regularmente com presidentes, e acompanhou ícones como Nelson Mandela e Elizabeth Taylor no elevador a caminho de encontros com o presidente na ala privativa da família. Ele recorda que até mesmo presidentes às vezes não conseguem esconder a exaustão. Todos os que serviu em algum momento viraram para ele dentro do elevador, suspiraram e disseram algo como "Tudo o que eu queria agora era ir para a cama e dormir o dia inteiro".

A caminho do Salão Oval, Obama costumava conversar sobre esportes com Contee. "Ele sabia que eu gosto de futebol americano.

Torço para os Redskins. Quando o time perdia, ele chegava para mim e dizia o que eles tinham deixado de fazer ou o que deveriam ter feito." Às vezes Obama lhe pedia que levasse Bo, o cão de água português da família, para dar um passeio nos gramados da Casa Branca. Depois que terminava, Contee levava Bo de volta para seu quarto no terceiro andar.

Ainda assim, os Obama revelaram-se uma família particularmente reservada. O diretor Rochon sentia haver uma certa distância entre os funcionários e o novo presidente. Os Obama pareciam "desconfortáveis", afirmou, "por terem tantos mordomos e empregados prontos para servi-los o tempo todo". Para um casal que, havia pouco tempo, tinha terminado de pagar seus financiamentos estudantis, a quantidade de pessoas da Casa Branca à disposição deles para atender a suas necessidades pessoais deve ter sido desconcertante. "É preciso dar-lhes privacidade", me disse Contee. "Falávamos com eles rapidamente e logo depois eles iam cuidar das coisas deles e nós das nossas."

Os Obama tinham a grande preocupação de criar as filhas em um ambiente o mais normal possível, mesmo morando em uma casa com dúzias de cozinheiros, mordomos e empregados. Em 2011, Michelle Obama revelou em entrevista que sua filha mais velha, Malia, com 13 anos à época, ia começar a lavar ela mesma suas roupas – sua mãe, Marian Robinson, que vive em uma suíte no terceiro andar, ia ensiná-la. "Minha mãe ainda lava a própria roupa. Ela não gosta que estranhos fiquem mexendo em suas roupas íntimas." O ex-cabeleireiro da primeira-dama Michael "Rahni" Flowers confirma que "Michelle é um tipo de mãe muito prática e direta. A mãe dela também. Basta elas lhe darem um olhar para você congelar, ficar sem ação".

Katie McCormick Lelyveld lembra como a primeira-dama estabeleceu de forma clara as regras para as filhas. "Embora ela gostasse que houvesse funcionários cuidando de todos os detalhes, eles não estavam lá para servir as meninas." Michelle lembrou às filhas: "Não pensem que alguém vai fazer suas camas. Essa tarefa é de vocês".

No entanto, depois de dois anos extenuantes de campanha eleitoral e agenda frenética, os Obama sentiam-se gratos por ter esses serviços à disposição. "Há certos confortos que tornam muito fáceis dias por si só estafantes. Um deles, por exemplo, é ter alguém que cuide do seu jantar", explicou Katie.

Não é fácil mudar tradições na Casa Branca. Quando os Obama avisaram os mordomos que nos fins de semana poderiam deixar no armário seus smokings engomados e usar camisas esporte e calças normais, nem todos aceitaram a oferta. "Para alguns daqueles cavalheiros, vários deles com mais de 70 ou 80 anos e donos de muitos smokings, mudar de vestimenta implicaria comprar roupas novas. É possível que se sentissem mais à vontade usando smoking", disse Katie. Ao ver que muitos mordomos insistiram em continuar usando seus uniformes formais, ela se sentia constrangida quando estava com eles vestindo calças cáqui ou jeans, mesmo estando acostumada com os trajes mais confortáveis normalmente usados na campanha eleitoral. "Eu admirava o grande respeito que tinham por seu trabalho."

Os Obama claramente sentiam saudades da vida que levavam em Chicago. Obama disse uma vez: "Todo presidente tem consciência plena de que é apenas residente temporário" na Casa Branca, e acrescentou: "Somos apenas inquilinos aqui". Depois de duas duríssimas campanhas, o presidente se recusa a deixar de jantar mais de duas vezes por semana com a família. Essas refeições eram preparadas por Sam Kass, o *chef* pessoal que trouxeram de Chicago e com eles permaneceu até dezembro de 2014, quando deixou o cargo para mudar-se para Nova York.

Reggie Love, um ex-assistente pessoal de Obama, lembra-se de como, caminhando da área da família para a Ala Oeste todas as manhãs, Obama costumava perguntar ao diretor executivo Stephen Rochon sobre coisas relativas à casa com que qualquer pessoa normal tem de se preocupar, independentemente de morar na residência oficial da presidência ou em um apartamento em um beco no subúrbio. "Se você mora em um prédio, alguém é responsável pela manutenção. Oras, se a pressão da água não está boa ou se o wi-fi não está funcionando, você precisa falar com alguém sobre isso, certo?"

Uma das preocupações de Obama no início do seu mandato era a quadra de basquete da Casa Branca. Durante a campanha de

2008, ele curtia o ritual de participar de um joguinho de basquete nos dias de eleições primárias. Nas duas vezes em que não jogou, em New Hampshire e Nevada, perdeu a disputa. Não muito depois de assumir, ele disse a Rochon que queria que a quadra de tênis rodeada de pinheiros localizada no Jardim Sul fosse transformada em uma quadra de basquete. Cestas removíveis foram instaladas, novas linhas pintadas no piso e bolas de basquete com o selo da Casa Branca encomendadas. O custo da obra: 4.995 dólares.

O projeto levou vários meses para ficar pronto. Obama acabou se impacientando com a demora e um dia, em uma de suas caminhadas matinais, ele deu uma cutucada em Rochon: "Almirante, não é um foguete espacial".

Em uma outra manhã, como Rochon nada dizia a respeito da quadra, o presidente perguntou: "Quando vou poder bater minha bolinha?". A resposta de Rochon: "Bem, senhor presidente, tenho o prazer de informar que a quadra estará pronta hoje até as onze e meia". Os olhos do presidente brilharam. Às dez e meia, uma hora antes do previsto para a quadra ficar pronta, ele já estava lá jogando com Love, um ex-ala do time Duke Blue Devils.

O cabeleireiro Michael "Rahni" Flowers cuidava dos cabelos de Michelle Obama desde seus tempos de adolescente e era a primeira opção da primeira-dama para o dia da posse. Embora não sejam oficialmente parte do quadro de funcionários da residência, cabeleireiros detêm uma visão singular dos bastidores dos eventos desse dia memorável.

O dia de Flowers começou às quatro da manhã, na Blair House, o elegante complexo de casas localizado em frente à Casa Branca onde o presidente eleito e sua família tradicionalmente ficam hospedados antes de se mudarem oficialmente para a mansão presidencial. Naquela manhã, ele fez os cabelos de Michelle, suas filhas e sua mãe, e acompanhou os Obama durante todo o dia, ao Capitólio e a todos os dez bailes oficiais comemorativos da posse naquela noite.

Flowers percebeu imediatamente como estavam animados os mordomos – negros em sua grande maioria – com o novo presidente.

"Havia um orgulho que é mais que orgulho; eles jamais sonharam que estariam vivos para testemunhar esse acontecimento", disse Flowers, que também é negro. "Eu via pelo jeito de eles falarem, pelo jeito de andarem. Dava para perceber pelo sorriso aberto deles – era muito mais do que o mais impossível dos sonhos que pudessem ter tido."

Todo mundo parecia bem calmo naquela manhã, recordou. Exceto Marian Robinson, mãe da primeira-dama. A senhora Robinson estava prestes a passar por uma mudança dramática: tinha acabado de organizar um clube de corrida para idosos em Chicago e recentemente vencera uma corrida, mas a filha Michelle lhe pedira que viesse viver com eles na Casa Branca para ajudar a cuidar das meninas. O resultado é que ela agora estava deixando sua cidade para uma vida nova – e rigidamente controlada.

"É uma mulher muito independente", afirma Flowers, que acredita que, se dependesse apenas dela, não se mudaria: "Ela me contou que Michelle quer isso, por causa das crianças". Quando deixou sua adorada Chicago, Marian Robinson disse: "Eles estão me arrastando com eles e eu não estou me sentindo muito confortável com isso, mas estou fazendo como você. Estou fazendo o que precisa ser feito".

O futuro presidente, no entanto, não parecia preocupado com a mudança dramática. Depois de proferir um ambicioso discurso de posse, mencionando objetivos como a reforma do sistema de saúde ao mesmo tempo que reafirmava sua promessa mais ampla de mudar a retórica promovedora de rixas eternas em Washington, ele perguntou: "E aí? Mandei bem?".

"Barack está sempre muito calmo, seu estado de espírito está sempre sob controle", disse Flowers. "Michelle é mais esquentada."

Devido a um pequeno problema na agenda (alguém se esqueceu de levar em conta o almoço no Capitólio depois do juramento na posse), os Obama tiveram apenas 45 minutos para se preparar para os bailes daquela noite. Enquanto se apressavam para ficar prontos, o presidente passou pelo pequeno salão de beleza no segundo andar da Casa Branca e perguntou à esposa que gravata-borboleta deveria usar.

"Eu quero ficar bem bonitão para você", brincou.

Quando ele estava saindo, Flowers percebeu que um dos punhos franceses da camisa do presidente não estava bem encaixado e avisou: "Barack, arrume os punhos da camisa".

"Ah, que legal. As pessoas se preocupam com a gente", disse Obama amavelmente.

A estilista responsável pelo guarda-roupas da primeira-dama, Ikram Goldman – cuja butique de Chicago Michelle Obama frequentava antes de mudar-se para a Casa Branca –, fez uma reprimenda a Flowers quando o ouviu chamar o presidente pelo primeiro nome. "Ela sugeriu que o chamasse de senhor presidente", recordou Flowers. "Ele sorriu quando o chamei de Barack. Eu fui ao casamento deles, conheci o pai de Michelle, ele não mudou comigo", relembrou, claramente ainda chateado com a reprimenda que levou. "Não teria sido natural para mim." Essa transição – de nomes pessoais para títulos formais – é um rito de passagem a ser cumprido por muitos amigos de futuros presidentes. A chefe de cerimonial dos Kennedy, Letitia Baldrige, que depois se tornou especialista em etiqueta, conheceu o casal quando eram apenas "Jack and Jackie", mas passou a tratá-los por "senhor presidente e senhora Kennedy" imediatamente após a eleição, em novembro de 1960. "O presidente e a senhora Kennedy podem até ter sido jovens e meus amigos pessoais em outros tempos, mas agora estavam envoltos por uma nova aura de grande dignidade." Poucas pessoas ainda chamam o presidente Obama pelo seu primeiro nome.

O dia da posse – um evento esmagador para qualquer novo presidente – começa horas antes da cerimônia de juramento realizada no Capitólio. No início da manhã, ele recebe um relatório do chefe do conselho de segurança nacional do presidente que está terminando o mandato e do seu próprio futuro chefe do mesmo conselho. Ao final da reunião, um oficial graduado do gabinete militar da Casa Branca explica os códigos ultrassecretos usados para lançar um ataque nuclear. Uma vez feito o juramento e concluída a posse, um assessor com a "bola de futebol" – uma pasta contendo os códigos – permanecerá sempre por perto. (Depois de oficialmente assumir, o presidente receberá o cartão que efetivamente lhe permite lançar um ataque.) Tudo isso acontece antes de um serviço religioso pela manhã.

Enquanto se adapta ao peso do novo cargo, o presidente também precisa se acostumar com a vida na residência. No dia seguinte ao da posse, o presidente Obama se apresentou à equipe de funcionários no Salão Leste. Ele "parecia surpreso", recordou o florista Bob Scanlan. "Foi como se ele estivesse dizendo: 'Caramba! Puxa vida!'. Ele não tinha se dado conta de que havia tanta gente para cuidar da casa." A equipe que cumprimentou Obama naquele dia era responsável não apenas por cuidar da área privativa como também pela manutenção do andar térreo, inclusive do constante fluxo de turistas visitantes.

Assessores da Ala Oeste, muitos dos quais se acostumaram com o estilo de vida que tinham durante a campanha, subitamente caem de paraquedas nas novas funções sem entender direito como as coisas funcionam. Para a secretária pessoal de Obama, Katie Johnson, o dia da posse em si foi um caos completo. Quando chegou à Casa Branca naquela manhã, foi informada que sua entrada não estava autorizada. "Aquilo foi meu curso superintensivo", disse ela. (Mais tarde, Denis McDonough, um assessor de alto escalão de Obama, acabou liberando sua entrada junto à segurança.) Mas os problemas dela não acabaram ali. "Olhando retrospectivamente, a Ala Oeste é minúscula", diz Katie, "mas naquele dia eu tinha a sensação de estar em um labirinto." Uma vez acomodada no salão "oval externo", como era conhecida sua salinha contígua ao Salão Oval, ela passou boa parte do dia sendo ensinada às pressas como funcionava o "terrivelmente complicado" sistema de telefonia. Ela se lembra também de não conseguir transferir uma ligação de um oficial do alto escalão para o presidente, que estava a bordo do *Air Force One*. Como a chamada nunca completava, o próprio Obama teve de ligar diretamente do avião para a pessoa. "Eu estava totalmente em pânico", concluiu ela.

É claro que, para os funcionários da mansão, aquela não era a primeira transição, de modo que conseguiram acalmar os nervos de Katie Johnson. Os colaboradores da Ala Oeste podem contar com o gabinete do diretor para ajudá-los a se estabelecer, e Katie encheu os funcionários de perguntas, inclusive sobre onde estava a floricultura da mansão para pedir-lhes que repusessem as maçãs galas que o presidente gosta de manter no Salão Oval. "Eu ligava para o gabinete do diretor executivo toda vez que tinha alguma pergunta, não importava sobre o que fosse", relembra Katie. "Se alguém queria algum vinho específico no Salão Oval, eu ligava para o gabinete do diretor executivo e eles arranjavam para mim."

Às vezes ela precisava pedir aos camareiros e assessores que a ajudassem a localizar algum memorando importante do presidente, principalmente quando se tratava de um papel que o pessoal da Ala Oeste estava procurando e ninguém conseguia encontrar. "Toda vez que eu estava em pânico, procurando desesperadamente alguma coisa – com o presidente viajando e eu não podendo perguntar a ele –, as pessoas buzinando no meu ouvido, falando de um papel contendo alguma decisão importante, o presidente dizendo que me entregou o tal papel e eu jurando que não estava comigo, eu pedia a eles que verificassem", conta ela em ritmo acelerado. "Então eles saíam para procurar e, em noventa por cento das vezes, conseguiam encontrá-lo."

Reggie Love recorda como eram pacientes os assessores e como o ajudavam a "navegar pelos fundos da Casa Branca". Diz ele que "cada salão, cada quarto tem seu apelido".

Depois de alguns dias, os Obama começaram a "se movimentar pela casa, um pouco de cada vez", relembra Scanlan, normalmente depois de os turistas e a maioria dos funcionários da casa terem ido embora. "É um processo para eles também. Conhecer quase cem pessoas é um processo, porque eles não encontram todas ao mesmo tempo. Uma hora conhecem um florista, outra uma governanta. Às vezes só há um *chef* na cozinha. Eles não conhecem todas as outras pessoas que ficam nas oficinas e departamentos e só com o passar do tempo virão a encontrá-las."

E acabarão também se acostumando com tanta gente a cuidar deles, ou pelo menos aprenderão a conviver com isso. "Acho que os funcionários da Casa Branca realmente aprenderam um jeito de deixar as famílias à vontade e fazê-las se sentir o mais normais possível, mesmo com dúzias de pessoas em volta, colocando flores, passando o aspirador, ajeitando coisas o tempo todo", disse Michelle Obama. "Você começa a vê-los como parte da família em muitos aspectos e isso é o bonito do lugar."

Cada primeira-família tem seu jeito de lidar com a presença dos empregados. No final dos anos 1920 e início dos 1930, a família de Herbert Hoover muitas vezes preferia que os funcionários não ficassem à vista; bastava que soassem três sinos para que arrumadeiras, mordomos e camareiros corressem para desaparecer atrás da porta. Já Franklin Roosevelt e Truman eram muito mais sossegados e, quando entravam em algum aposento e encontravam alguém lá dentro, diziam que estava tudo bem e que poderiam seguir trabalhando.

Em tempos mais recentes, as relações entre a primeira-família e os funcionários se tornaram muito mais tranquilas. A arrumadeira Ivaniz Silva indica que normalmente a primeira-dama conhece todo mundo pelo nome já na primeira semana – pelo menos aqueles doze (um pouco mais ou menos) mordomos e arrumadeiras que trabalham regularmente nos segundo e terceiro andares.

Ivaniz recorda o dia em que estava fazendo faxina e Barbara Bush entrou e a interpelou:

"Ah, eu ainda não tinha visto você."

"Mas eu estou no livro de funcionários", insistiu Ivaniz.

"Você tem certeza?" A primeira-dama foi atrás do livro onde estão registrados todos os funcionários da mansão preparado pelo diretor e voltou alguns minutos depois.

"Ah, é que esta foto não está muito bonita", brincou a primeira-dama. "É por isso que não a reconheci."

Junto com o novo mobiliário e a nova pintura, cada família traz um espírito diferente para a Casa Branca. A mudança entre os Eisenhower e os Kennedy foi ao mesmo tempo superficial – saem os vovozinhos que corporificaram os anos 1950 e em seu lugar entra um lindo casal jovem, com dois filhos, e midiático. Os funcionários tiveram de se acostumar com o jeito mais relaxado dos Kennedy de receber seus convidados: smoking no lugar de fraque, coquetéis servidos antes do jantar, permissão para fumar em todos os ambientes. Nos jantares formais dos Eisenhower, eram servidos seis pratos e os convidados sentavam-se em uma mesa gigante em forma de "E". Os Kennedy rapidamente decidiram mudar a forma de distribuir os convidados, limitando a oito ou dez em torno de quinze mesas. Os jantares passaram a ser de quatro pratos.

Jackie Kennedy, que estava acostumada com a presença de serviçais e com ricos ambientes, queria logo cedo assumir o comando da mansão de 132 aposentos. Na manhã seguinte à posse do marido, ela procurou o mordomo-chefe J. B. West e disse: "Eu gostaria de conhecer todos os funcionários hoje. Por favor, me acompanhe em um giro pela Casa Branca para que eu possa conhecê-los nos seus postos de trabalho".

Não querendo apresentar a primeira-dama aos funcionários dos diferentes departamentos sem avisá-los previamente, West sugeriu trazer os funcionários até ela em grupos de três. Todos, de porteiros a mordomos, de arrumadeiras a cozinheiros, estavam terrivelmente nervosos com a proximidade de uma inspeção formal. Ao sair do elevador, ficaram chocados ao se deparar com a primeira-dama vestindo calças compridas (uma visão surpreendente para a época) e botas marrons, ali a esperá-los com o cabelo desgrenhado. West recorda que, à medida que os funcionários se apresentavam um a um, Jackie tentava pensar em maneiras de memorizar seus nomes. Ela os repetia um a um e, embora não tivesse feito qualquer anotação, ela se lembrava de todos eles. Uma das arrumadeiras a ela apresentada naquele dia, Lucinda Morman, era uma habilidosa costureira e a primeira-dama encomendou-lhe vestidos exclusivos criados por Oleg Cassini.

Jackie Kennedy era perfeccionista e estava profundamente envolvida nas atividades do dia a dia da mansão. À noite preparava anotações e ao longo do dia seguinte checava se o que queria estava sendo executado. Em um bloco amarelo que levava consigo por toda parte, também escrevia recados que mandava diariamente para West.

"Ela sempre tinha uma lista para mim", recorda-se West. "Anotava os nomes de todos os responsáveis por diferentes áreas e, sob eles, tudo o que desejava discutir com aquelas pessoas."

Jackie Kennedy percebeu também que alguns funcionários ficavam nervosos na presença da primeira-família e escreveu uma breve anotação sobre as arrumadeiras: "Elas ficam tão aterrorizadas por estar na Casa Branca, com a primeira-família etc., que ficam duras de medo e entram em pânico. Até mesmo a Lucinda, que me conhece bem, fica dez minutos me pedindo desculpas se deixa cair um alfinete". Para ajudá-las a vencer seus medos, ela sugeriu que viessem com mais frequência ao segundo e terceiro andares a fim se acostumarem com a primeira-família. "Não consigo lhes ensinar nada – nem teria tempo – quando elas estão assim, tão assustadas."

O porteiro Preston Bruce estava acostumado com a previsibilidade dos Eisenhower, que sempre se recolhiam às dez da noite. Na noite em que os Kennedy voltaram dos bailes comemorativos da posse, Bruce tinha certeza de que estariam exaustos. Em vez disso, eles trouxeram amigos para a Casa Branca para continuar a festa no segundo andar – eles não sabiam que os funcionários da residência só podem ir para casa depois que o primeiro casal está recolhido em segurança aos seus aposentos. Às 3h15, Bruce acompanhou o último convidado até a porta e apagou as luzes da Sala de Estar Oeste. Mas quando voltou ao quarto do presidente, não havia ninguém lá.

"É você, Bruce? Estou aqui na Suíte Lincoln", chamou o presidente. Bruce não acreditou naquilo. Os funcionários achavam que a Suíte Lincoln estava amaldiçoada. Kennedy pediu uma Coca-Cola e mandou Bruce abrir uma janela para deixar entrar o ar fresco da noite. Jackie chamou da Suíte da Rainha e solicitou ao sempre prestativo Bruce que lhe preparasse um aperitivo. Ele só chegou em casa depois das quatro da madrugada.

Apesar da longa primeira noite, Bruce aprendeu a amar os Kennedy e, por trabalhar no período noturno, teve acesso a um lado mais íntimo da família. Ele costumava rir quando flagrava aquele casal lindo e jovem se esgueirar sorrateiro entre os dormitórios um do outro quando lhes trazia drinques depois do jantar. ("Não se preocupe, Bruce. Sabemos que você também é casado", dizia Jackie Kennedy com os olhos cintilantes.)

Entre 1953 e 1977, Bruce chegava às três da tarde à Casa Branca. Suas funções eram cumprimentar dignitários à porta, acalmar visitantes nervosos por estarem prestes a conhecer o presidente, acompanhar o presidente do Salão Oval até a ala residencial, à noite, e esperar até que ele se recolhesse. Só depois disso ele podia ir para casa. Era uma verdadeira estrela na Casa Branca. Outros funcionários elogiavam sua elegância e capacidade de se manter calmo sob a enorme pressão inerente ao cargo. O mordomo Lynwood Westray o considera "um diplomata". "É por isso que era tão querido. Alguns têm o dom, outros não. Ele tinha."

Um dia após a posse de Kennedy, Bruce acompanhou o presidente e a primeira-dama até o segundo andar após o jantar. Estava aliviado pela perspectiva de voltar para casa em uma hora decente. Eis que, de repente: "Pá! A porta do elevador se abre no corredor, na extremidade oposta à da sala do diretor. Por ela sai o presidente, que avança a passos firmes pelo corredor com agentes do Serviço Secreto na sua cola", relatou Bruce. Kennedy queria dar uma volta tarde da noite e saiu andando pelo portão noroeste para cair na noite gelada sem um casaco apropriado. "Apenas 24 horas na Casa Branca e ele já tinha de dar uma escapada."

O Serviço Secreto teve de refrear o presidente e determinou que ele deveria limitar suas caminhadas aos quase 73 mil metros quadrados do terreno da Casa Branca. Dali em diante, Bruce mantinha-se sempre preparado com dois sobretudos: um para o caso de o presidente decidir sair para sua caminhada pelas portas do primeiro andar e outro se ele escolhesse o andar térreo. Sempre que oferecia casaco e galochas ao presidente, o comandante-chefe dos Estados Unidos protestava. "Ele era como um garoto: não se importava em sair no frio mal agasalhado."

Não foram todas as primeiras-famílias que tiveram uma chegada alegre como os Kennedy. Na segunda-feira após a eleição de 1992, os Clinton ligaram para a decoradora de interiores Kaki Hockersmith pedindo que aceitasse a monumental tarefa de redecorar a Casa Branca. Embora já tivesse decorado o palácio do governador de Arkansas para eles, ela não estava esperando o convite – "eu fiquei muito, muito surpresa". Mas aceitou o desafio. Entre a eleição e a posse, esteve várias vezes no palácio do governador para mostrar diferentes tecidos e móveis que havia escolhido para a residência.

"Na primeira dessas ocasiões, o presidente Clinton estava reunido com membros da equipe de transição e Hillary o fez sair da reunião", revelou Kaki. Ela abriu retalhos de tecido para cortina e amostras de tapetes no balcão da cozinha para mostrar a ele. (Nenhum outro presidente recente tinha tanto interesse em decoração quanto Clinton.) Nas semanas seguintes, Kaki fez várias visitas à Casa Branca para trabalhar com os curadores. Eles a levaram ao imenso depósito com temperatura e umidade controladas localizado a cerca de dezessete quilômetros de Washington, em Riverdale, no estado de Maryland, onde estão guardadas todas as peças que já fizeram parte do mobiliário da Casa Branca. As primeiras-famílias podem escolher as peças que quiserem, tirá-las do depósito e levá-las para a mansão.

Em Riverdale, os móveis estão metodicamente organizados e classificados em categorias, com corredores de mesas de trabalho e escrivaninhas ao lado de cômodas e tapetes que estavam no Salão Oval em governos anteriores. Peças de diferentes épocas, todas com certificados de procedência e origem meticulosamente detalhados, são descritas e catalogadas. Os curadores sabem a localização de tudo – de um candelabro a uma mesinha de canto – dentro daquele gigantesco espaço. Há ali até mesmo uma oficina de conservação com equipamento de raio X e onde é possível fotografar peças para catálogos. É uma situação muito melhor do que a encontrada por uma atônita Jackie Kennedy quando visitou o deteriorado depósito localizado em Fort Washington, Maryland, às margens do rio Potomac; ali, estarrecida, descobriu peças de antiquário preciosas jogadas desordenadamente no piso enlameado.

Kaki Hockesmith levava consigo a planta baixa da mansão com indicações precisas dos locais onde queria pôr as peças que já estavam na casa e as que gostaria de trazer do depósito. "Tínhamos um plano muito ambicioso", recordou ela, parecendo exausta só de lembrar.

Os Clinton começaram o dia da posse com uma cerimônia ecumênica. A seguir, fizeram uma parada na Blair House antes de chegar à Casa Branca, às 10h27, com vinte minutos de atraso. Os Bush os aguardavam no Pórtico Norte para cumprimentá-los.

"Bem-vinda à sua nova casa", disse o presidente George H. W. Bush à filha dos Clinton, Chelsea, de 12 anos, enquanto ela fazia carinho em Millie, cadelinha de raça springer spaniel dos Bush. O presidente de saída desejou boa sorte ao sucessor – seguindo a tradição, deixou sobre a mesa de trabalho do Salão Oval uma mensagem com conselhos a ele. (Quando Clinton deixou o governo, oito anos depois, escreveu ele mesmo uma mensagem para o presidente George W. Bush e deixou para trás aquela que lhe havia escrito antes o velho Bush.) O conteúdo dessas mensagens nunca foi divulgado.

No grande dia, Hillary Clinton disse a Kaki Hockersmith que não gostaria que ela perdesse a cerimônia de posse, realizada no terraço da área externa West Front do Capitólio, sede do Congresso americano, mas era indispensável que ela voltasse para a Casa Branca assim que acabasse a função.

"Precisamos bolar um jeito de tirar você do meio daquela multidão e levá-la rapidamente de volta para a Casa Branca", Hillary disse a ela.

Depois da cerimônia de posse, que durou cerca de uma hora, Hillary orientou Kaki a procurar um coronel que estava em uma van estacionada em uma esquina e ele a levaria de volta à Casa Branca para que pudesse supervisionar a mudança.

"Pensei comigo: *Como eles vão dar conta disso?*", revela a decoradora.

No meio da massa de gente que ocupava o Capitólio naquele 20 de janeiro de 1993, Kaki ficou estupefata por encontrar a van esperando por ela. Depois, toda vez que chegavam a uma barreira de segurança, a polícia a liberava. A multidão que aguardava a passagem do novo presidente em pé nos dois lados da Pennsylvania Avenue acenava animada para a van dela. "Eles achavam que fôssemos famosos."

"Chegamos ao Jardim Sul e lá estavam duas grandes vans de mudança com a inscrição 'Little Rock, Arkansas'", relembra. "Foi muito legal."

Os Clinton gastaram cerca de 400 mil dólares na redecoração da Casa Branca, tudo pago com dinheiro de doações privadas. Mas a iniciativa deixou muita gente ressabiada, tanto dentro quanto fora da mansão presidencial. Até os funcionários mais discretos acharam o trabalho de Kaki Hockersmith desorganizado e as expectativas dela altas demais.

O eletricista-chefe Bill Cliber, que trabalhou em nove transições, disse que a chegada dos Clinton foi, de longe, a mais difícil. Pouco antes da posse, Kaki lhe disse que ele e outros eletricistas precisavam pendurar sete grandes lustres – *agora!*

"E por que precisa ser agora? Melhor deixar eles se mudarem e daí penduramos um por dia", sugeriu Cliber.

"Não. Eles querem que tudo seja mudado antes de entrarem na casa", respondeu a decoradora.

Cliber não teve escolha. Subiu à Sala dos Tratados, que Clinton viria a usar como escritório particular, para começar a trabalhar em um dos lustres.

Pouco depois de os Clinton regressarem do desfile da posse, Hillary apareceu e perguntou a Cliber: "Por mais quanto tempo você vai ficar aqui?".

"Francamente, acho que umas quatro horas", disse ele enquanto manuseava no piso as refinadas peças de cristal do lustre desmontado.

"Aham. É o que veremos", disse a primeira-dama antes de sair pisando forte.

Instantes depois, Kaki Hockersmith apareceu na porta e lhe disse que deveria deixar a sala dentro de vinte minutos. Cliber avisou que precisaria de mais tempo só para recolher as centenas de peças de cristal de valor incalculável espalhadas no chão. Ela respondeu: "Não se preocupe com isso. Elas podem ser substituídas".

"Não, senhora. Elas não podem não. Este cristal não pode ser substituído", disse ele, indignado.

Cliber fez o que mandaram e saiu, deixando a Sala dos Tratados toda bagunçada, com peças de cristal espalhadas por todo canto. Mas ele não ia permitir que fosse da primeira-dama ou de sua decoradora a palavra final. O curador-chefe Rex Scouten (que era respeitado pelos demais funcionários e tinha sido assessor e depois mordomo-chefe entre 1969 e 1986 antes de assumir como curador-chefe) trancou a porta para proteger o lustre até que Cliber pudesse retomar o trabalho. O eletricista só foi autorizado a entrar novamente na sala três semanas depois.

Gary Walters é sempre cauteloso para não criticar isoladamente este ou aquele governante. Mas quando lhe perguntei sobre a entrada dos Clinton na Casa Branca, ele fez uma longa pausa: "É nessas horas que as coisas ficam realmente difíceis, quando os presidentes que estão saindo e entrando são de partidos diferentes". Os Clinton, disse ele, "não tinham ideia do que era a Casa Branca". Ele tinha de subir à área residencial várias vezes por dia para responder perguntas.

A assessora Nancy Mitchell estava de plantão de manhã quando o primeiro casal chegou à casa voltando do baile da posse. "O presidente Clinton queria fazer uma ligação, e eu subi com ele. Então o ouvi chamar: 'Nancy!'. Eu disse: 'Pois não, senhor'. Ele perguntou: 'Como é que faço uma ligação daqui?'." Ele antes tinha tirado o fone do gancho e ouvido a voz da telefonista em vez do sinal de linha e ficou chocado por não conseguir fazer a ligação ele mesmo. O sistema de telefonia inteiro foi trocado pouco depois.

Não ajudou em nada o fato de os Clinton terem convidado amigos de Little Rock (conhecidos como "os amigos do Bill" ou "FOBs", abreviação do inglês "friends of Bill") para ajudá-los a desfazer as malas e desencaixotar as coisas. Isso só complicou ainda mais a situação.

"Fazemos esse serviço há duzentos anos", disse o assessor Chris Emery. "Eles prometeram a um monte de gente que poderiam vir e ajudar. É claro que ficamos chateados. Foi uma grande bagunça." Emery, que teve um relacionamento conturbado com os Clinton e acabou sendo demitido na gestão deles, disse que muitos dos amigos de Bill tinham efetivamente fichas criminais sujas. De acordo com ele, o Serviço Secreto avisou o gabinete do mordomo-chefe várias vezes que alguns dos convidados de Arkansas não haviam sido aprovados devido a seus antecedentes e deveriam ser "proibidos de entrar". Emery disse aos agentes: "O presidente está esperando por eles. Deem um jeito". Acabaram tendo de escalar oficiais do Serviço

Secreto para ficarem de guarda em todos os andares: "Normalmente, quando você traz um trabalhador que tem alguma passagem negativa registrada em seus antecedentes criminais, ele tem de estar sempre vigiado". Para aborrecimento de Emery, não demorou muito para que a casa estivesse cheia de pessoas com passagens negativas.

Kaki Hockersmith fez questão de pôr a mão na massa e cuidar pessoalmente de alguns itens da redecoração, inclusive da escolha de onde ficariam as fotos e quinquilharias pessoais trazidas pelos Clinton de Little Rock, entre elas uma impressionante coleção de sapos. Parece que, quando Bill e Hillary estavam saindo, antes de começar a namorar, ele a encantou contando-lhe uma historinha que ouvia na infância, cuja moral se resumia na frase: "Você só sabe quão longe um sapo consegue pular depois de cutucá-lo". Tradução: você só sabe aonde consegue chegar se tentar – um pensamento que define bem o ambicioso jovem casal. Quando seu marido se candidatou pela primeira vez, Hillary deu-lhe de presente um desenho de um sapo pulando depois de ser cutucado e a frase sob ele, como uma legenda. Em 1993, Bill deu-lhe de aniversário um sapo de vidro com uma coroa na cabeça junto com a seguinte mensagem: "Esse poderia ter sido eu, se você não tivesse aparecido no meu caminho".

Para Kaki, que no início desconhecia o significado sentimental por trás daquilo, os sapos pareciam apenas uma miscelânia de presentes equivocados. "Alguém vai te visitar em casa e pensa no presente que vai levar: *Ah, eles devem gostar de sapos.* E é assim que você ganha um sapo de aniversário." Ela até que tentou dar um jeito para que não ficassem tão em evidência.

A decoradora relembra que, quando a primeira-família chega à Casa Branca depois do desfile de posse, "todo mundo some". Os funcionários da mansão, que ficaram trabalhando para deixar tudo um brinco, correm para suas respectivas oficinas e departamentos a fim de dar à família merecidos momentos de privacidade.

Kaki viria a ser presença permanente na Casa Branca, hospedando-se com frequência na Suíte da Rainha ao longo dos oito anos de governo de Bill Clinton, enquanto a redecoração orquestrada por ela era executada. Seus aposentos de hóspede no segundo andar ficavam separados da área privada da família por portas que impedem o trânsito entre as extremidades Oeste e Leste da residência. Ela tentou deixar a casa mais clara e dedicou-se especialmente a transformar uma copa usada pelos mordomos no segundo andar em uma cozinha com mesa de jantar onde Chelsea poderia fazer suas lições de casa. Mas o projeto de redecoração não foi recebido com unanimidade; os rebuscados móveis em estilo vitoriano, instalados na Sala de Estar Lincoln, foram especialmente criticados.

Não houve entre as transições mais recentes nenhuma tão chocante quanto a repentina e violenta reviravolta que levou Lyndon B. Johnson e sua família à Casa Branca. Os funcionários tiveram de ajudar uma primeira-dama arrasada e seus dois filhos a se mudarem, estando eles mesmos consternados, ao mesmo tempo que tiveram de ajudar os Johnson a se instalar. Era preciso fazer tudo sem que a senhora Kennedy se sentisse pressionada a ir embora e também sem que os Johnson se sentissem negligenciados. "Já participei de debates com outros chefes de cerimonial e todos passam a impressão de que tudo é muito animado e bacana quando chegam lá", afirma a chefe de cerimonial de Lady Bird, Bess Abell, uma figura ao estilo Katharine Hepburn, que fala com grande afeto sobre os Johnson. "Eu me mudei para a Casa Branca em circunstâncias muito diferentes. Em vez de chegar em meio à vibração pela posse, nós chegamos a uma casa em que todos os candelabros e colunas estavam cobertos com papel crepe preto."

A nova primeira-dama, Lady Bird Johnson, várias vezes lamentou a posição difícil em que sua família repentinamente caiu. "As pessoas veem os vivos, mas só pensam nos mortos", costumava dizer.

Por respeito à viúva do presidente, Lyndon B. Johnson, de quem boa parte da equipe de Kennedy não gostava, só se mudou para a Casa Branca em 7 de dezembro de 1963. Em 26 de novembro, começou a despachar do Salão Oval; antes disso, seu gabinete ficava na sala 274 do Old Executive Office Building, localizado ao lado da Casa Branca. Alguns dos assessores de Johnson argumentaram que seria desrespeitoso mudar-se para a residência em 7 de dezembro, data do 22º aniversário do terrível ataque japonês a Pearl Harbor. Outros simplesmente queriam dar a Jackie Kennedy mais tempo para se mudar. Todos os atos dos Johnson devem ter sido extremamente penosos já que nada do que faziam era suficiente para conquistar a simpatia dos desolados assessores de Kennedy.

Luci Baines Johnson, na época com apenas 16 anos, se lembra de ouvir às escondidas o que ela chama de "única discussão" entre os pais da qual ela se recorda. "Temos de nos mudar em 7 de dezembro, Bird", dizia Johnson à esposa. "Lyndon, qualquer dia menos esse. Qualquer dia menos esse", respondia implorando em vão a primeira-dama.

Quando a família Johnson finalmente se mudou, a filha Luci trouxe em seu conversível os cães beagle de estimação, "Him" e "Her". Lady Bird, Bess e sua secretária de imprensa à época, Liz Carpenter, trouxeram os objetos mais frágeis, entre eles um retrato do presidente da câmara dos deputados, o também texano Sam Rayburn, que era mentor de Johnson.

No começo, os Johnson pareciam tratar a Casa Branca com extrema cautela, como se estivessem invadindo um templo sagrado. Mas o pessoal da residência, ao contrário dos assessores de Kennedy, nunca os fizeram se sentir como se fossem intrusos. "Nunca tive a sensação de que olhavam para nós como se pensassem: *Não dá para acreditar que vocês estão aqui agora*", me disse Luci. "Ao contrário. O que ouvíamos era: 'Puxa, como deve ser duro para vocês que tenham chegado aqui dessa maneira. Como podemos ajudar? Como podemos ensinar?'."

Mas nem todos os receberam de braços abertos. Depois do assassinato de Kennedy, Traphes Bryant, um eletricista que começou a cuidar dos cachorros da primeira-família com os Kennedy (chegaram a ter nove cães em determinado momento), tinha um pé atrás em relação a Johnson. "Eu estava perdendo um cachorro e ganhando um presidente que eu não conhecia. E acho que não queria conhecer. Ele não era jovial, boa praça e arguto como Kennedy. Além disso, eu o ouvi reclamando asperamente do pessoal quando as coisas não aconteciam com a rapidez desejada." Bryant recorre à seguinte imagem para descrever a abrupta mudança pela qual a Casa

Branca teve de passar para acomodar o novo presidente: "Saíram os terrier e entraram os beagle, saiu o rosa de Jackie e entrou o amarelo de Lady Bird, saíram os ensopados de peixe ou marisco e entrou a pimenta-malagueta". Ele esperava que pelo menos uma coisa não mudasse: que Johnson gostasse do jeito que ele ensinava os cães de estimação dos presidentes a cumprimentar seus donos no Jardim Sul quando voltavam de viagem a bordo do helicóptero do Exército. O presidente Kennedy curtia muito a tradição. Ele sempre abria um largo sorriso e cumprimentava os cães à sua espera "como se fossem convidados de honra".

Depois da súbita partida dos Kennedy, escreve ele de forma comovente, "saíram as criancinhas e chegaram as adolescentes", referindo-se às sucessoras de Caroline e John-John na Casa Branca, as filhas de Johnson, Luci e Lynda. No entanto, com o tempo, Bryant acabaria se afeiçoando aos Johnson.

Em suas memórias, Lady Bird descreveu a missão impossível de substituir Jackie e como admirava "a força e a firmeza" que provavelmente corriam nas veias de sua antecessora. Ela sentia como se "tivesse sido empurrada repentinamente para o palco para atuar em um papel para o qual nunca havia ensaiado".

Enquanto o presidente despachava de seu gabinete provisório, a equipe de funcionários da Casa Branca discretamente tomou as providências necessárias para a transição. Apenas quatro dias após o assassinato de Kennedy, o mordomo-chefe J. B. West fez uma visita aos Johnson em sua mansão, conhecida como Elms, em Washington, onde conversaram sobre os móveis que levariam para a Casa Branca.

Ainda naquela mesma tarde, Lady Bird tomou chá com a viúva de John Kennedy na Casa Branca. Esta gentilmente mostrou à sucessora o segundo andar, permitindo que examinasse à vontade em busca da melhor maneira de encaixar seus móveis no dormitório e na sala de estar que Jackie ocupara pelos três anos anteriores. "Não tenha medo desta casa – alguns dos anos mais felizes do meu casamento foram passados aqui –, você será feliz aqui", disse. Lady Bird revelou que ela lhe repetiu isso tantas vezes durante a visita que ficou com a sensação de que "ela estava tentando me tranquilizar".

Jackie lhe disse que o mordomo-chefe J. B. West e o curador-chefe Jim Ketchum eram os membros com quem mais poderia contar na equipe de funcionários da Casa Branca. Ketchum, que foi curador--chefe de 1963 a 1970, relembra carinhosamente sua primeira reunião com Lady Bird, pouco depois de a família se instalar. Como uma das quatro pessoas da equipe de conservação curatorial do patrimônio artístico e histórico, Ketchum era responsável por catalogar e preservar todos os móveis e obras de arte da coleção privada da Casa Branca, o que incluía desde obras-primas de John Singer Sargent a serviços de mesa de porcelana da época de George Washington.

Depois de se mudar, Lady Bird pediu a Ketchum que reservasse um tempo na sua rotina para "caminhadas e aulas", a fim de que pudesse passear com ele por todos os aposentos e aprender mais sobre suas histórias e mobiliário. Ela disse que precisava ter um conhecimento profissional da mansão para poder acompanhar amigos e convidados em tours, uma de suas funções como primeira-dama. Levou o papel a sério – o que não surpreende, já que ficara conhecida como a "reserva" de Jackie Kennedy no governo anterior: quando Jackie não queria fazer alguma coisa, Lady Bird, zelosa de suas obrigações, fazia o serviço em seu lugar.

O primeiro encontro de Ketchum com a nova primeira-dama não teve nada de glamoroso. Quando Lady Bird ligou para ele em sua sala e pediu que subisse, relembra ele, "eu a encontrei em um closet, entre seu dormitório e uma sala de estar, ajoelhada com um caixa de papelão aberta diante de si". Estava rodeada de uns vinte pássaros de porcelana, todos cuidadosamente embalados, que havia trazido da mansão Elms. Ele agachou-se ao lado dela e se pôs a ajudá-la a desembalar os pássaros.

"O que nenhum dos dois tinha percebido era que o interruptor da luz do closet ficava no batente da porta e a luz se apagava automaticamente quando a porta fechava. Nós já tínhamos começado, os pássaros estavam alinhados no chão, quando Bonner Arrington (o carpinteiro-chefe) e um de seus colegas da oficina de carpintaria vieram trazendo um sofá pelo corredor estreito e, claro, fecharam a porta sem querer. Acabou que ficamos lá, eu e ela, tateando ajoelhados e ao mesmo tempo tentando proteger os pássaros e achar uma forma de nos levantarmos sem pisar em alguma coisa", riu ele. No fim, conseguiram achar o interruptor e, incrível, sem causar danos a nenhum pássaro.

Pouco depois de se mudarem, o presidente e a primeira-dama foram convidados para um jantar na casa do assessor Walter Jenkins. Essa saída "deu um breve sossego à equipe aqui na Casa Branca. Eles provavelmente vinham trabalhando pesarosos o tempo todo", revelou Lady Bird.

A filha dos Jenkins, Beth, era amiga próxima de Luci, e naquela noite veio dormir na Casa Branca. "Até aquele momento eu só tinha conseguido sentir as dificuldades e o ônus dessa transição", me disse Luci.

Seu quarto na Casa Branca tinha uma lareira – "Eu nunca tinha tido antes no meu quarto algo tão delicioso quanto uma lareira" – então Luci resolveu acendê-la. Acontece que nenhuma das jovens sabia nada sobre lareiras e rapidamente o quarto se encheu de fumaça. Luci tentou freneticamente usar uma jarra de água e depois uma lata de lixo para apagar as chamas. No fim, subiu em uma escrivaninha e abriu uma janela para permitir a saída da fumaça, mas ficou em pânico quando viu um policial da Casa Branca olhando para ela, que estava de camisola. Assim que perceberam o que estava acontecendo, os funcionários correram para ajudar.

"Minha mãe achou que eu deveria ajudar a limpar as manchas de fumaça das paredes do meu quarto naquela primeira semana", disse ela, ainda envergonhada, décadas depois. "Foi literalmente um batismo de fogo." Esfregão na mão, ela limpou as manchas ao lado das empregadas, nenhuma das quais a fez se sentir culpada.

Pouco mais de uma década depois, a equipe da residência viu-se diante de mais uma transição repentina e pouco solene: a renúncia do presidente Richard Nixon, em 8 de agosto de 1974.

"A transferência de poder foi absurdamente súbita, mas feita ordeiramente, como fora depois do assassinato do presidente Kennedy", escreveu o porteiro Preston Bruce. Apesar do fato de o escândalo de

Watergate já estar fervendo havia dois anos e os clamores pela renúncia de Nixon terem se intensificado durante o verão, ninguém dentro da Casa Branca estava esperando por aquilo. Afinal, era a primeira vez que um presidente renunciava. A equipe não suspeitava de nada até receber uma ligação de Pat Nixon pedindo que trouxessem caixas para embalar objetos.

Às sete e meia da manhã seguinte ao anúncio de sua renúncia, Nixon estava descalço e de pijama quando o *chef* de cozinha Henry Haller o encontrou sentado sozinho na cozinha privada da família. Normalmente o café da manhã dele era leve, composto de cereais, suco e frutas frescas, mas, naquele dia, ele pediu um mexidão de carne seca com batatas e ovo *poché*.

Nixon levantou-se, caminhou na direção de Haller e segurou-lhe a mão. "*Chef*, tenho comido em todos os cantos do planeta, mas nenhuma comida é tão boa quanto a sua."

Naquela manhã, pouco antes de caminhar para o helicóptero pousado no Jardim Sul e fazer sua famosa saudação acenando com os dois dedos formando o V de vitória, Nixon fez um emocionado discurso de despedida a sua equipe de assessores no Salão Leste. À medida que os colaboradores se reuniam para a cerimônia, o pintor Cletus Clark inesperadamente se viu bem no meio do drama. "Eu estava no Salão Leste pintando o palco. Era o único empregado fixo da Casa Branca ali", disse ele. "E de repente percebo aquele monte de gente entrando no recinto – e eu sem poder sair. O pior é que a tinta nem estava seca ainda!"

Ele avisou os agentes do Serviço Secreto que estavam a postos antes da chegada do presidente que o alertassem para não tocar na tinta fresca.

"A sala estava enchendo. Peguei meu baldinho, fui para o lado sul e me juntei às pessoas, como se fosse um deles. Botei o baldinho no chão entre as pernas e ali fiquei."

Vestido em seu uniforme branco, Clark acompanhou a fala de despedida do 37º presidente, que começou elogiando a equipe de empregados da mansão, que, como de hábito, permaneceu à sombra. "Esta casa tem um grande coração e esse coração está naqueles que aqui servem. Lamentei muito que eles não tenham descido; nos despedimos deles lá em cima", disse Nixon, sempre melancólico. "Mas eles são realmente sensacionais. Lembro que não foram poucas as vezes em que, depois de discursos, alguns deles bem duros, ou depois de um dia puxado, e meus dias normalmente eram bem puxados e longos, eu voltava para casa e eles sempre estavam lá, me animando. Eu podia estar meio para baixo, mas eles sempre sorriam."

Os funcionários naquele dia fizeram as vezes de profissionais de empresa de mudanças e embalaram as coisas da primeira-família e realizaram a transição mais tranquila possível naquelas circunstâncias.

Barbara Bush, cujo marido era o presidente do comitê republicano nacional, ficou impressionada com a rapidez que a Casa Branca foi entregue aos Ford. "No dia em que o presidente Nixon renunciou, fomos para a Casa Branca e lá nos reunimos para acompanhar a renúncia e o juramento de posse de Jerry Ford algumas horas depois. Mal tínhamos nos despedido dos Nixon e nas paredes todas as fotos eram de membros da família de Jerry Ford. Enquanto estávamos ali perto do helicóptero acenando, eles estavam trocando os retratos."

O estilo formal dos Nixon foi substituído pelo jeito mais relaxado de Gerald e Betty Ford, que até permitiam que seus quatro filhos andassem pela Casa Branca vestindo jeans. Susan Ford chegava a deslizar de patins sobre os pisos imaculados do primeiro andar, atitude que hoje ela admite com alguma vergonha.

Betty Ford era superindependente e, quando foi levada a conhecer o segundo andar, imediatamente rejeitou a ideia de ela e o marido dormirem em quartos separados. "Olha, isso não vai ser necessário", disse ao mordomo-chefe que a acompanhava.

Ela não conseguia entender por que as arrumadeiras e os mordomos sempre ficavam quietos quando estavam por perto. Achava, preocupada, que não gostavam dela. Não demorou a descobrir que era assim que Pat Nixon preferia.

O carpinteiro Milton Frame ficou impressionado com o estilo acessível de Betty Ford. "Lembro bem que a senhora Ford era capaz de convidar você para se sentar e tomar um chá com ela", disse ele afetuosamente. Ela lhe perguntou de onde era e ficou batendo papo, um gesto de gentileza que sua antecessora jamais teria protagonizado.

Ela também gostava de fazer piada com os funcionários. Durante um tour pela área privada, sua assessora de imprensa, Sheila Rabb Weidenfeld, notou um vaso de flores com figuras em relevo de dois anjos com as mãos quase se tocando. Um cigarro havia sido colocado em uma dessas mãos. "Ah! Esse cigarro?", disse a primeira-dama, rindo. "Fui eu mesma que o deixei ali. É o meu jeito de checar se as empregadas fizeram direito a faxina."

As novas famílias precisam se acostumar não apenas com a presença de uma equipe muito grande, mas também com contas assustadoramente altas. Ao contrário do que muitos acreditam, a primeira-família tem de pagar por todas as suas despesas de natureza pessoal. E quase todas as primeiras-damas acabam pedindo enfaticamente ao diretor para controlar e reduzir os custos.

É a família quem paga as despesas de lavanderia; o serviço é feito por um tintureiro local escolhido pela governanta-chefe ou pela própria família. Segundo a governanta-chefe Christine Limerick, durante os mandatos do primeiro Bush e de Clinton, usavam os serviços da lavanderia do Willard Hotel. Mas esse serviço elementar precisa ser conduzido em segredo: as roupas da primeira-família são discretamente deixadas e depois recolhidas por membros do departamento de operações.

Cabe também à primeira-família pagar pelas despesas com alimentação e bebidas pessoais – incluem-se aí não apenas suas próprias refeições como também as dos convidados particulares, que podem chegar a dezenas de amigos e parentes na época da posse ou nos feriados. O diretor Walters me disse que "quase todas" as primeiras-damas, exceto Barbara Bush, aparentaram surpresa e desagrado quando foram informadas disso. Muitas pediam que a carne servida nas refeições fosse de cortes mais baratos, a fim de reduzir as enormes despesas mensais; os Carter chegaram mesmo a pedir que, para suas refeições pessoais, os cozinheiros usassem restos de refeições anteriores.

Até Jackie Kennedy instruiu o diretor a "gerenciar este lugar como faria para o mais pão-duro de todos os presidentes da história deste país!". Então, baixou o tom de voz de um jeito engraçado e arrematou: "Nós não temos nem uma pequena parte do dinheiro que os jornais dizem que temos!".

Despesas com alimentação eram uma grande preocupação do marido de Jackie; ele costumava conversar detalhadamente com os funcionários sobre como reduzir as despesas com leite em sua casa de Hyannis. A chefe de cerimonial dos Kennedy, Nancy Tuckerman, disse que nunca o viu ficar sentado por tanto tempo ou tão interessado em qualquer outra coisa por mais de cinco minutos. As despesas com bebidas alcoólicas dispararam durante os anos Kennedy; o motivo é que, antes deles, a Casa Branca, por mais incrível que possa parecer, discretamente recebia uísque contrabandeado pela Administração de Serviços Gerais. No entanto, segundo uma nova regulamentação, a Casa Branca só poderia continuar com essa prática se ela fosse tornada pública, o que levou o presidente a rapidamente suspendê-la; a partir desse momento, passou a mandar a governanta-chefe Anne Lincoln comprar bebidas baratas. Kennedy tinha seu estoque particular de bebidas alcoólicas, guardadas em um armário escondido no terceiro andar do qual só seu camareiro e Anne tinham a chave. Ainda que sempre atento ao custo de vida na Casa Branca, não cabia a ele pagar pelo grosso das bebidas alcoólicas, já que o volume maior era consumido em eventos oficiais da presidência.

O assessor de Obama, Reggie Lowe, tinha 27 anos quando chegou à Casa Branca e lembra bem da primeira vez em que o diretor executivo, almirante Rochon, lhe mostrou detalhadamente as contas pessoais dos Obama. "Diante daquele total, eu fiquei meio estupefato. Estava tudo detalhadamente apresentado, item a item, mas, para mim, que até então vivia sozinho, sem filhos, era difícil simplesmente dizer: 'É... parece que está tudo certo'."

Aos domingos, o *chef* de cozinha envia à primeira-dama uma sugestão de menu semanal. Se houver alguma coisa de que ela não gosta ou que considera extravagante demais para uma refeição em família, ela pode pedir ao *chef* que ofereça uma alternativa.

Luci Baines Johnson disse que sua mãe "constantemente" falava sobre os custos exorbitantes de viver na Casa Branca. Já casada, Luci levou a nova família para passar um fim de semana em Camp David – e recebeu a conta das despesas com a alimentação durante sua estadia. Ficou chocada.

"Ah, sim, sempre tivemos de pagar, mas quando você era menor e vivia em nossa casa, nós pagávamos para você", Lady Bird Johnson disse à filha, furiosa.

"Minha mãe ficou chocada ao *me* ver chocada", contou-me Luci, rindo.

De certa forma, quando se examina item a item a lista de produtos ao final do mês, seus preços parecem mais altos do que os pagos por uma família comum que vai à mercearia ou sai para comer. Susan, filha do presidente Ford, disse que seu pai costumava brandir a conta diante dela e avisá-la: "Fique atenta: quando você traz seus amigos aqui, eu vejo isso aqui".

Rosalynn Carter lembra claramente a primeira conta mensal recebida por sua família: seiscentos dólares. "Não parece muito agora, mas, em 1976, para mim era uma fortuna!" Ela achava que os preços eram mais altos que fora da Casa Branca porque a comida precisava ser examinada a fim de garantir que não estava envenenada.

De acordo com o florista Ronn Payne, alimentação não era a única despesa que preocupava os Carter. O presidente também queria gastar pouco com flores. Mesmo que habitualmente não seja responsabilidade da primeira-família pagar pelas flores, Carter achava que tampouco o Estado tinha de bancar arranjos muito sofisticados. "Nós tínhamos de sair e colher flores para os jantares", recorda-se Payne. "Costumávamos ir aos parques da cidade e colher flores." Ele e outros funcionários realizavam expedições ao parque Rock Creek para colher abróteas e ao zoológico nacional para pegar flores silvestres. "A polícia às vezes nos interceptava. Uma vez, um rapaz foi preso e tiveram de tirá-lo da cadeia pela acusação de colher flores naquela grande colina do parque Rock Creek para ornamentar um jantar." A Casa Branca teve de interceder para que ele fosse libertado, disse Payne.

"Comprávamos flores secas no mercado ou pedíamos às senhoras do nosso clube de jardinagem que fizessem elas mesmas a secagem de suas flores. Era isso que nós usávamos." Em outras gestões, não era incomum gastar 50 mil dólares em flores em um jantar oficial. Alguns arranjos chegavam a custar milhares de dólares.

Barbara Bush, condizente com seu status de matriarca de família nobre, não tem pena nenhuma de uma primeira-dama que fica surpresa quando recebe a conta mensal de alimentos de sua família. Ou qualquer conta, seja ela qual for. "Se elas ficavam chocadas, alguma coisa está errada com elas", decreta com severidade. "Nós recebíamos muita gente. O George W. também. E nós pagávamos pelas despesas com nossos convidados. Quando a conta chegava, estava tudo lá, especificado: 'um ovo: dezoito centavos. Senhor Fulano comeu um ovo e uma torrada'. É mais barato comer na Casa Branca." Ela assinala que, embora tenha de pagar pela alimentação e a conta da lavanderia, a primeira-família não tem despesas com eletricidade, ar-condicionado, flores, mordomos, encanadores, ou "pessoal de jardinagem", o que torna viver ali uma pechincha – especialmente para uma família como os Bush, que estavam acostumados a ter serviçais pagos trabalhando para eles. "Achava muito barato morar na Casa Branca", disse ela. "Gostaria de voltar a viver lá e não ter a responsabilidade."

É possível que a sogra de Laura Bush a tenha preparado para o custo de vida na Casa Branca, mas ainda assim ela ficou surpresa quando recebeu a primeira conta e percebeu como saiu caro dar uma festa de aniversário para o marido – e pagar adicional de hora extra de cinquenta por cento aos funcionários que tiveram de trabalhar depois das cinco da tarde, horário em que normalmente terminam seus turnos.

Também o *chef* de cozinha Walter Scheib relatou que às vezes recebia ligações do diretor executivo avisando que o escritório da primeira-dama havia pedido que economizasse nos gastos com ingredientes ou solicitando que fossem usados menos cozinheiros.

"*Chef*, você realmente precisava de tantas pessoas para produzir aquele evento?", perguntava-lhe o diretor executivo Gary Walters.

"Bem, Gary, talvez não precisasse. Talvez pudéssemos tê-lo realizado com algumas pessoas a menos", respondia o intransigente

Scheib. "Vamos imaginar o seguinte cenário: cometemos um erro na Casa Branca e estamos frente a frente com a senhora Bush ou a senhora Clinton tentando explicar por que o nome dela está na boca dos comediantes de todos os *talk shows* noturnos do país. 'Mas tem um lado bom, senhora Bush, sim, um lado bom, senhora Clinton: nós economizamos quinhentos dólares.' Como você acha que essa conversa acabaria?"

Acima de qualquer outra coisa, disse ele, "nossa missão era garantir que a primeira-família nunca passaria por situações embaraçosas". Não importava o preço.

Com a chegada de uma nova primeira-família, as rotinas mudam abruptamente. Os Obama despertam um pouco mais tarde que seus antecessores, preferem eles próprios apagar as luzes à noite e, além das tradicionais flores, gostam de ter maçãs gala no Salão Oval. As maçãs significaram uma nova tarefa para os floristas, que precisam verificar diariamente como estão, já que o presidente incentiva as pessoas a comê-las e o estoque diminui rapidamente. Os floristas precisam concluir o serviço e deixar o Salão Oval no máximo às sete e meia da manhã, horário em que o presidente chega para o trabalho.

Embora a maior parte das solicitações dos Obama não se distancie muito das outras primeiras-famílias, sua primeira chefe de cerimonial, Desirée Rogers, chegou com eles em 2009 determinada a introduzir um novo astral e novas ideias à residência oficial da presidência. Com MBA em Harvard e descendente de uma sacerdotisa de vodu, Desirée foi a primeira afro-americana a ocupar o cargo de chefe de cerimonial, sendo sua presença em si já uma espécie de desafio à tradição. Nos seus sessenta primeiros dias no posto, coordenou mais de cinquenta eventos; isso é mais que o dobro dos realizados pelo presidente George W. Bush durante o mesmo período de primeiro mandato e supera até mesmo o ritmo dos festeiros Clinton. Ela procurou mudar o modo de trabalhar da Casa Branca, misturando e combinando, em jantares formais, serviços de porcelana de diferentes épocas e incluindo republicanos em todos os eventos ligados ao Congresso. Além disso, se envolveu pessoalmente em detalhes tradicionalmente cuidados pela equipe de funcionários da mansão, o que deixou alguns deles profundamente irritados.

"Ela realmente só conseguia enxergar seu próprio mundinho quando chegou aqui", disse o florista Bob Scanlan. "Deixou bem claro que eles não queriam mais o que estava sendo feito, que desejavam um novo visual. Perdi a conta de quantas vezes ouvimos (Desirée Rogers pedir) o 'visual Four Seasons'." Ele interpretou essa solicitação como um desejo de ter arranjos florais mais contemporâneos, com flores inclinadas, em lugar do arranjo mais tradicional, em que flores recém-colhidas são espetadas em ângulo reto em uma espécie de berço de espuma conhecido como oásis. Scanlan e seus colegas ficaram indignados quando trouxeram uma mulher para ficar várias semanas para "dar uma oxigenada na floricultura", porque, segundo ele, achavam que eles estavam atolados no passado.

Para Scanlan, desde o início, muitos dos floristas consideraram que a atitude de Desirée era desrespeitosa às antigas tradições da mansão e, por isso, ficaram felizes quando ela foi embora, quinze meses depois de chegar (após um escândalo envolvendo penetras que conseguiram entrar, sem serem convidados, claro, no primeiro jantar oficial a dignitário estrangeiro oferecido por Obama). "Se você é florista e passa a ser parte daquela casa, há algumas características e alguns padrões estéticos que só fazem sentido naquela casa. E isso não pertence apenas à primeira-família, mas ao público também. Nós cuidávamos das flores pensando no país." A lembrança que Desirée Rogers tem da controvérsia das flores é um pouco diferente; ela afirma que não pediu mudanças imediatamente e que, pelo menos no dia da posse, seguiu a tradição. "Eles tinham um jeito próprio de fazer os arranjos na casa", afirmou, acrescentando que, no dia da posse, nenhuma preferência da primeira-família foi incorporada. "Lembre-se que eles ainda não tinham se mudado para lá. Não tinham como dizer 'gostamos disso', 'gostamos daquilo', ou 'vamos fazer mais disso ou menos daquilo'. O resultado é que quase tudo foi arrumado do mesmo jeito que historicamente sempre foi ao longo dos anos por aquele florista."

Quando perguntei ao diretor executivo, almirante Rochon, como era trabalhar com Desirée, ele brincou e disse que talvez fosse necessário tomar uma aspirina. Ela fora uma bem-sucedida executiva, mas, no caso da transição da Casa Branca, suas expectativas eram altas demais.

"Não era uma tarefa apenas difícil. Era simplesmente impossível", disse ele, exasperado pela lembrança. Ela queria que as paredes estivessem pintadas e secas quando os Obama chegassem à casa depois do desfile de posse, recorda Rochon. "Tivemos de convencê-los de que não, não dá para ter um mural nesta parede porque isso só pode ser feito depois que o presidente Bush for embora."

A nova família não pode promover mudanças no térreo e no primeiro andar, mas, depois de mudarem, podem fazer as mudanças que desejarem nos segundo e terceiro andares. No quarto de Malia, por exemplo, os funcionários ergueram uma parede que a separava de um corredor de forma a dar à jovem mais privacidade. Alterações como essa, no entanto, só podem ser executadas depois que a limusine com a antiga primeira-família cruza o portão de saída.

O *chef* confeiteiro Roland Mesnier tinha vasta experiência na indústria hoteleira: já havia trabalhado no Savoy Hotel, em Londres, e no Homestead, na região das montanhas Allegheny, no estado de Virgínia, e era conhecido por descobrir rapidamente o que o presidente desejava. Em vez de ouvir os assessores políticos de Obama, todos garantindo saber quais eram as preferências de comida do presidente e da primeira-dama, ele discretamente procurou membros da família quando visitaram a Casa Branca.

Um assessor de George W. Bush disse a Mesnier que não se preocupasse em fazer para ele bolos de aniversário muito sofisticados. Em vez disso, sugeriu que fizesse apenas um bolo tipo pão de ló com morangos. "Nunca tinha feito um bolo assim com um morango no buraco!", disse Mesnier, um francês agitado, de bochechas rosadas e rechonchudo. "Depois que eles descobrem o que você é capaz de fazer, pode esquecer o que eles comiam antes."

Depois de o povo americano eleger seu novo presidente, todos os olhares se voltam para o futuro. Para quem trabalha na mansão, no entanto, a vida continua. David Hume Kennerly, fotógrafo do presidente Ford na Casa Branca e amigo íntimo da família Ford, disse que trabalhar na Casa Branca é como trabalhar em um filme: "Depois que acabam as filmagens, você parte para a próxima produção".

Para os funcionários, nem sempre é fácil lidar com a entrada e a saída das famílias. No dia da posse, muitos têm a sensação de estar começando um emprego novo, em que trabalharão para a família mais poderosa do mundo sem saber exatamente o que esperar. Será que a primeira-dama – que tem muito mais contato com a equipe de funcionários que o presidente – vai reclamar da comida, ou dos arranjos florais, ou do jeito que as camas são feitas? "Milhares de perguntas como essas dominam seus pensamentos", confessou Scanlan. "Será que ela vai ligar e dizer: 'Detesto isso'? Eles podem fazer o que lhes der na cabeça."

O *chef* Walter Scheib foi contratado por Hillary Clinton e demitido por Laura Bush. Para ele, a transição para os Bush foi penosa. Depois de servir aos Clinton alta gastronomia americana ao longo de quase dois mandatos completos, ele não sabia o que os Bush esperavam. Quase do dia para a noite, teve de deixar de lado pratos como verduras de fim de estação em camadas com capim-limão e curry vermelho para servir cereais preparados ao estilo Tex-Mex e sanduíches de bacon, alface e tomate. (O presidente Clinton matava a maioria dos seus desejos de comer alimentos pouco saudáveis quando estava viajando, longe do olhar vigilante da primeira-dama, que chegava a pedir que a quantidade de calorias de cada prato aparecesse nos menus dos jantares da família.)

"Foi a única situação em que, em vez de demitir-me de um trabalho, o trabalho demitiu-se de mim: do ponto de vista físico, tudo permanecia como antes, as panelas e as frigideiras eram as mesmas, a geladeira era a mesma, mas a gente simplesmente não sabia mais como fazer o serviço. Era preciso literalmente reaprender tudo em apenas uma tarde."

Mesnier descreve a despedida da família que estava partindo como uma "espécie de funeral".

Com frequência, não é muito mais fácil para a primeira-família deixar para trás o ambiente alegre da Casa Branca. O presidente

George H. W. Bush caiu no choro quando viu os funcionários reunidos diante dele. Não conseguia falar. "Estávamos muito emocionados para dizer o que estávamos sentindo, mas acho que eles sabiam do afeto que tínhamos por todos eles", relembrou Barbara Bush. Antes de sair para o Capitólio, ela cruzou de uma ponta a outra os salões Azul e Vermelho para, em particular, dar um abraço em cada um dos mordomos. "Depois disso, tudo ficou moleza. A parte mais difícil tinha sido vencida."

Por mais que digam que presidentes e primeiras-damas insistam que anseiam por recuperar a privacidade de antes, a transição de volta para a vida civil é difícil. Quando os Reagan se despediram dos funcionários da residência no Salão de Jantares Oficiais, o presidente brincou: "Sabe qual é o maior problema de deixar a Casa Branca? É que amanhã de manhã, quando eu acordar, como vou ligar a eletricidade? Não faço isso há oito anos. Vocês faziam por mim. Como vou apertar o botão do interruptor? Não sei". (Nancy Reagan afirmou que seu marido adorava o luxo da mansão e dizia que era um hotel oito estrelas. Ela concorda. "Todas as manhãs, enquanto eu tomava banho, uma das empregadas vinha e pegava minhas roupas para levar para a lavanderia. A cama estava sempre arrumada. Cinco minutos depois de Ronnie chegar à casa e pendurar seu terno, ele desaparecia do closet e era levado para ser passado, limpado ou escovado.")

Em suas memórias, Barbara Bush nos proporciona uma visão rara de como a primeira-família acaba ficando isolada do mundo depois de anos sendo servida por cozinheiros, empregadas e mordomos. Os Bush tinham longa trajetória no serviço público e eram famosos por não estarem habituados a fazer as compras do dia a dia. (Durante a campanha pela reeleição de 1992, Bush foi ridicularizado por ficar impressionado com um leitor de código de barras em um supermercado.) Barbara Bush lembra que, não muito depois de terminado seu mandato, o marido foi pela primeira vez ao Sam's Club e "comprou a maior garrafa de molho de tomate do mundo e um pouco de espaguete" para o jantar.

Naquela noite, enquanto o marido assistia ao telejornal noturno, a ex-primeira-dama começou a cozinhar e acidentalmente derrubou da bancada a imensa garrafa de molho, que se espatifou no chão. Como o que haviam planejado para jantar tinha ido pelo ralo, ficaram pensando em uma solução. "Aquela foi a noite em que George e eu fizemos uma descoberta incrível: é possível ligar e pedir uma pizza delivery."

Às vezes as despedidas são engraçadas. A filha mais nova de Lyndon B. Johnson, Luci, atualmente com 68 anos, entrou na escola de enfermagem quando estavam vivendo na Casa Branca e, por meses, guardou o feto de gato que usava nas aulas de dissecação na geladeira do Solário, no terceiro andar. Ela carinhosamente se referia ao feto como "Crocante", porque era mantido em um jarro originalmente usado como embalagem de manteiga de amendoim crocante. No dia em que ela partiu, uma empregada chamada Clara, a quem ela se afeiçoara de forma especial, colocou o jarro em suas mãos e disse: "A única coisa boa de você ir embora é isto". As duas então se abraçaram e "choraram rios de lágrimas".

"Eu sabia que nunca mais seria a mesma coisa", disse Luci. "Sabia que, assim que eu atravessasse aquela porta, ela direcionaria suas energias, sua deferência e sua gentileza para tentar ajudar as filhas dos Nixon se sentirem tão à vontade ali quanto fizeram comigo. A devoção que os funcionários domésticos sentem pela Casa Branca e pelo presidente e sua família é algo que faz a gente sentir um tremendo orgulho de ser americano."

O eletricista e cuidador de cães da Casa Branca Traphes Bryant, que no início ficou com um pé atrás em relação a Lyndon B. Johnson por causa do tumulto que marcou sua chegada à Casa Branca, ficou arrasado quando os Johnson voltaram para o Texas, em 1969. "Foi o fim. Para mim, foi realmente o fim. E foi um alívio. Mas também não foi um alívio. Era como se alguém me dissesse que eu nunca mais veria um membro de minha família de novo", escreveu ele em suas memórias. "Eu conhecia LBJ de verdade e me sentia íntimo dele como se fosse um irmão. E agora, se voltássemos a nos ver, seria quase como se fôssemos estranhos. Fiquei perdido. E, depois, livre, ao perceber que não teria mais que ouvir sua conversa fiada."

Algumas transições são mais fáceis que outras. O presidente George W. Bush e sua família trouxeram com eles apenas uma cômoda e algumas fotos de família, porque, segundo Laura Bush, "parte da diversão" de morar na residência oficial da presidência é ir ao depósito guarda-móveis, em Maryland, e escolher peças da coleção da Casa Branca para mobiliar seus ambientes. O fato de os Bush já conhecerem o layout da mansão ajudou muito. "Foi tudo feito num piscar de olhos", disse Bob Scanlan sobre a entrada deles.

No entanto, antes que os Bush pudessem começar a escolher os móveis, eles tiveram de lidar com uma complicação totalmente inesperada: a recontagem dos votos das eleições do ano 2000, que manteve em suspenso o resultado até 12 de dezembro, um mês depois de os americanos terem ido às urnas. À parte os candidatos, talvez ninguém tenha acompanhado o desenrolar do drama da eleição tão atentamente quanto os funcionários da mansão. Entre o dia da eleição e o dia em que a Suprema Corte confirmou a vitória de Bush, Walters monitorou de perto o noticiário, ansioso para descobrir enfim a quem serviriam nos próximos quatro anos: George W. Bush ou Al Gore? Depois de anunciado o veredito, Laura Bush teve menos da metade do tempo que normalmente teria para preparar a mudança.

A recontagem foi marcada por acirrada controvérsia, com o desfecho final dependendo dos votos da Flórida; quando foi anunciada a derrota de Gore, a equipe de assessores de Bill Clinton ficou furiosa. Especialmente os mais jovens não esconderam seu desprezo pelo futuro presidente. Um deles gritou para o *chef* de cozinha Mesnier, com palavras que não deixavam margem a dúvida, avisando que Bush seria presidente de um só mandato: "Vamos dar um pé na bunda dele!". De acordo com a filosofia dos funcionários da mansão de se manterem neutros politicamente, Mesnier disse: "Deixei que ele fizesse seu discurso e fiquei quieto". (Ele revelou também que, não obstante a lealdade demonstrada, os próprios Clinton não gostaram do comportamento dos seus assessores.)

Independentemente de quem venceu a eleição, os Clinton detestaram ter de ir embora. Hillary Clinton disse que, mesmo depois de oito anos morando na mansão e aguentando períodos incrivelmente difíceis, ela ainda enxerga a Casa Branca "com o mesmo olhar de profunda admiração que tinha quando, ainda garota, pressionava o rosto contra a grade do portão para ver mais de perto". A família inteira, Chelsea inclusive, aproveitou o cinema particular uma última vez para assistir ao filme *Deu a louca nos astros* bem depois da meia-noite, na véspera da posse de George W. Bush. Eles queriam usufruir até o último segundo a posse temporária da mansão. "A farra daquela noite os deixou tão cansados que, quando Barbara, Jenna e eu olhamos para Bill no discurso de posse de George, vimos que ele estava cochilando", lembrou-se Laura Bush.

O próprio Clinton confessou aos Bush na manhã da posse que havia adiado tanto a arrumação das malas que, no fim, "estava simplesmente abrindo as gavetas e jogando o que havia dentro em caixas".

Embora Hillary Clinton sempre tenha curtido a grandiosidade da Casa Branca, ela também tinha seus arrependimentos. Disse a Laura Bush que gostaria de não ter insistido para ter um gabinete na Ala Oeste e também que não tivesse decidido recusar convites apenas porque sua agenda estava lotada. Sentia-se especialmente culpada por não ter aceito um convite de Jackie Kennedy para uma apresentação de balé. Jackie morreu poucos meses depois. Seu conselho a Bush: não esqueça as coisas realmente importantes.

Não raro os funcionários se viam no meio de acontecimentos mundialmente significativos. Betty Monkman, que trabalhou no gabinete do curador de 1967 a 2002 e acabou ela mesma assumindo o posto de curadora-chefe, era responsável por supervisionar os funcionários que penduravam ou retiravam obras de arte para cada nova primeira-família. Durante a transição de Carter para Reagan, lembra-se ela, os funcionários deixaram as TVs ligadas enquanto trabalhavam para acompanhar os momentos derradeiros da tensa crise dos reféns do Irã. "O presidente Carter ficara a noite inteira com seus assessores no Salão Oval e mal conseguiu voltar para a ala residencial para se vestir para sua reunião com Reagan às dez horas", disse Betty. "Ninguém sabia o que ia acontecer. O país inteiro estava esperando."

Os iranianos libertaram os 52 reféns restantes minutos depois de Reagan tomar posse como quadragésimo presidente do país – foi uma última alfinetada em Carter, que trabalhara dia e noite para que a libertação acontecesse antes do fim do seu mandato.

Independentemente do que esteja acontecendo fora da Casa Branca, os funcionários mantêm o foco exclusivamente na mudança. "Permanecíamos atentos o tempo todo", disse Betty. "Uma vez, no governo Ford, estávamos fazendo alguma coisa no quarto de Susan Ford, desmontando móveis e outros objetos, quando o presidente apareceu para se despedir dos empregados. Ele fez questão de, instantes antes de descer, vir e agradecer a todos por seu trabalho. O pessoal gostava disso." Mas, assim que saiu, a correria recomeçou.

Embora tentem não se apegar demais aos ocupantes da mansão, os funcionários frequentemente parecem torcer para que o candidato à reeleição seja o vencedor, seja ele democrata ou republicano. Quando Bill Clinton derrotou o primeiro presidente Bush, o *chef* Mesnier considerou o resultado "um verdadeiro desastre". Ele se aproximara tanto dos Bush que chegou a ter dúvida de que conseguiria servir a outro presidente. E não estava sozinho nisso: depois da eleição de Clinton, outros funcionários ligaram dizendo que estavam doentes e não poderiam vir trabalhar; a piada que se fazia era de que se tratava da "gripe republicana".

Em parte, isso se deve ao fato de a chegada de uma nova família significar que será necessário esquecer tudo o que aprenderam sobre cada membro da primeira-família que sai e começar do zero. No entanto, a maior parte dos relatos indica que a devoção dos funcionários da residência ao presidente George H. W. Bush era maior que a habitual – era sincera, quase profunda. Os Bush, em geral, eram fáceis de agradar, e os funcionários rapidamente se sentiam à vontade com eles. O diretor Gary Walters afirma que, mesmo depois de ter mudado para a Casa Branca, Barbara Bush assegurou que não faria nenhuma mudança na cozinha. "Nunca fiz uma refeição ruim (na Casa Branca), de forma que deixava os *chefs* escolherem o que quisessem para o menu do jantar e toda noite teríamos uma surpresa."

"Mas e se você não gostar de alguma coisa?", perguntou-lhe o diretor, que, tendo trabalhado para Nancy Reagan, mal conseguia acreditar que poderia haver uma primeira-dama tão tranquila.

"Simplesmente dizemos ao *chef*, pedindo que não faça tal prato novamente", respondeu ela.

Em 11 de novembro de 1968, dias depois de Richard M. Nixon vencer a eleição presidencial, ele e sua esposa Pat foram convidados pelos Johnson para visitar a Casa Branca. Os dois eram inimigos políticos ferrenhos, mas até que se entenderam bem durante o almoço de quatro horas. Johnson surpreendeu até a própria esposa com sua civilidade. "*Lyndon*, pensei, *foi generoso e até paternal*", disse Lady Bird. "Achei que ele estava falando menos com o Nixon homem e mais com o Nixon que seria o próximo presidente deste país."

Lady Bird mostrou à futura primeira-dama o segundo e o terceiro andares, enfatizando "a eficiência, a devoção e o profissionalismo impessoal" dos funcionários da residência.

Em várias ocasiões, em meio à tensão e à pressão da mudança, primeiras-damas conseguiram se afastar e achar para si momentos de introspecção na manhã da posse. "Você se pergunta o que deve estar passando pela cabeça delas", refletiu a governanta-chefe Christine Limerick. Os Johnson tinham um prazer especial em viver na Casa Branca. Lady Bird recorda-se de ficar perambulando bem cedo pelos segundo e terceiro andares em seu roupão, segurando uma xícara de café, na manhã da posse, no seu último dia na Casa Branca. Pouco mais de cinco anos antes, ela e sua família mudaram-se para a Casa Branca tomadas por um sentimento de consternação. Na noite de 7 de dezembro de 1963, quando Jackie Kennedy estava deixando a casa, Lady Bird deve ter ido às lágrimas ao ler a mensagem deixada por sua antecessora como primeira-dama. "Desejo-lhe uma feliz chegada à sua nova casa, Lady Bird", escreveu Jackie. "Lembre-se: você será feliz aqui." Mesmo passados tantos anos, a tristeza daqueles primeiros meses provavelmente reemergiu com força.

Ela permaneceu ali, no Salão Oval Amarelo e na Sala Lincoln, com a intenção de absorver uma última vez a rica história daqueles ambientes. Disse um adeus final, íntimo, ao lugar que ela e sua família chamaram de lar por tantos anos. "Aquele momento foi em parte um gesto da dona de casa querendo ver se alguma coisa havia sido deixada para trás", disse ela, "mas, mais do que isso, foi um momento de ficar parada e absorver."

Lady Bird deu uma espiada no quarto de sua filha Luci, que estava coberto de sacos e caixas meio cheias, e folheou um livro de visitantes com todos os convidados que se hospedaram com eles ao longo dos anos. Quando caminhou até o Solário, ficou chocada com o jeito que ficara, sem móveis. "Sem personalidade, parecia agora frio, clínico... e que ambiente alegre e caloroso tinha sido – era o refúgio dos jovens." No primeiro andar, ela sentiu o cheiro da amônia enquanto arrumadeiras, mordomos e quase todos os empregados da mansão trabalhavam para deixar a casa pronta para os Nixon.

Enquanto lá fora corria o desfile da posse, os funcionários atenderam a um último pedido. O presidente que estava deixando o cargo fora um ávido telespectador de noticiários e enchera a Casa Branca de televisores. "Lyndon B. Johnson costumava ficar sentado como um rei, rodeado por quatro televisores, um ao lado do outro, assistindo a si mesmo", de acordo com Bryant. "Permanecendo assim, fazendo comentários e trocando o som de um aparelho para outro, ou deixando todos ligados juntos, com o som em volume bem alto." Em contrapartida, era famoso o desconforto de Richard Nixon com essa mídia; depois de sua eleição, os funcionários foram instruídos a tirar da casa a maioria dos aparelhos. Alguns foram removidos ainda quando o pessoal assistia ao desfile da posse pela TV.

No final daquela manhã, enquanto Johnson e Nixon saíam para o Capitólio, Lady Bird e Pat Nixon seguiram juntas em outro carro. À medida que se afastava, a última coisa que Lady Bird viu pela janela foram o *maître* John Ficklin e o mordomo Wilson Jerman observando a partida da primeira-família. Ela então soprou-lhes um beijo. Deve ter sido ao mesmo tempo doce e amargo saber que, na próxima vez que voltasse à sua amada Casa Branca, ela seria apenas mais uma convidada.

CAPÍTULO II

Discrição

Sigilo, lealdade e discrição são obrigações também dos que ocupam posições inferiores. Lealdade pessoal nem tanto ao titular da função, mas ao cargo em si. O ambiente na casa seria insuportável se o presidente tivesse que ficar de olho em cada um suspeitando que está sendo vigiado; é imperioso que ele não tenha dúvida nenhuma quanto à lealdade dos funcionários. Segredos de Estado e pessoais são expressos em voz baixa, mas, em uma casa onde tantas confidências são ditas todos os dias, é possível que algumas cheguem aos ouvidos até dos funcionários de mais baixo escalão.

Irwin "Ike" Hoover, mordomo-chefe, 1913–1933, "Who's Who, and Why, in the White House", *Satuday Evening Post,* 10 de fevereiro de 1934

Pergunta: "Por que você não tem muitas fotos?"
Resposta: "Porque eu sabia onde as câmeras estavam posicionadas."

Nelson Pierce, assessor, 1961–1987

"Não vejo nada, não ouço nada, não digo nada", é resposta frequente entre funcionários da mansão quando solicitados a compartilhar detalhes sobre os momentos privados das primeiras-famílias. Se há uma qualidade comum a esses servidores é a capacidade de guardar segredo, especialmente quando ainda estão no cargo. James Jeffries foi o único funcionário ainda em serviço na Casa Branca que se dispôs a falar sobre suas experiências; vários funcionários aposentados rechaçaram repetidas abordagens antes de topar falar sobre suas memórias, e mesmo assim alguns tentavam mascarar passagens dolorosas ou negativas dando-lhes cores mais favoráveis, aparentemente forçadas. As histórias aqui contadas são apenas aquilo que eles achavam que poderiam tornar público e, quase sempre, refletem sua intenção de apresentar suas experiências de uma maneira cuidadosamente pensada e planejada. Ainda assim, as recordações erguem a cortina e expõem visões às vezes chocantes das personalidades dos ocupantes da mansão presidencial.

São os mordomos, as arrumadeiras e os camareiros quem têm o acesso mais próximo à vida íntima das primeiras-famílias. São eles também os funcionários que mais resistem a se abrir, porque honram apaixonadamente a confiança que a primeira-família deposita neles. São as primeiras pessoas que veem a primeira-família de manhã e as últimas a vê-la à noite. Esses funcionários da residência – bem como alguns poucos outros, como os *chefs* de cozinha da família – estão presentes quando os presidentes e as primeiras-damas se comportam simplesmente como marido e mulher, brigando, rindo, chorando e sendo os "assessores" mais confiáveis um do outro. Todos esses funcionários, sem dúvida, levarão incontáveis segredos para o túmulo.

Um exemplo bastante ilustrativo da importância da discrição dos funcionários foi descrito por um membro de primeira-família, e não um funcionário. Ron Reagan rememora uma visita que fez aos pais, durante o episódio que ficou conhecido como Irã-Contras, antes de o governo admitir ter ajudado a vender armas para o Irã em troca da libertação de reféns e também de ter enviado recursos para os rebeldes conhecidos como Contras, que tentavam derrubar o governo da Nicarágua. Durante a visita, o filho do presidente, então com cerca de 25 anos, ficou impressionado com a forma relaxada e aberta que a família falava sobre esses apoios. Depois de jantarem juntos no segundo andar, se reuniram na Sala de Estar Oeste, no mesmo andar – um ambiente mais informal, com uma espetacular janela em forma de meia-lua com vista para a Colunata Oeste e para a Ala Oeste – onde o jovem Reagan viu-se apertando o pai em uma discussão sobre a situação Irã-Contras.

"A certa altura eu já estava ficando meio esquentado", diz ele, "e de repente percebi que, enquanto eu recriminava meu pai abertamente, havia alguém ali em pé com uma bandeja de biscoitos para nos servir. Pensei na hora: *Ah, meu Deus, acho que pisei na bola. Não está certo fazer isso, por assim dizer, em público.*"

Mas ficou surpreso ao perceber que a presença de serviçais "parecia não preocupar" seus pais. "Os funcionários são tão discretos que ninguém realmente temia que alguém saísse contando histórias para os jornais." Refletindo sobre o episódio, Reagan hoje considera essa discrição indispensável. Se o presidente tivesse de se preocupar com a possibilidade de funcionários conversarem com a imprensa, "a vida seria praticamente insuportável. É preciso ter um refúgio onde possa se sentir à vontade, sem ser permanentemente monitorado".

Construir esse tipo de confiança pode levar tempo, e cada governante é diferente. Todos os funcionários percebem quando a primeira-família finalmente passa a confiar neles, afirma o diretor Gary Walters. Para ele, o melhor momento de um novo mandato é quando o presidente começa a chamá-lo pelo primeiro nome.

"O pessoal que trabalha na residência consegue identificar quando a primeira-família está suficientemente à vontade. Neste momento, podemos todos soltar um suspiro de alívio coletivo: 'Ahhhh'. Normalmente quem percebe primeiro são os mordomos ou assessores, que, ao adentrar um ambiente, notam que a conversa não é subitamente interrompida devido à sua presença e continua normalmente, como se não tivessem entrado. Aí sim o alívio é geral, porque provamos que somos merecedores de confiança."

Mas há situações em que o presidente precisa de privacidade absoluta. Como lembra o mordomo Herman Thompson, mesmo o acessível George H. W. Bush dizia às vezes "muito obrigado" a algum funcionário. "Isso, na verdade, significava 'pode sair agora'."

JAMES RAMSEY

Todo presidente tem seu mordomo favorito. Para George W. Bush, era James Ramsey, ou simplesmente Ramsey, como era afetuosamente chamado na mansão. Era extremamente profissional, mas gostava de provocar o presidente com tiradas venenosas; se davam muito bem, o que abriu caminho para a construção de laços fortes entre eles. Ramsey era um dos poucos funcionários da mansão convocados pelos Bush para viajar com a família no *Air Force One* para trabalhar com eles em sua fazenda em Crawford, Texas. Ele preservava zelosamente a privacidade da família, nunca falava com a imprensa e nunca deu motivos para que o presidente duvidasse de sua lealdade. Além disso, recusava convites de colegas para sair para beber, porque, disse ele, as pessoas "metem você em confusão".

Dono de um sorriso fácil e alegre, Ramsey parecia guardar reverência sincera pelas famílias a que serviu durante três décadas como mordomo da Casa Branca. Reggie Love, o jovem, bonito e sociável assistente pessoal de Obama, lembra bem do contagiante senso de humor de Ramsey. "Ele costumava brincar: 'Estou com 70 anos. Se você tiver sorte, quando tiver minha idade talvez tenha metade da minha beleza'."

Ramsey portava um luminoso bigode prateado, que só raspou depois de se aposentar, em 2010. Mandava todas as suas roupas para serem lavadas na lavanderia, até mesmo camisetas, e fazia questão de cuidar das unhas com uma manicure, porque as pessoas observavam suas mãos quando estava servindo. Não tinha vergonha nenhuma de gostar de se cuidar: "Quero estar com boa aparência de todas as formas: unhas feitas, cabelo aparado", disse ele. "Eu fui mordomo na Casa Branca."

Ramsey se considera mulherengo e namorou muito depois de se divorciar, chegando a apresentar algumas de suas namoradas ao presidente George W. Bush nas festas dos funcionários em datas comemorativas. Às vezes comentava seus casos com as filhas de Bush. "Jenna, Barbara, eu as amava demais. As considerava minhas amigas. Se elas perguntavam, eu respondia: 'Tenho, sim, uma amiga especial. Não sou velho demais para isso, sou?'."

George W. Bush, a quem Ramsey carinhosamente chamava de "jovem Bush", brincava e zombava dele sem dó; Ramsey também não deixava barato. Lembrou-se saudoso do dia em que estava servindo refrescos durante uma partidinha de beisebol no Jardim Sul e o presidente apareceu, vindo do Salão de Recepções Diplomáticas. "Trabalhe um pouco, Ramsey!", brincou o presidente. A relação entre eles era assim, afirma o ex-mordomo: sentiam-se à vontade um com o outro, mas não havia dúvida de quem era o chefe.

George W. Bush adorava brincar com os funcionários da mansão. Ele costumava virar de cabeça para baixo retratos emoldurados quando os mordomos e as arrumadeiras não estavam vendo e, outras vezes, quando passavam por ele, fingia que estava caçando moscas usando um mata-moscas. "O presidente armava ótimas pegadinhas em cima dos mordomos", lembrou Andy Card, chefe de gabinete de Bush.

"Bush...", disse Ramsey, pausando a seguir. "Nunca esquecerei sua família. Mesmo que viva cem anos, nunca esquecerei sua família."

O pequeno apartamento de Ramsey, que ele chamava de "apartamento de solteiro", tinha as paredes cobertas por fotos sensacionais suas com presidentes e outras figuras históricas, entre as quais Nelson Mandela ("Ah, tenho um monte delas, meu bem"), e mensagens pessoais do presidente Reagan e de Hillary Clinton agradecendo por sua ajuda em jantares diplomáticos oficiais. Há uma foto autografada pelo presidente Obama com a mensagem: "Você é um grande amigo e fará muita falta".

Ele tinha tanto orgulho de seu trabalho na Casa Branca que seu amigo, o também mordomo Buddy Carter, costumava tirar sarro dele: "Ramsey? Ele dorme deitado sobre o crachá de funcionário da Casa Branca".

Quando a família está em seus aposentos privados nos segundo e terceiro andares da Casa Branca, quase sempre há um mordomo a postos – na copa do segundo andar ou próximo – esperando ser chamado para servir. Os quartos são equipados com uma campainha que toca na copa quando se quer chamar algum empregado. Ramsey afirma que raramente precisava dela: "Eu podia sentir quando eles precisavam de alguma coisa".

É fácil perceber por que Ramsey era tão querido. Ele manteve o sotaque do Sul, dos tempos de criança em Yanceyville, Carolina do Norte. Seu padrasto tinha uma fazenda de tabaco (ele não conheceu o pai), e passou boa parte da infância tocando a mula da família para puxar o arado na plantação.

"Era trabalho puxado demais. Falei para meu pai: 'Quando me formar na escola, eu vou embora. Não dá para ficar aqui'. Então ele disse: 'E você vai viver do quê?'. Eu respondi: 'É um risco que preciso correr'. E foi assim. Quando cheguei em Washington, eu não conhecia ninguém."

Ele chegou à capital do país quando tinha 20 anos. Sem ter onde ficar, convenceu um solidário dono de posto de gasolina a deixá-lo usar o banheiro e dormir no próprio estabelecimento. Depois, acabou alugando um quarto na Rhode Island Avenue Northwest por dez dólares por semana. Quando morava ali, ficou amigo de uma pessoa que trabalhava no glamoroso edifício de apartamentos de estilo *art déco* Kennedy Warren, na zona noroeste de Washington. Disse ao amigo que era bom trabalhador e este lhe conseguiu uma entrevista de emprego. Foi contratado na hora.

Não muito tempo depois, conheceu em uma festa alguém que trabalhava na Casa Branca. Ramsey perguntou a ele se poderia ajudá-lo a arranjar um emprego lá. A primeira coisa que esse funcionário perguntou a Ramsey foi: "Você tem passagem pela polícia?".

"Não, cara. Não tenho passagem", respondeu Ramsey.

"Se tiver, nem precisa preencher a papelada", disse em tom desanimador. "Eles não vão contratá-lo se na sua ficha de antecedentes tiver *qualquer* tipo de passagem." (O supervisor de operações Tony Savoy lembra-se de ter ficado chocado quando soube da quantidade de pessoas que tinham cometido crimes graves que se candidatavam a empregos. "Todo mundo chega dizendo que tem a ficha totalmente limpa. Mas quando a gente checa, descobre que não é nada disso: começam a sair do armário todo tipo de esqueletos. Houve um rapaz, durante o governo Clinton, que nos disse, no último minuto, que já tinha sido preso e condenado por estupro. E pensar que lá em cima estava a Chelsea, de 13 anos! O pedido de emprego desse cara foi direto para a lata de lixo.")

Como tinha ficha impecavelmente limpa, Ramsey preencheu o formulário de candidato e ficou à espera. "Durante uns dois ou três anos, eu passava na frente da Casa Branca quando ia trabalhar no edifício Kennedy Warren e tentava imaginar: 'Como será que é trabalhar nesse lugar?'", disse ele, sorrindo. Acabaram se passando alguns anos até que a Casa Branca o chamasse. Entrevistado pelo *maître* Eugene Allen e pelo então diretor Rex Scouten, foi contratado no mesmo dia.

Depois de começar como mordomo no mandato de Carter, Ramsey trabalhou na Casa Branca por trinta anos, tendo servido a seis presidentes: Jimmy Carter, Ronald Reagan, George H. W. Bush, Bill Clinton, George W. Bush e Barack Obama. Ele atribui a Eugene Allen ("Ele falava comigo como se eu fosse seu filho.") os conselhos de manter o nariz sempre limpo e guardar para si qualquer coisa que ouvisse na mansão. (O filme de Lee Daniels, *O mordomo da Casa Branca*, de 2013, foi vagamente baseado na vida de Allen.)

Mesmo décadas depois, Ramsey não desobedeceria a orientação de Allen e nunca revelou para o mundo exterior nada da vida privada daqueles a quem serviu. "Você não está trabalhando no McDonald's ou no Gino's. Você trabalha aqui, na casa", dizia Allen a Ramsey. "Se você entrar em alguma confusão ou disser algo que não deve, você provavelmente vai dançar."

Esse pacto de silêncio excluía os colegas. O diretor Stephen Rochon lembra-se que Ramsey foi o primeiro funcionário da mansão a lhe dar as boas-vindas e que fez de tudo para deixá-lo a par do que acontecia nos segundo e terceiro andares.

A responsabilidade inerente ao fato de ter acesso aos aposentos privados da primeira-família nunca deixa de existir para funcionários leais como Wilson Jerman, um homem de fala mansa, com 85 anos quando o entrevistei recentemente. Começou em 1957 na equipe de manutenção, aposentou-se em 1993 como mordomo, e, em 2003, saiu da aposentadoria (sentia saudades da "casa") para trabalhar como porteiro até 2010 em regime de meio período. Como um porteiro de qualquer prédio comum, ele via as pessoas chegarem e saírem, mas guardava para si seus segredos.

Jerman acredita que sua lealdade à primeira-família e seu empenho para preservar-lhes a privacidade são reações naturais à confiança nele depositada. "É uma sensação boa saber que podia simplesmente subir e entrar no quarto da primeira-dama para pegar alguma coisa que ela tivesse solicitado."

Katie Johnson, a ex-secretária pessoal de Obama, disse que adorava questionar os mordomos. Uma vez, quando perguntou a um deles quais tinham sido as maiores mudanças na Casa Branca ao longo das décadas de trabalho, ele mencionou duas coisas: há mais mulheres e não se bebe mais no almoço.

"As pessoas costumavam beber bastante mesmo no meio do dia", contou a ela. "Um dos motivos para haver tantos funcionários era o fato de precisarem de gente para preparar os martínis para aquelas reuniões no meio do dia, algo impossível de acontecer nos dias atuais", disse ela. "Dá para imaginar alguém chegando a uma reunião ministerial e pedindo um dry martíni?"

Nelson Pierce, que trabalhou por 26 anos como assessor na Casa Branca e morreu 2014, aos 89 anos, frequentemente tinha de levar ao presidente documentos classificados como ultrassecretos que apenas o presidente tem autorização para ver. Tive a sorte de poder entrevistar Pierce. Ele me disse que um dia teve de trazer algo para o presidente Lyndon B. Johnson assinar durante um almoço com o secretário de Estado, Dean Rusk, com o secretário de defesa, Robert McNamara, e com pelo menos meia dúzia de outros assessores. Muito provavelmente naquele momento estavam falando sobre a guerra do Vietnã.

Ansioso, Pierce estava em pé ao lado do presidente, aguardando que ele assinasse o documento, quando ouviu algo extremamente anormal: "O secretário McNamara tinha subido a voz e gritava com o presidente. Estava bravo com alguma coisa. Eu não poderia repetir nenhuma palavra do que ele disse ao presidente ou do que o presidente disse a ele. Não tenho ideia e juraria por tudo que é mais sagrado que não me lembro de nada do que foi dito, porque você simplesmente acaba apagando de sua mente. Acho que nem mesmo sob hipnose conseguiriam tirar de mim qualquer coisa".

Décadas mais tarde, o chefe de gabinete da Casa Branca, Andrew Card, disse ter notado que, durante as reuniões com George W. Bush no Salão Oval, alguns de seus colegas assessores ficavam nervosos quando mordomos ou funcionários da residência entravam no recinto.

"Eles tentavam ser menos invasivos possível enquanto serviam. Acho que algumas pessoas se sentiam menos à vontade com a presença de um mordomo do que o presidente ou a primeira-dama. Elas não sabiam se deviam ou não parar de falar!"

No entanto, aquilo de que os funcionários mais se orgulham – sua capacidade de desaparecer da cena mesmo estando no recinto – também pode ser desumanizante. A certeza do presidente de que eles são capazes de se desligar das conversas já levou alguns empregados a sentirem como se não existissem.

"As pessoas falavam sobre qualquer coisa na nossa presença. Isso me pegou de surpresa", disse o mordomo Herman Thompson, que trabalhou em regime de meio período desde o governo Kennedy até o fim do primeiro mandato de Bush pai. "Às vezes, quando estávamos trabalhando no Salão de Jantares Oficiais, imaginávamos que as pessoas lá diriam certas coisas cochichando. Mas não. Era quase como se não estivéssemos lá."

Em alguns casos, o presidente ou a primeira-dama ignoravam de maneira tão absoluta a presença de funcionários por perto que provocavam situações embaraçosas. Nelson Pierce lembrou-se de uma noite em que, subindo com algumas malas para o quarto dos Reagan, viu Nancy Reagan gritando com o marido, o homem mais poderoso do planeta, bem na frente dele. "Ela reclamava com ele por estar com a TV ligada. O presidente disse: 'Querida, só estou assistindo ao jornal'. Assim que abriu a porta, ela estava dando uma bronca inimaginável nele. Bem na minha frente. Eu pensei que ela pegaria no pé dele em particular, sem ninguém por perto. O presidente assistia ao jornal das onze e ela achava que ele deveria estar dormindo. Fiquei um pouco surpreso. Deixei as malas e saí o mais rápido que pude."

O presidente Johnson costumava trocar de roupa na frente dos funcionários e tinha fama de dar ordens quando estava sentado na privada. O repórter Frank Cormier revela que uma vez ficou chocado ao ver o sargento Paul Glynn, comissário e camareiro do *Air Force One*, em pleno voo, ajoelhado lavando os pés do presidente. Sua surpresa foi ainda maior porque Johnson nem mesmo agradeceu Glynn.

"Conversando o tempo todo, Johnson ignorava o camareiro e só reagiu quando teve de cruzar a perna em outra direção, para que o empregado pudesse cuidar do outro pé", observou Cormier. Depois de testemunhar essa cena, o repórter disse que não ficou surpreso quando soube que Glynn também cortava as unhas dos pés do presidente.

Na maior parte dos casos, no entanto, trabalhar tão perto da família mais poderosa do mundo faz os funcionários se sentirem respeitados. Interessa a eles próprios guardar para si aquilo que ouvem. Susan Ford, que tinha apenas dezessete anos quando seu pai assumiu a presidência, disse: "Essas pessoas não estariam lá há tantos anos se falassem o que não deviam".

O pintor de parede Cletus Clark, que serviu desde Nixon até George W. Bush, nunca falou nada em relação a qualquer segredo.

"Sou como um fantasma. Sempre fiquei na minha. E sei discernir o que é certo do que é errado."

"Eles servem aos presidentes que vão chegando e partindo. Conhecem suas famílias e são sempre discretos", contou-me Laura Bush, em tom muito mais comedido que sua sogra. Mantêm a discrição mesmo quando falam das próprias primeiras-famílias. "Eles não contam nada sobre os presidentes que viveram lá antes ou sobre suas famílias, o que nós admirávamos bastante, porque, claro, queríamos que eles nos tratassem dessa forma depois que partíssemos."

As lembranças do dia a dia que qualquer família conserva com carinho na memória são especialmente valorizadas pelas primeiras-famílias, que não raro convidaram funcionários da mansão para acompanhá-los durante os períodos de recesso. Laura Bush conta que seu marido e o mordomo Ron Guy tinham verdadeira paixão por pescar. "Sempre que os mordomos vinham para nossa fazenda, o que acontecia quando recebíamos lá chefes de Estado, George e Ron Guy saíam para pescar sempre que tinham tempo. Tenho uma foto grande de George com o vice-presidente Cheney e Ron Guy pescando, os três no barquinho elétrico que temos na fazenda."

"Conhecíamos as pessoas que lá trabalhavam por suas diferentes características. Nós as conhecíamos muito bem", disse a senhora Bush. "Lembro de Harold Hancock, um dos porteiros. Nós o adorávamos. Era tão gentil e querido. Morreu quando estávamos lá. Tenho uma linda foto dele esperando pelo presidente na porta, com o Spot, nosso cachorro... Eles eram sempre sensacionais com todos os animais. Agiam como se fossem completamente apaixonados por todos os bichos, mesmo que não o fossem de verdade!"

Luci Baines Johnson diz que adorava Wilson Jerman e se lembra claramente dele até hoje, quase cinquenta anos depois de deixar a Casa Branca. "Ele tinha um sorriso capaz de apaziguar até mesmo um enfurecido animal selvagem", disse ela em seu arrastado sotaque do Sul.

Em um exemplo definitivo de discrição, Jerman inventou um jeito de evitar as perguntas: ele nunca dizia exatamente onde trabalhava. "'Trabalho na Pennsylvania Avenue, 1.600', eu dizia, e como na maior parte das vezes as pessoas não sabiam o que tinha nesse endereço, elas perguntavam: 'Que armazém é esse? Que prédio é esse?'. Eu então respondia: 'Fica no centro'." Ele não queria responder à rajada de perguntas que viriam se ele dissesse a verdade.

Como Ramsey, Jerman ficava tão preocupado em dizer algo que não devia, e em decorrência ser demitido, que não falava nada sobre seu trabalho enquanto esteve na Casa Branca. "Perguntavam coisas demais", disse ele. "Você vê, mas nunca vê nada. Você ouve, mas nunca ouve nada. E você simplesmente não sabe de nada."

Mesmo em meio ao desenrolar de fatos históricos, Jerman procurava manter-se concentrado no trabalho e totalmente sem interesse em espalhar qualquer notícia. No início da noite de 15 de abril de 1986, Jerman e o *chef* Frank Ruta estavam preparando o jantar para os Reagan quando o presidente apareceu. Ele vinha com frequência à cozinha, mas dessa vez não estava lá apenas para dar uma olhada nas coisas.

"Só quero que vocês saibam que dentro de cinco minutos vão começar a bombardear a Líbia. Quero que vocês sejam os primeiros a saber", anunciou o presidente.

"Legal, senhor presidente", respondeu Jerman, "mas a que horas o senhor gostaria de jantar?"

Reagan parou, pensou por um instante e disse: "Acho melhor você perguntar à minha esposa".

Ruta riu ao lembrar-se da cara confusa do presidente. Momentos depois, chegou a primeira-dama e o expulsou da cozinha; ela sempre temia que ele falasse demais com os funcionários, especialmente quando o assunto eram segredos de segurança nacional.

Ruta tinha 22 anos quando começou a trabalhar na cozinha da Casa Branca, onde preparava a maior parte das refeições da família Reagan. Contou-me como Nancy Reagan protegia ferozmente seu marido – sua dedicação a ele era absoluta e sincera. Mas ela nunca teve de se preocupar com os funcionários da mansão.

Ruta jamais fofocou e tampouco pediu às arrumadeiras ou aos mordomos que contassem a ele mexericos. "A privacidade deles precisa ser respeitada. Você não está ali para ser os olhos do público."

Às vezes é impossível para os funcionários não presenciar momentos de intimidade. Toda noite, o assessor de plantão leva ao presidente um caderno contendo informações importantes reunidas pela equipe da Ala Oeste para prepará-lo para as atividades do dia seguinte e, depois, apaga as luzes. Chris Emery lembra-se de que, com frequência, quando ia deixar o caderno, encontrava os Reagan juntos na sala de estar, depois do jantar. "Às vezes eles estavam assistindo à série de TV *Who's the Boss*; o volume da TV ficava bem alto, porque ele tinha um probleminha de audição. Eram oito ou nove da noite e lá estava ele, com aqueles grandes óculos pretos que pareciam específicos para assuntos oficiais, vestindo seu roupão vermelho, sentado em uma cadeira revestida com motivos florais, trabalhando ao lado de uma bandeja cheia de papéis empilhados. A senhora Reagan ficava ali, bem ao lado dele. Muitas vezes, quando subia, via os dois de mãos dadas. Não havia mais ninguém por perto para presenciar aquilo."

Cletus Clark afirma que fazia de tudo para evitar perturbar a primeira-família, mesmo que isso implicasse complicações em seu trabalho. "Eles realmente não queriam que a gente ficasse muito à vista. Precisávamos sempre tentar dar um jeito de não estar perto deles. Quando estavam na Sala de Estar Oeste e precisávamos descer para a Suíte da Rainha, que fica no lado leste, tínhamos de subir até o terceiro andar, atravessar o corredor e tornar a descer pela escada dos fundos. Você não pode parar o trabalho."

Uma mostra clara da lealdade de Clark ao emprego emergiu quando ele foi instruído a executar alguns serviços de pintura na casa de Charles "Bebe" Rebozo, o melhor amigo do presidente Nixon. A imprensa não demorou a descobrir o caso e começou a investigar o emprego de funcionários da Casa Branca para serviços de natureza privada.

"Eu fazia o que me mandavam fazer", disse Clark. "Não perguntava nada."

Para Barbara Bush, funcionários da mansão "provavelmente fofocam menos que as outras pessoas", acrescentando em tom de brincadeira: "mas isso é porque, admita, nós temos uma família perfeita".

Rosalynn Carter dava valor à discrição dos funcionários. "Eu confiava plenamente neles. Eram todos tão bons. Não me lembro de nenhuma situação em que tive de disfarçar quando falava alguma coisa, e, por outro lado, também não me lembro de ter flagrado nenhum deles tentando ouvir nossas conversas. É bem possível que estivessem fazendo coisas por perto enquanto conversávamos, mas não me recordo de nenhuma situação assim."

Esses trabalhadores detestam os holofotes. O assessor Nelson Pierce, homem magro, dono de um sorriso suave, não tinha muitas fotos de seus tempos de Casa Branca, em boa medida porque sempre fez questão de fugir dos fotógrafos durante seus 26 anos na residência (de 1961 a 1987). "Eu não estava lá para ser fotografado", disse Pierce. "Apareci três vezes na TV. Uma delas foi quando eu estava ligando as lâmpadas de decoração natalina na tomada no Pórtico Norte e as câmeras não deveriam estar ligadas. Mas estavam. Nas outras eu estava segurando um guarda-chuva: uma vez para o presidente e, na outra, para a primeira-dama enquanto saíam do helicóptero."

Discrição é especialmente importante para garantir que os alimentos da primeira-família sejam adquiridos de forma segura. Para grandes compras, a Casa Branca usa empresas de abastecimento de alimentos previamente selecionadas cujos trabalhadores são cuidadosamente investigados pelo FBI e pelo Serviço Secreto. Cabe a agentes do Serviço Secreto ir buscar os alimentos e levá-los para a Casa Branca. Se em suas viagens o presidente experimenta alguma coisa que lhe agrade em especial e quer ter a iguaria na Casa Branca, providências são tomadas para que ela seja despachada para o endereço pessoal de um dos empregados a fim de que ninguém saiba que se trata de encomenda para o presidente.

No entanto, para garantir a segurança, os ingredientes das refeições normais da primeira-família são comprados anonimamente por funcionários da mansão. O chefe da despensa William "Bill" Hamilton, o colaborador com mais tempo de casa na história recente (começou no governo do presidente Eisenhower e aposentou-se em 2013), era responsável pela compra dos alimentos que iam à mesa da primeira-família e às vezes também para grandes recepções. Esguio, calvo, aparentando muito menos que os seus 77 anos, Hamilton com frequência corria até a mercearia para comprar qualquer coisa de que a família estivesse precisando, de papel higiênico a maçãs. Ainda hoje ele se recusa a revelar qual era a mercearia que abastecia a mansão.

("O Serviço Secreto não permite que eu diga!") O anonimato era crucial; ninguém sabia que ele estava fazendo compras para a primeira-família, e ninguém tinha interesse em envenenar a comida dele.

A sala de Hamilton estava localizada sob o Pórtico Norte, em frente à cozinha do andar térreo, o que facilitava seu contato com o *chef* na hora de fazer a lista dos ingredientes necessários para as refeições da família. Para fazer as compras, Hamilton normalmente ia para o mercado em uma van do Serviço Secreto customizada para parecer um SUV comum e não aquelas peruas pretas intimidadoras que geralmente se veem acompanhando os deslocamentos presidenciais. "Era uma van como outra qualquer, exceto pelo fato de que tirávamos os bancos e tudo mais dela. Mas para quem visse de fora, era uma van como outra qualquer."

Nenhum pacote enviado por correio é recebido no complexo da Casa Branca sem antes ser inspecionado pelo Serviço Secreto, em um prédio distante, em Maryland. Sempre que alguém perguntava ao *chef* confeiteiro Roland Mesnier como mandar para o presidente alguma coisa especial, ele dizia que não valia a pena tentar. "Você pode até mandar, mas eles nem vão ver. Será destruído."

Quando o presidente faz uma refeição fora da Casa Branca, geralmente um militar é escalado para monitorar a cozinha, observar o preparo da comida e experimentá-la para se certificar de que não há riscos. Jane Erkenbeck, uma assistente de Nancy Reagan, disse que seu quarto de hotel sempre era contíguo ao da primeira-dama, em parte para propiciar que os pedidos de serviço de quarto fossem entregues rapidamente e com segurança. Jane lembra-se de que ela mesma fazia o pedido, "que sempre era entregue para mim, nunca para a primeira-dama. Eu depois levava para o quarto dela".

Na Casa Branca, mesmo funcionários que não têm necessariamente contato diário com a primeira-família precisam ter muita serenidade para lidar com situações inesperadas. O encanador-chefe Reds Arrington e seu irmão Bonner, que era carpinteiro-chefe, foram alertados pelo tio que lhes arranjou os empregos sobre a importância de manterem discrição.

"Ficava todo mundo de boca fechada", disse Margaret Arrington, viúva de Reds. Mas agora, depois de passado tanto tempo, ela se sente livre para compartilhar algumas das coisas que o marido viu nos bastidores.

"Quando a família estava por perto", relembrou, seu marido e o irmão dele normalmente "desapareciam", a fim de não atrapalhar ninguém. Mas "eles faziam qualquer serviço que lhes pediam. Uma vez, por ordem de Jackie Kennedy, mandaram que mudassem de lugar algumas cadeiras. Quando saíram do elevador, ela estava sentada no fim do corredor falando ao telefone e com a perna para cima, cruzada na altura da canela, mexendo nos dedos do pé". A primeira-dama estava de calça e sua atitude relaxada pegou-os de surpresa. "Eles ficaram tão chocados ao vê-la lá sentada, em uma posição muito pouco digna de uma dama, que se desconcentraram e trombaram as cadeiras em uma parede!" Bateram tão forte que temeram ter danificado aquelas impagáveis antiguidades.

Se a primeira-dama ou o presidente decide descer para fazer uma visita não programada, os trabalhadores tentam ajudar uns aos outros, avisando-se mutuamente para que não sejam pegos de surpresa. De acordo com Reggie Love, o Serviço Secreto ou a secretária do presidente ligavam para o gabinete do diretor para informar que o presidente estava a caminho da residência ou indo visitar algum dos departamentos ou oficinas nos andares inferiores.

Cletus Clark recorda que, quando Betty Ford desceu para o subsolo para agradecer-lhe às vésperas de seu marido deixar a presidência, ele recebeu uma ligação do gabinete do diretor alguns minutos antes: "A primeira-dama está descendo. Comporte-se adequadamente".

A governanta-chefe Christine Limerick trabalhou na Casa Branca por 34 anos, até se aposentar em 2008. Diferentemente das casas de seus colegas, a sua – ela vive em um sítio em Delaware – não é um altar em homenagem aos seus anos de Casa Branca. (Na verdade, há um quarto de sua casa dedicado exclusivamente à sua coleção de ursos de pelúcia.) O único sinal que remete à sua extraordinária carreira é um cartão de Natal enviado pelos Clinton pendurado na parede da sala de jantar. Christine, uma mulher simpática, cabelo branco

Christine Limerick.

cortado curto, começou a namorar seu marido, Robert, quando ele era engenheiro na Casa Branca. O fato de ter tido uma relação estreita com as famílias mais famosas do mundo não parece mexer com Christine. Ela é absolutamente adorada pelos funcionários com quem trabalhou por tantos anos.

Christine "era minha chefe e amiga", disse Betty Finney, arrumadeira da Casa Branca de 1993 a 2007. "Ela faria tudo o que pudesse para ajudar, se você precisasse."

A trajetória de Christine até chegar à Pennsylvania Avenue, 1.600 é singular. Em 1972, ela abandonou um programa de pós-graduação em história da China na prestigiada Universidade George Washington, em Washington D. C., para se tornar garçonete em um bar do elegante Mayflower Hotel, próximo à Connecticut Avenue. Se seu pai ficou chateado nesse momento, não se pode dizer que ficou feliz ao saber que ela se inscrevera em um programa de treinamento de camareiras do hotel. "Eu não criei minha filha para ficar limpando privadas", ele lhe disse.

Tudo isso mudaria.

"Quando consegui o emprego na Casa Branca, liguei para ele e disse: 'Sua filha agora vai limpar as privadas da Casa Branca. E agora, o que você me diz?'."

Em seu cargo de governanta-chefe, Christine tinha a responsabilidade de contratar e demitir arrumadeiras (em parceria com o mordomo-chefe). Durante seu período nesse posto, lembra-se ela, algumas arrumadeiras foram desligadas após poucas semanas, seja porque estavam deslumbradas demais por trabalhar tão perto do casal mais poderoso do mundo, seja porque não eram suficientemente reservadas.

"É preciso saber encontrar o equilíbrio entre servir à família e saber quando é preciso se afastar e deixá-la sossegada", disse ela. "Algumas dessas pessoas podem até não ser as melhores arrumadoras de cama do mundo e não ganhariam nenhum prêmio especial por esse talento, mas sabiam quando a família as queria por perto e quando era hora de deixar o recinto."

A família que ela mais gostou de servir foram os Clinton. Disse que foram o primeiro casal mais apaixonado, com altos e baixos intensos se desenrolando nos aposentos privados. Na era Clinton, lembra-se Christine, trabalhar na Casa Branca era o equivalente a uma volta na montanha-russa. O casal às vezes se enfrentava em batalhas ferozes, alarmando os funcionários com seus xingamentos cáusticos, e às vezes atravessava períodos de silêncio glacial. Nas fases mais felizes, no entanto, eram capazes de vagar a esmo pela residência tarde da noite quando não conseguiam dormir, em conversas malucas, sem sentido, explorando a casa, maravilhados.

Ivaniz Silva, que trabalhou com Christine Limerick no Mayflower, foi contratada como governanta por esta em 1985. Aposentada desde 2008, vive hoje perto da Howard University com a irmã mais nova, Sylvia, que ainda trabalha como arrumadeira na mansão. Em seu período de Casa Branca, Ivaniz tinha de acordar às cinco e meia da manhã e pegar dois ônibus para chegar ao serviço; seu turno começava às sete e meia. "Quando nevava", lembra, "eu tinha de ir caminhando." A escala de horários era três semanas no turno da manhã, das sete e meia às quatro da tarde, e uma semana no turno da noite, do meio-dia às oito.

Ela sempre fazia o que lhe pediam. Se um hóspede ou convidado precisava de algo que não fazia parte de suas tarefas normais, como fazer a barra de um vestido, ela dava conta do recado. Os Clinton e Laura Bush foram as pessoas da mansão para quem ela mais costurou.

Christine descreve assim a dança delicada das arrumadeiras em seu esforço para não perturbar a primeira-família: "Trabalhávamos dois passos atrás em relação a eles", relembrou. "Se eles entram no ambiente, olham para você e dizem: 'Pode terminar', não precisa sair. Se dizem que você deve ficar, você continua o serviço, mas precisa ter a capacidade de ignorar o que está acontecendo à sua volta. Se está acontecendo uma reunião ou uma conversa entre o presidente e a primeira-dama – seja ela uma discussão acalorada ou não, seja ela intensa ou não –, apenas pergunte: 'Posso ficar? Posso terminar?'. Simplesmente continue fazendo o de sempre e, ou esqueça o que viu e ouviu ou guarde para si." Quando a família queria alguns instantes a sós, os funcionários com frequência saíam e iam trabalhar em um aposento contíguo. "Se eles querem privacidade, fecham as portas que estão ligadas ao banheiro e nós não saímos."

Christine afirma que as arrumadeiras seguem o mesmo código de conduta dos mordomos: olham mas não enxergam, ouvem mas não escutam. Não falam com membros da primeira-família, a menos que estes lhes dirijam a palavra, e nunca os abordam para fazer pedidos de natureza pessoal.

Ocasionalmente as arrumadeiras têm de fazer vistas grossas para os eventuais desvios de comportamento, típicos da idade, dos jovens da primeira-família – entre eles consumo de bebida alcoólica por adolescentes. Os empregados da residência geralmente se entendem com a garotada que cresce na Casa Branca, com tão pouca privacidade. "Aos 20, 21 anos, eu não era nenhum anjinho", recorda-se Christine, identificando-se com alguns dos jovens. "Eles gostam de festa, gostam de receber os amigos, e você acaba vendo tudo isso." E a maioria dos funcionários concorda que é melhor que bebam dentro de casa do que fora, onde poderiam colocar em risco sua segurança física e também a reputação de seus pais.

Susan Ford, que se mudou para a Casa Branca quando era adolescente, lembra-se de que os funcionários "davam uns toques de leve" nela quando se comportava inadequadamente. Mas, diz ela, suas advertências não tinham o mesmo peso que as dos pais. Algumas das coisas que elas e seus amigos fizeram, como soltar fogos de artifício nos jardins da Casa Branca no dia 4 de julho (o que é ilegal em Washington), só aconteceram porque sabiam que nada lhes aconteceria. "Quem vai passar pelo portão da Casa Branca e te prender?" Susan diz que menores de idade não tinham dificuldade para consumir bebidas alcoólicas na residência: as geladeiras do Solário viviam abastecidas de refrigerante e cerveja para oferecer aos convidados. "Que adolescente não vai beber cerveja deixada ali, dando sopa, ao alcance da mão?"

Os três filhos adultos do presidente Carter passavam muito tempo na Casa Branca durante o mandato do pai. O florista Ronn Payne, que começou na mansão durante o governo Nixon e saiu no governo Clinton, disse que tinha de fazer algo além de simplesmente cuidar dos arranjos florais dos quartos dos filhos de Carter no terceiro andar. "Com frequência eu tinha de tirar cachimbinhos de vidro para fumar maconha de lá", disse ele. (O consumo despudorado de maconha na casa do presidente foi confirmado por outro funcionário sob a condição de manter-se no anonimato.) Se um dos filhos de Carter fosse pego na rua com a droga ilegal, teria sido preso, mas eles fumavam dentro da Casa Branca sem medo de qualquer consequência.

A mãe do presidente Carter, Lillian, e o irmão mais novo dele, Billy, eram presenças constantes na Casa Branca. Eram figuras marcantes: sabia-se que Lillian, na época com mais de 80 anos, apreciava um bourbon (o presidente avisou aos funcionários que ela não podia beber, mas ela arranjava um jeito de pedir a um mordomo para comprar uma garrafa de Jack Daniel's em alguma loja na Connecticut Avenue e entregar a ela em seu quarto). Já Billy envolveu-se em vários escândalos quando o irmão era presidente. Os funcionários chamavam o irmão de Carter de "Billy Beer", em alusão à cerveja que ele divulgava com tanto entusiasmo, e quando estava bêbado se certificavam de que "não sairia para a rua", disse o mordomo Herman Thompson. "Se soubéssemos que o sujeito estava realmente embriagado e era próximo do presidente, seu irmão ou primo, por exemplo, ele não ia *a lugar nenhum.*"

Houve um feriado de 4 de julho durante o mandato de George W. Bush, em que o presidente e a esposa viajaram para Camp David e deixaram na casa, sozinhas, as filhas Jenna e Barbara, que já tinham idade para beber.

"Eles permitiram que Jenna e Barbara dessem uma festa no segundo andar e nós tiramos todos os móveis do Salão Oval Amarelo para eles dançarem. Durou a noite inteira", disse Christine, sorrindo. "Nós isolamos as Suítes da Rainha e Lincoln – ninguém podia entrar lá –, mas eles podiam ir a qualquer outro lugar que quisessem. Em resumo, fizeram a festa. No dia seguinte, servimos um brunch para eles. Alguns tinham ficado acordados a noite inteira e outros estavam um pouco de ressaca, mas isso é melhor do que elas estarem na rua."

Frequentemente os funcionários da mansão eram chamados para proteger a primeira-família do julgamento público e de constrangimentos. O assessor Skip Allen lembra-se da vez em que foi chamado pelo Serviço Secreto quando um atirador de elite posicionado no telhado da Casa Branca viu uma cena incomum. As filhas de Bush estavam dando outra festa no Solário, e a animação se espalhou para o lado de fora e para o terraço, como costumava acontecer quando o tempo estava bom. Aparentemente um dos convidados desafiou outro a escalar o mastro e tocar a bandeira. "Aquele não é um lugar seguro para se estar nem mesmo à luz do dia. É arriscado demais tropeçar ali", disse Allen. "Para andar com segurança no terraço, existe apenas uma passagem estreita e a luz forte dos holofotes está apontada diretamente para a bandeira, cegando qualquer um que não esteja acostumado a subir lá."

Os atiradores de elite concluíram que a situação potencialmente perigosa e embaraçosa seria mais bem administrada por alguém da equipe de funcionários da residência. Quando Allen chegou ao terraço, o convidado bêbado já estava descendo.

Allen nunca falou nada a respeito.

Em uma casa onde a mais insignificante fofoca poderia estar nas manchetes dos grandes jornais, Bill e Hillary Clinton suaram para aprender a confiar nos empregados. O motivo para eles trocarem o sistema de telefonia da Casa Branca era garantir que ninguém conseguiria ouvir suas conversas privadas – a mudança incomodou os assessores, que tinham criado um sistema confiável de direcionar chamadas.

Quando entrava uma ligação para um membro da primeira-família, a operadora ou o operador ligava para uma central localizada no gabinete do mordomo-chefe. "Se a ligação era para a primeira-dama, plugávamos uma chavezinha na tomada de entrada correspondente à primeira-dama, o que fazia soar uma campainha com seu código pessoal, para que ela então atendesse no aparelho mais próximo e, finalmente, a operadora passasse a ligação", explicou Skip Allen. "Isso foi introduzido durante o governo Carter, porque havia muita gente morando na Casa Branca à época. Cada tipo de toque da campainha correspondia a uma pessoa. Quando a campainha tocava uma vez só, era para o presidente. Quando tocava duas vezes, era para a primeira-dama. Para Chelsea, eram três toques breves."

Todas as manhãs o presidente é despertado por uma ligação das telefonistas da Casa Branca. A maioria dos presidentes levanta-se às cinco e meia ou seis da manhã, e há sempre um assessor a postos a partir das cinco e meia, para o caso de o presidente precisar de alguma coisa.

No dia seguinte ao da posse do presidente Clinton, quem fez a ligação para despertá-lo teve uma surpresa. O primeiro casal só voltou dos bailes comemorativos às duas da madrugada. Quando um funcionário ligou às cinco para acordar o presidente, como haviam feito todos os dias para seu antecessor, ele rugiu: "Será que vão me deixar dormir neste lugar?". (Clinton era famoso por ser um notívago, a exemplo do presidente Johnson no passado, e seus hábitos de coruja levavam à loucura a equipe de funcionários: em algumas noites, assessores só eram dispensados para ir para casa depois das duas da madrugada.)

Os Clinton, afirmou Allen, cismaram que no sistema de telefonia antigo, "gente demais podia ouvir as conversas deles", de modo que mandaram trocar todos os aparelhos telefônicos da Casa Branca por um modelo tipo circuito interno fechado; dessa maneira, se a primeira-dama estivesse no dormitório e o presidente no escritório, ela poderia ligar para ele diretamente sem precisar passar pela telefonista. "Isso, de certa forma, era uma acusação de que, no sistema antigo, não havia segurança. Naquela época, qualquer um podia atender as ligações em qualquer lugar", concluiu Allen, ainda exasperado com a mudança.

A preocupação dos Clinton com o sigilo tornou "caóticas" as relações com a equipe de funcionários durante os oito anos de Bill Clinton na presidência, afirmou Allen. Pelo menos um deles, a florista Wendy Elsasser, atribui a ansiedade do primeiro casal a preocupações como pais: "Acho que a vontade de proteger a Chelsea explica bastante a distância e a formalidade deles no trato com os funcionários".

Mas parece claro que os Clinton tinham poucas razões de verdade para se preocupar com possíveis vazamentos de segredos pelos funcionários. Mesmo hoje, anos depois, a maior parte deles nada fala quando lhe perguntam o que acontecia a portas fechadas. Discrição parece ter se transformado em parte do DNA de quase todos; eles sabem que ser reservado é essencial para proteger a presidência e que, se não fosse assim, a vida na mansão seria insuportável.

CAPÍTULO III

Dedicação

Carson: Downton é uma grande casa, senhor Bates, e os Crawley são uma grande família. Nós seguimos alguns padrões, e esses padrões podem parecer intimidadores no começo.

Bates: Claro...

Carson: Se em algum momento você se vir travado e incapaz de dizer qualquer coisa na presença do patrão, só posso lhe assegurar que os modos e a graça dele não demorarão a ajudar você a desempenhar suas obrigações da melhor forma possível.

Downton Abbey, episódio 1, 1ª temporada

"Domingos e feriados são apenas palavras" para um porteiro da Casa Branca, observou Irwin "Ike" Hoover, que foi diretor de 1913 até morrer, em 1933.

Funcionários da mansão são tão devotados ao trabalho que às vezes se recusam a voltar para casa, mesmo quando são instruídos a fazê-lo. Lady Bird sentia-se tão incomodada com o costume do marido de ficar acordado até mais tarde, que certa manhã – um dia depois de os mordomos só terem sido liberados para ir para casa à meia-noite – chamou o mordomo-chefe J. B. West ao seu quarto e disse: "Fico tão aborrecida que os empregados tenham de ficar aqui até tarde... Já desisti há tempos de fazer meu marido jantar em um horário minimamente razoável. Será que não podemos simplesmente deixar que a Zephyr (a cozinheira da família) prepare alguma coisa que se possa manter quente – ou que eu mesma esquente para ele – ou, se eu já estiver dormindo, que ele mesmo possa facilmente se servir? Dessa forma poderemos dispensar esses mordomos às oito horas todas as noites para que eles possam ir para casa, pois é assim que as coisas deveriam funcionar".

Quando West retransmitiu a pergunta, o *maître* Charles Ficklin ficou furioso. Para eles era um prazer ficar até quando o presidente quisesse. "O presidente dos Estados Unidos ter de esquentar e servir o próprio jantar? Nunca!", disse Ficklin.

O irmão de Charles, John, que também era mordomo, concordou: "Desde sempre servimos todas as refeições de presidentes e primeiras-damas. Mesmo que seja só um sanduíche de queijo ou uma tigela de chili ou um ovo cozido. É uma tradição".

Quando West informou a Lady Bird que haveria um motim se eles fossem mandados para casa mais cedo, ela respondeu: "Nunca vi uma casa assim. Quem acende a lareira são dois engenheiros. E nunca me deixam fazê-lo. E agora essa: os serviçais não querem voltar para casa à noite".

Gary Walters, que foi diretor desde o governo de Reagan até o de George W. Bush, era encarregado de contratar e demitir funcionários e sempre alertava os candidatos nas entrevistas: "Este certamente não é um emprego do tipo nove às cinco". Ele mesmo sentiu o peso dessa falta de horários fixos: um dos motivos para se aposentar era o desejo de ter sua própria agenda e realmente poder sair de férias com a família.

"As pessoas tinham sido informadas sobre os horários normais de trabalho, mas todos sabiam que havia dias em que a situação do mundo é quem determina o que o presidente faz, e nesses dias as pessoas podem ser convocadas a permanecer no serviço sem voltar para casa ou a chegar mais cedo, ou ainda, de última hora, serem solicitadas a ficar por vários dias. Tudo girava em torno da agenda da presidência."

Para Walters, era comum ter o convívio familiar interrompido. Em 1991, ele tinha acabado de sair de carro da Casa Branca para ir a um jogo de basquete da Universidade de Maryland quando ouviu a notícia de que os Estados Unidos, junto com uma coalizão internacional, tinham começado a bombardear forças iraquianas no Kuwait. "Eu, que tinha acabado de sair por um portão, avancei mais um pouco pela Pennsylvania Avenue e entrei de volta pelo outro portão."

O pintor Cletus Clark, que trabalhou na Casa Branca entre 1969 e 2008, disse que, durante aquele período, abriu mão da vida pessoal pelo trabalho. Sempre deixando seu walkie-talkie ligado, era regularmente chamado para ir trabalhar aos finais de semana devido aos caprichos da primeira-família. "Se a primeira-dama queria trocar de lugar um quadro e fazer um furo na parede, eles me achavam para que eu fosse até lá fazer o serviço."

O supervisor de operações Tony Savoy, amigo de Clark, trabalhava em parceria com ele. Se a primeira-dama decidia mudar a cor da pintura, os dois faziam a imensa tarefa parecer moleza. "Tínhamos de tirar tudo dos quartos, todos os móveis. O quarto seria pintado na sexta e no sábado, e nós voltaríamos no domingo para recolocar os móveis no lugar", disse Savoy. "Quando (a primeira-família) regressava, no domingo à noite ou na segunda, tudo tinha de estar como se eles nunca tivessem saído."

Ninguém queria dizer não ao presidente ou à primeira-dama. E toda primeira-dama é impaciente. "Todos tinham medo delas. Ninguém quer dizer a verdade à primeira-dama", afirma Clark. "Se ela disser: 'Vocês conseguem pintar a Casa Branca em um dia?', responderão: 'Sim, senhora!'. Eles não vão dizer não. Ninguém quer colocar o emprego em risco por dizer a verdade."

Clark disse que tudo era sempre muito corrido e não dava para fazer as coisas com calma, mesmo quando se tratava de projetos difíceis, como encontrar o tom exato de amarelo para dar uma renovada no Salão Oval Amarelo. Não havia registro arquivado da cor que fora usada anos antes, na última vez que o ambiente foi repintado. Como sua oficina ficava no subsolo, era necessário sair várias vezes com amostras de cores para ver como elas ficavam à luz do sol. Sua dedicação não passou despercebida. Laura Bush lhe disse que "ele tinha nascido para ser pintor", recordou-se durante nossa conversa, erguendo o rosto orgulhoso.

Eventos de repercussão mundial com frequência absorviam integralmente o presidente, o que obrigava os funcionários a se manterem sempre a postos. Jimmy Carter vivia em quase permanente estado de agitação, provocado pela inflação de dois dígitos, pelas filas intermináveis nos postos de gasolinas e pela crise de energia. (Rosalynn disse que seu marido deixava a mansão tão fria – ele determinara que a temperatura na Casa Branca fosse mantida em 18 graus Celsius – que uma das empregadas ficou com pena dela e comprou-lhe roupas de baixo apropriadas para o frio!)

Porém, o que mais exauriu o presidente Carter e seus assessores foi a crise dos reféns no Irã. Durante 444 dias de agonia, funcionários da mansão tiveram de se adaptar aos novos horários do presidente, que trocara o dia pela noite devido à diferença de horário de mais de oito horas em relação ao Irã. Diariamente, tarde da noite, o pessoal da cozinha deixava sanduíches e biscoitos no Salão Oval para Carter e seus exaustos assessores de política externa. De manhã, o presidente se encaminhava para o Salão Oval antes das cinco, de modo que os funcionários tinham de prepará-lo e deixá-lo limpo, com novos arranjos florais, antes das 4h45.

A senhora Carter lembra de os funcionários serem particularmente atenciosos durante a crise. "Estavam preocupados conosco", recordou-se, demonstrando gratidão. Eles também lhes davam os momentos de privacidade de que tanto precisavam. Em horas mais tranquilas, o presidente costumava sentar-se para relaxar à tarde com a esposa no terraço Truman. "Era bom ter um pouco de sossego para nós."

Trinta e cinco anos depois, a derrota de Carter para Reagan na eleição ainda dói, relembra a senhora Carter. Ficar na Casa Branca por dois meses depois de os eleitores decidirem tirar você do cargo é muito sofrido. "Depois de perder a eleição em 4 de novembro, você simplesmente está pronto para arrumar as malas e ir embora." O florista Ronn Payne lembra-se do quanto a família ficou magoada. "Eles choraram durante duas semanas. Choravam de maneira copiosa, incontrolável. Era impossível subir ao segundo andar e não ouvir."

Trabalhar na mansão se transforma em estilo de vida. O chefe da despensa Bill Hamilton aposentou-se depois de cinquenta anos de serviços prestados à Casa Branca. Não muito depois de sair, finalmente levou a esposa, Theresa, a Londres e a Paris para comemorarem o 58º aniversário de casamento. Eles têm sete filhos, treze netos e quatro bisnetos. Nenhum jamais havia estado na Europa antes, porque nunca conseguiram achar tempo de folga suficiente para a viagem.

"Minha esposa é a única namorada que tive na vida. Nos conhecemos na quinta série", disse ele, em voz bem alta para sua mulher poder ouvi-lo no quarto ao lado. "Quando contei à minha mãe que aquela era a mulher com quem eu iria me casar, ela virou e me deu um tapa que me derrubou da cadeira... Ela disse que eu não sabia nada dessas coisas."

Hamilton foi contratado para trabalhar na manutenção aos 20 anos. Como quase todos os funcionários, ele arranjou o emprego porque conhecia alguém que já trabalhava lá. Seu bom amigo Wilson Jerman, que ele conhecera quando trabalhava no Wardman Park Hotel, em Washington, o levou para fazer uma entrevista. Os dois ainda se falam por telefone uma ou duas vezes por mês para manter o papo em dia, e brincam discutindo sobre quem teve a carreira mais longa.

Outro funcionário que conhece bem as peculiaridades pouco comuns do trabalho na Casa Branca é o carpinteiro Milton Frame, atualmente com 72 anos. Ele começou sua carreira na mansão em 1961, ajudando Traphes Bryant a cuidar dos cães dos Kennedy, e passou os 36 anos seguintes viajando diariamente por uma hora e meia entre sua casa na zona rural de Virgínia e a carpintaria da Casa Branca. Quando se aposentou, em 1997, como carpinteiro-chefe, ficou feliz por não ter mais de acordar às quatro da manhã para conseguir chegar ao trabalho antes das seis e meia.

O pai de Frame, Wilford, também foi carpinteiro da Casa Branca. O parentesco ajudou a tornar o processo de seleção e entrevista de Frame mais informal do que para aqueles que não têm uma indicação familiar. Ele conheceu o diretor J. B. West em uma manhã de domingo.

"Você gostaria de trabalhar na Casa Branca?", perguntou-lhe West.

"Bem, senhor, estou procurando trabalho", respondeu Frame. Na época ele só estava fazendo bicos.

"Se contratar você, quando poderia começar?"

"Na hora que o senhor mandar."

Frame começou no dia seguinte e, desde o início, seus dias e suas noites de trabalho foram longos. Ansioso para garantir que sua equipe daria conta do ritmo frenético de festas e recepções dos Kennedy, West a submetia a exercícios surpresa. "Uma noite, fizemos uma espécie de ensaio", disse Frame, rindo inexplicavelmente da lembrança. "Passamos a noite inteira montando um palco no Salão Leste, e assim que terminamos o senhor West mandou: 'Agora desmontem'." West ficou ali, de olho no relógio, cronometrando quanto tempo levávamos para montar o palco. (Cerca de quatro horas para montar e uma hora e meia para desmontar, segundo Frame.)

A jornada de muitos funcionários era ainda mais longa devido ao tempo que levavam para ir e voltar do trabalho, no centro da cidade. O supervisor de operações Tony Savoy podia rotineiramente ser visto sentado em seu carro no estacionamento, esperando que o Serviço Secreto o deixasse entrar às cinco da manhã. Seu turno só começava às seis e meia, mas ele preferia evitar congestionamentos. Ele normalmente fazia mil horas extras por ano e havia vezes em que trabalhava durante um mês inteiro sem nenhum dia de folga. Aposentou-se em 2013 e diz que está planejando fazer "o que tiver vontade" – inclusive, acrescentou, "não fazer nada em particular".

Se você perguntar a um funcionário que sacrifícios teve de fazer em nome do trabalho, ele dificilmente mencionará dinheiro. Empregados da mansão são servidores públicos federais cujos salários são "definidos administrativamente", em vez de seguir o plano geral do funcionalismo. O salário é baseado no nível de experiência e complexidade das funções. Alguns recebem 30 mil dólares por ano; os mais graduados, como o diretor executivo, o *chef* de cozinha, o *chef* confeiteiro, a governanta-chefe e o *maître*, ganham mais de 100 mil dólares por ano.

O *chef* confeiteiro Roland Mesnier recusou ofertas de emprego com salários de várias centenas de milhares de dólares em restaurantes de Las Vegas e no Ritz, em Paris, para trabalhar na Casa Branca. "Eu poderia ter ganho três, quatro vezes o que ganhava na Casa Branca."

Mesnier é uma lenda entre os funcionários. Entrou para a Casa Branca em 1979 e saiu em 2006. Encarava o trabalho com seriedade extrema; para ele, suas sobremesas eram obras de arte, batizadas com nomes sofisticados. Quem poderia resistir à "Pérola Negra Australiana" – uma concha marinha de chocolate branco recheada de algas de chocolate e peixinhos de chocolate que ele preparou para um jantar oferecido a dignitários australianos? Ou ao "Jardim de Bonsais de Doce Serenidade" – um *sorbet* de cereja azeda com musse de amêndoas, micro *macarons* e pedacinhos de *nougat*, acompanhados por pêssegos frescos e cerejas e recheado com purê de laranja kinkan – preparado para um jantar oficial em homenagem ao Japão? Ele passava longas horas bolando suas invenções na sala do terceiro andar que compartilhava com o *chef* de cozinha e o *sous chef*. Ocasionalmente ficava até bem tarde e dormia no quarto ao lado, reservado para pernoites eventuais, onde havia uma cama e um sofá. O amor de Mesnier por seu trabalho é contagiante. Aposentado há sete anos, ele revela que ainda se preocupa com a primeira-família. Mesmo hoje, quando sabe que vai acontecer um jantar oficial, em seus sonhos ele começa a planejar intrincadas sobremesas.

Ainda assim, até o mais apaixonado funcionário admite que trabalhar na Casa Branca tem um preço. Mesnier confessa que perdeu a conta dos aniversários e reuniões de família em que não esteve presente. Muitas vezes, tendo já planejado jantares no fim de semana com a esposa e o filho, precisou ligar e cancelar quando estava voltando para casa na sexta-feira porque a primeira-família tinha decidido dar uma festa de aniversário ou uma festa à beira da piscina no domingo, e ele sabia que deveria estar lá. É assim que ele se segurava no emprego, disse, com convicção absoluta de que a Casa Branca estava sempre em primeiro lugar. Funcionários da residência que não colocavam o trabalho acima de suas vidas pessoais acabavam sendo demitidos, diz ele, já que a primeira-família podia decidir mandar qualquer um embora na hora que quisesse, sem dar explicações.

"A família está por dentro de tudo, acredite", diz ele. "Eles não ficam o tempo todo lá nos fundos vigiando, mas tem quem fale para eles." Em especial as chefes de cerimonial, que servem como elo entre os funcionários e a primeira-família.

Trabalhar para os Clinton foi o maior desafio físico para esse *chef* perfeccionista. Eles foram anfitriões de 21 grandes jantares diplomáticos durante seu período na Casa Branca, comparados com apenas seis do mandato de George W. Bush. Para a comemoração de Ano-Novo da virada do milênio, eles convidaram 1.500 pessoas. Mesnier só pôde ir para casa às sete da manhã do dia seguinte.

"Os Clinton quase me mataram. Minhas pernas estão estouradas, totalmente estouradas. Eu não podia me sentar. É preciso ficar em movimento. Em um período de dezesseis horas, talvez tenha ficado sentado por vinte minutos. É isso. Eu fazia minhas refeições em pé."

Mesnier e sua esposa escolheram a data em que ele se aposentaria quatro anos antes de efetivamente pendurar as panelas.

Mas mesmo depois de se afastar, ele não conseguiu romper o vínculo com a Casa Branca, e voltou duas vezes atendendo a um pedido pessoal de Laura Bush. "Fiz o bolo de aniversário (de George W. Bush) e voltei a me aposentar. Mas duas semanas depois, ela me ligou pedindo que voltasse uma vez mais. Fui e fiquei até dezembro de 2006. Acho que isso nunca tinha acontecido antes com alguém da equipe de funcionários."

A pressão para agradar a primeira-família talvez nunca tenha sido tão grande quando na época dos Reagan. A primeira-dama chegava a ponto de ajeitar a disposição das travessas pessoalmente, e insistia que não queria que preparassem "refeições cinza"; fazia questão de pratos coloridos e vibrantes. Antes de cada jantar diplomático oficial, o *chef* consultava a primeira-dama quando estava planejando cada prato e, depois, com algumas semanas de antecedência, os Reagan testavam a refeição com um pequeno grupo de amigos para saber o que achavam. A primeira-dama costumava examinar a travessa de servir e passar instruções ao *chef*, como: "Não, acho que o rosbife deveria ficar aqui. E acho que ficaria mais bonito se as ervilhas ficassem deste lado", lembra-se o assessor Skip Allen. E se um jantar não saísse exatamente como ela queria, "o bicho pegava", disse Allen, que se recorda que às vezes ela ligava para o gabinete do diretor pedindo para conversar com o *chef* no segundo andar. "Se o deslize fosse realmente grave, se ela estava esperando aspargos e serviram feijões-verdes, era bom ter uma explicação bem convincente." Mesnier lembra de uma ocasião em que teve de criar várias sobremesas para um jantar oficial até Nancy Reagan ficar satisfeita.

A lembrança de um incidente o persegue até hoje. Poucos dias antes de um jantar em homenagem à rainha Beatrix e ao príncipe Claus, da Holanda, em abril de 1982, Nancy Reagan estava no Solário de que tanto gostava, sentada a uma longa mesa, almoçando com o presidente, que estava na outra cabeceira. Depois de rejeitar duas opções de sobremesa, Mesnier voltou para apresentar uma terceira alternativa. Todo mundo na equipe sabia que, quando estava insatisfeita, ela pendia a cabeça para o lado e dava um pequeno sorriso. Foi o que aconteceu: ela pendeu a cabeça para o lado.

"Roland, sinto muito, mas ainda não é esta a sobremesa que desejo."

"Ok, senhora."

Foi quando o presidente Reagan, da outra extremidade da mesa, interveio: "Querida, pare de pegar no pé do *chef*. A sobremesa está maravilhosa. Vamos servir esta. Está maravilhosa".

"Ronnie, tome sua sopa e não se meta", respondeu ela.

O presidente então baixou a cabeça, mirando o prato, e terminou a sopa sem dizer mais nenhuma palavra.

Mesnier ficou totalmente desnorteado. "Voltei para a cozinha – era um domingo, lembro bem – e fiquei andando de um lado para outro, considerando seriamente a possibilidade de suicídio", disse Mesnier. "O que vou fazer? Por mais quanto tempo terei de fazer isso? Oito anos? Eu estava desesperado, totalmente desesperado, dizendo para mim mesmo que não sabia o que preparar, que não sabia o que fazer. Então o telefone tocou e ela pediu que eu voltasse lá para falar com ela."

Ela avisou Mesnier que finalmente decidira o que gostaria que ele fizesse: arranjos de açúcar queimado com três tulipas de açúcar em cada uma. Ele precisaria fazer quinze arranjos para o jantar, e cada um levaria várias horas – junto com as tulipas, colocaria dentro do arranjo o doce propriamente dito, com biscoitos para acompanhar.

"É isso que eu quero que você faça", disse ela calmamente, feliz com a ideia brilhante que tivera.

"Senhora Reagan, é muito bom e muito bonito, e realmente acho que ficaria sensacional, mas o jantar está muito próximo, só tenho dois dias para preparar tudo."

Ela sorriu e deixou pender a cabeça para a direita: "Roland, você tem dois *dias* e duas *noites* até o jantar".

Mesnier não teve escolha. "Só lhe resta dizer: 'Obrigado, senhora, pela ótima ideia', juntar os calcanhares, aprumar-se, virar-se e ir trabalhar."

Ele pôs a mão na massa imediatamente e trabalhou dia e noite. Depois do jantar diplomático, já sabendo que a primeira-dama tinha ficado feliz com o resultado, ele estava exultante enquanto dirigia de volta para casa tarde da noite. Havia vencido o desafio.

Olhando para trás, Mesnier analisa positivamente a pressão de Nancy Reagan, por mais angustiado que ele tenha se sentido no momento. Ele recorda o que passou pela sua cabeça naquela longa viagem até chegar em casa: "Eu pensei: *Sou capaz de resolver*. É assim que você avalia uma pessoa, nos momentos em que elas estão em apuros como eu estava. Como essa pessoa resolverá o problema? E, no final, você faz o possível e o impossível para superar o desafio".

Em 8 de dezembro de 1987, os Reagan ofereceram um jantar oficial ansiosamente aguardado a Mikhail Gorbachev e sua esposa, Raisa. Era a primeira vez que um líder soviético viajava a Washington desde a visita de Nikita Khruschev, em 1959. Os funcionários da mansão foram responsáveis em grande parte para o êxito desse evento extremamente importante.

"Nancy Reagan e seu chefe de cerimonial vieram até a floricultura e disseram que queriam 'deixar Raisa boquiaberta'", disse o florista

Ronn Payne. "E foi o que fizemos. Mudamos todas as flores da casa três vezes em um só dia: de manhã, para a chegada deles, depois para o almoço e, finalmente, para o jantar diplomático oficial. Todas as flores, três vezes, todas elas."

Empregados da mansão que se esforçam além da conta para desempenhar o papel de funcionários devotados normalmente não duram muito no emprego. Worthington White, um ex-jogador do time de futebol americano da Virgina Tech de quase 1,90 metro de altura e 180 quilos, que trabalhou na Casa Branca como assessor de 1980 a 2012, afirma que permaneceu tanto tempo no cargo porque sabia a hora de ficar quieto. Quando funcionários tentavam "rir de piadas sem graça", ou forçar situações para "ficar perto e se mostrar para o presidente ou para a primeira-dama", diz ele, nunca dava certo. "Eles detestam isso", enfatiza White. "É isso que eu costumava dizer para os novos empregados quando começavam: a pior coisa que você pode fazer é ser falso, artificial. Nós estamos diante dos políticos mais autoconfiantes do planeta. Você precisa ser você mesmo. Ou eles gostam de você ou não gostam. Mas você não vai conseguir enganá-los."

Além de suas responsabilidades convencionais como mordomos, arrumadeiras, floristas e *chefs* de cozinha, quem trabalha na residência tem plena consciência de que também precisa proteger o presidente e sua família contra ameaças cada vez mais frequentes, especialmente após o 11 de Setembro. De acordo com uma reportagem do *Washington Post*, foi uma arrumadeira, e não um agente do Serviço Secreto, quem primeiro descobriu indícios de que tiros haviam sido disparados na direção da ala privada da primeira-família. Eram 20h50 de uma modorrenta noite de sexta-feira, 11 de novembro de 2011, quando um homem de 21 anos chamado Oscar Ortega-Hernandez estacionou seu Honda Accord 1998 preto na Constitution Avenue, baixou o vidro da janela do carona, apontou seu rifle semiautomático para além do Jardim Sul, na direção da Casa Branca, a 640 metros de distância, e puxou o gatilho. Pelo menos sete balas atingiram o segundo e o terceiro andares da residência privada da primeira-família, estilhaçando uma janela do Salão Oval Amarelo, a sala de estar mais formal da família. O presidente e a primeira-dama estavam viajando, e a filha Malia tinha saído com amigos, mas a caçula, Sasha, e a mãe da primeira-dama, Marian Robinson, estavam em casa na hora dos disparos. Vários agentes do Serviço Secreto ouviram os tiros, mas relaxaram o alerta depois que se concluiu, erroneamente, que era um tiroteio entre gangues rivais e que a Casa Branca não era o alvo dos tiros.

Quatro dias depois, por volta do meio-dia da terça-feira, 15 de novembro, uma arrumadeira pediu que Reginald Dickson, um assessor, fosse encontrá-la no terraço Truman, onde notara que havia uma janela quebrada e um pedaço de concreto branco no chão. Quando chegou, Dickson notou um buraco de bala e uma ranhura em uma guarnição e rapidamente reportou a descoberta da funcionária ao Serviço Secreto. Na investigação que iniciou logo depois, o FBI encontrou um projétil no batente de uma janela e fragmentos de metal de um peitoril. (As janelas tinham vidros antigos do lado de fora e vidros à prova de bala na face interna.) O presidente ainda estava viajando, mas a primeira-dama havia voltado para casa naquela manhã e estava tirando um cochilo. Dickson foi verificar se estava tudo bem com ela supondo que já tivesse sido informada de que tiros haviam sido disparados na direção de sua casa. Mas não, ela não estava sabendo. Assessores de Obama tinham decidido que comunicariam primeiro ao presidente e depois ele contaria à esposa o assustador incidente. Esconder dela o episódio acabou sendo uma péssima decisão.

Como era de esperar, a primeira-dama ficou furiosa quando Dickson lhe deu a notícia. No momento em que o então diretor do Serviço Secreto foi convocado à Casa Branca para falarem sobre os tiros, Michelle Obama estava tão brava que, segundo alguns relatos, sua voz podia ser ouvida mesmo com a porta fechada. Se não fosse por uma arrumadeira atenta e um assistende zeloso, as balas talvez só fossem descobertas muito depois, ou talvez nunca.

O diretor executivo Stephen Rochon, que havia se aposentado meses antes dos disparos, contratara Dickson e afirma que ele é bastante próximo da primeira-família. Para Rochon, não surpreende que Dickson e uma arrumadeira, cujo nome não foi revelado, tenham tido papel tão fundamental na descoberta dos disparos. "A equipe é treinada para ficar atenta e reportar aos assessores e outros assistentes do diretor qualquer coisa anormal, seja uma janela quebrada ou um pacote abandonado nas dependências depois de uma visita de turistas. São os assessores que levam o caso ao Serviço Secreto." E enfatiza: "Não estamos lá apenas para limpar a casa e servir as refeições".

Outro assustador episódio de falha na segurança ocorreu em 19 de setembro de 2014, quando um homem armado com uma faca pulou as grades do Jardim Norte, passou correndo por vários agentes do Serviço Secreto, e disparou na direção da Casa Branca. Uma vez dentro, ele dominou um agente e avançou pela escada para o segundo andar, até alcançar o Salão Leste. (Aparentemente o gabinete do diretor havia solicitado que um alarme instalado perto da entrada principal da mansão fosse desligado devido ao barulho que fazia. Se ele estivesse funcionando normalmente, todos os agentes de plantão ali teriam sido alertados da invasão.) O invasor, Omar Gonzalez, foi finalmente detido por um agente do Serviço Secreto que não estava de plantão perto da entrada do Salão Verde.

Skipp Allen, que antes de se tornar diretor, em 1979, fez parte da guarda uniformizada do Serviço Secreto por oito anos, fica chocado com esses furos na segurança. "Uma vez, eu estava no gabinete do diretor e vi um sujeito pulando a grade", lembra. "Ele conseguiu chegar até o Pátio Norte, onde foi cercado por agentes do Serviço Secreto. Não consegui entender como alguém pode ir do portão de entrada até o salão sem ser abordado por ninguém."

Houve outras ameaças ao presidente e sua família; talvez não tenham sido tão espetaculosas, mas certamente não foram menos perigosas. O *chef* de cozinha Walter Scheib afirma que sua missão era não apenas manter a primeira-família saudável, mas preservar suas vidas. "Não é pouca coisa, se considerarmos que tem muita gente, americanos ou estrangeiros, seja qual for a razão, que não gosta do presidente."

Scheib, que trabalhou para os Clinton e para a família de George W. Bush, afirmou: "Não há ninguém mais importante para a segurança física do presidente que o *chef* confeiteiro e o *chef* de cozinha". Mesnier concorda. Ele afirma que, mesmo depois do 11 de Setembro, não havia provadores de comida na cozinha. "Nós dávamos conta do serviço. Tínhamos a confiança deles, total e absoluta, de que nada de errado aconteceria."

Lyndon B. Johnson sempre dava um jeito de burlar as regras referentes a entregas de comida na Casa Branca (que, nos anos 1960, eram menos rigorosas). O fato é que o presidente adorava as *blintzes*[4] feitas pela esposa do secretário de defesa Robert McNamara, Margaret. Sabendo disso, ela às vezes pedia ao marido que levasse à Casa Branca uma fornada para ser entregue a Johnson. Em uma dessas vezes, McNamara deixou as *blintzes* com um policial, que as repassou para o Serviço Secreto, que as destruiu. Quando ele perguntou a Johnson se havia gostado da última remessa de *blintzes*, o presidente ficou possesso.

"Não mexa com a minha comida!", berrou o explosivo Johnson para um agente do Serviço Secreto que teve o azar de estar no seu caminho naquele dia. "Use aquilo que você tem acima do pescoço e que deveria conter um cérebro. Você acha que o secretário de defesa vai tentar me matar?"

Mesnier tirou vantagens pessoais do sistema apenas uma vez. Quando estava preparando o jantar que os Reagan ofereceriam a Mikhail Gorbachev, ele colocou framboesas na sofisticada sobremesa – porque na Rússia framboesas "são tão caras que são consideradas joias raras, como caviar". Poucos dias depois de o líder soviético voltar para seu país, Mesnier estava na cozinha com outro *chef* quando, não se sabe como, chegou até ele uma grande caixa marrom enviada por Gorbachev. Ele sabia que, fosse qual fosse o conteúdo da caixa, ela deveria ser destruída imediatamente. Mesmo assim, ele decidiu abri-la. Quando viu o que havia dentro, ficou maravilhado: eram duas latas grandes contendo três quilos do melhor caviar russo. Então, disse ao colega: "Não me importa o que

4. *Blintzes* são panquecas finas, enroladas e recheadas com ricota, queijo cottage ou frutas frescas, assadas no forno ou salteadas na frigideira. (N. E.)

você fará com a sua, mas eu vou levar a minha para casa. Posso até morrer, mas vale a pena o risco".

As longas jornadas de trabalho e a incrível lealdade dos funcionários não passavam despercebidas pela primeira-família. O presidente Ford sabia que o porteiro Frederick "Freddie" Mayfield gostava de nadar, e um dia lhe disse para trazer o calção de banho. Depois de darem algumas braçadas juntos, os dois voltaram para dentro rindo, enrolados em suas toalhas.

Primeiras-damas frequentemente mantêm um entendimento silencioso com seus funcionários prediletos e se dispõem a ajudá-los quando estão em apuros. Em 1986, Anita Castelo, uma arrumadeira de Nancy Reagan, foi acusada de ajudar duas compatriotas paraguaias a contrabandear 350 mil cartuchos de munição calibre 22 para o Paraguai, e a primeira-dama fez uma declaração atestando a idoneidade da funcionária. O processo criminal contra ela foi arquivado justamente quando começava a ganhar as manchetes o escândalo Irã-Contras, um caso de contrabando em escala muito maior. O presidente estava sendo acusado de sancionar a venda de armas para o Irã em troca da libertação de reféns e de financiamento dos rebeldes contrarrevolucionários da Nicarágua, conhecidos como "contras". É claro que à Casa Branca não interessava que as acusações contra Anita se tornassem públicas justamente no momento em que o caso Irã-Contras começava a sair de controle. Mas Nancy Reagan queria tanto que Anita ficasse que, para mantê-la, estava disposta a correr o risco de cair em uma situação pública embaraçosa.

A extraordinária dedicação dos funcionários da mansão ao presidente George H. W. Bush e sua família parece advir do seu comportamento mais relaxado e acessível. Os Bush tinham o dom de deixar todos à sua volta à vontade. Barbara Bush lembrou-se de uma cena durante a Guerra do Golfo: ela estava assistindo ansiosa ao noticiário enquanto aguardava seu marido chegar. Surgiu então o *maître* da Casa Branca, George Hannie, que lhe perguntou: "O que a senhora gostaria de beber? E o Pops, do que a senhora acha que ele gostaria?". (Embora algumas pessoas da mídia tenham passado a se referir a ele como Bush "Poppy"[5] quando seu filho se tornou presidente, "Pops" era uma apelido de juventude de Bush. Durante o período em que esteve na Casa Branca, ninguém fora da sua família o chamava pelo apelido.)

A lembrança a fez rir. "Eu disse para ele – e ele sabia que *eu* estava brincando e eu sabia que *ele* também estava brincando; nós realmente tínhamos esse nível de intimidade: 'George, você não pode se referir assim ao presidente dos Estados Unidos'."

Sem deixar a peteca cair, Hannie respondeu: "Confie em mim, senhora Bush. Na Casa Branca os presidentes vêm e vão, mas George Hannie fica".

"Nossa relação era assim. Podíamos brincar uns com os outros e dar umas boas risadas. Mas quando coisas tristes aconteciam, nós os apoiávamos", afirmou Barbara Bush.

Para o camareiro Linsey Little, Bush foi o mais acessível dos presidentes (inclusive seu filho). "O velho Bush... Eles eram mais amistosos. O outro, o filho, não parava para conversar, seguia caminhando. Não tinha papo, nada. Mas com o velho era diferente, ele era adorável – ele e sua esposa."

Nascido em Robbinsville, Carolina do Norte, cidade com menos de mil habitantes, Little teve de abandonar a escola na sétima série para cuidar dos irmãos e das irmãs menores. Seu pai era meeiro, mas Little conseguiu escapar do árduo e penoso trabalho de cultivo de algodão, amendoim e tabaco: no início dos anos 1950, partiu para o norte, rumo a Washington.

Começou a trabalhar na Casa Branca em 1979. Diariamente, saía de casa às cinco da manhã – que fica tão perto do estádio FedEx Field que ele consegue ouvir o barulho da torcida nos dias de jogo – para conseguir chegar ao serviço às seis. Colocava as cordas para restringir o acesso a determinadas áreas, limpava o chão, estendia o tapete a fim de deixar tudo pronto para as visitas turísticas. No fim do dia, terminada a visitação, guardava tudo até a manhã seguinte. Depois de um rápido café da manhã, recebia uma ligação da governanta-chefe Christine Limerick, que avisava a ele e

5. "Papai", em inglês. (N. T.)

LINSEY LITTLE

seus colegas quando a família se levantava para que pudesse subir ao segundo andar e passar o aspirador enquanto as arrumadeiras tiravam o pó e faziam as camas.

A relação de Little com Bush pai ia além de simplesmente limpar a casa. Little estava entre a meia dúzia de funcionários que jogavam malha com o presidente regularmente, às vezes até três vezes por semana.

O presidente e seu filho Marvin gostavam de ir para o campo de malha ao lado da piscina para jogar com Little e seu supervisor depois do expediente. Eles curtiam tanto que Little até fez uma camiseta com a mensagem: "Orgulho da Equipe de Serviços Gerais".

"Nós sempre o vencíamos, exceto no finalzinho", disse Little, rindo. "Em nosso último ano lá, ele e o Marvin ganharam o campeonato." Barbara Bush afirmou que ela e o presidente estavam chateados porque era improvável que os Clinton manteriam a tradição depois que eles partissem.

Uma vez o presidente chegou a pedir a Little que fosse vê-lo na sala de jantar da família no segundo andar. "Ele mandou que eu sentasse e ficamos ali conversando", contou Little, balançando a cabeça. "Sentar-se à mesa com o presidente e ficar conversando. Nenhum outro faria nada parecido."

Bush perdoava rapidamente erros que teriam enfurecido outros presidentes. Certa vez, era um fim de semana de verão, ele estava jogando malha e pediu a um funcionário que lhe trouxesse um repelente. O funcionário cobriu o presidente dos pés à cabeça com o produto e só depois descobriu que havia usado por engano um pesticida industrial ultrapotente. Minutos depois, quando percebeu o erro, o funcionário "literalmente correu" até o médico – sempre há um a postos, de plantão, disse o assessor Worthington White.

"Quando chegaram, o rosto do presidente já estava vermelho", afirmou White. Para ser "descontaminado", Bush precisaria tomar um banho. "Bem dentro da sua característica, o presidente disse: 'Tudo certo, tudo certo, tudo certo. Vamos logo com isso porque precisamos voltar para o nosso campeonato de malha!'." Ninguém foi despedido.

Os Bush pareciam sentir-se sinceramente gratos pelos sacrifícios dos funcionários, e estes, por sua vez, se esforçavam ao máximo para deixá-los contentes. A equipe da cozinha sabia que Barbara Bush detestava quando lhe cantavam "Parabéns a você". Com sua franqueza habitual, ela me contou: "Quando estávamos na estrada, fazendo campanha, eu chegava a ganhar em um só dia até quatro bolos de aniversário dados por gente que não se importava nem um pouco comigo.

"Um dia, voltei para casa para almoçar e havia uma sobremesa na minha travessa – a propósito, come-se muito bem na Casa Branca. Era um bolinho quadrado, pequenino, e nele estavam desenhadas as notas musicais da canção 'Parabéns a você'. Eles não disseram nada, não cantaram nada. Eram apenas as notas." Mesnier havia feito o bolo para que ela o saboreasse sossegada no almoço enquanto lia sozinha seu livro.

Barbara Bush passava pela floricultura quase todas as manhãs só para dar um oi, às vezes usando um roupão sobre o maiô, a caminho da piscina para sua nadada matinal. Ela costumava brincar com Mesnier quando o via por acaso no corredor; depois de dar-lhe um leve tapa de brincadeira com um papel, ela dizia: "E você, o que está fazendo aqui? Não tem nenhum biscoito ou bolinho ou qualquer coisa para assar?".

Segundo o supervisor de operações Tony Savoy, ela tratava todos os funcionários como se fosse avó deles. "Se por acaso você estava no elevador, ela não se importava de ficar lá dentro com você. Ela dizia: 'Rapazes, não é necessário que saiam do elevador. Eu também estou subindo'."

Em 1992, a passagem devastadora do furacão Iniki pelo Havaí deixou a florista Wendy Elsasser desesperada, pois seus pais se mudaram para lá quando se aposentaram. Apesar de estar havia vários dias sem ter qualquer notícia deles, ela se recusava a importunar os Bush com seus problemas pessoais. Finalmente, em um domingo, quando ela estava mudando os arranjos nas dependências privadas da mansão, Barbara Bush perguntou se estava tudo bem.

"Sim, tudo bem, senhora Bush. Obrigada", ela respondeu, tentando disfarçar a preocupação, e seguiu trabalhando.

Passaram-se alguns minutos e lá está a senhora Bush novamente. "O que está acontecendo, de verdade?", perguntou. "O seu 'tudo bem' não parece ter sido dito pela Wendy que eu conheço."

Os olhos da funcionária então se encheram de lágrimas e ela contou:

"Senhora Bush, meus pais estão lá naquele furacão e estou sem notícias deles há dias. Estou muito triste e preocupada com tudo isso."

Sem hesitar, a primeira-dama disse: "Wendy, se houver algo que você acha que eu possa fazer para ajudar, é só avisar. Conte comigo". Não havia nada que ela pudesse fazer, claro, mas Wendy ficou comovida com sua preocupação. (Alguns dias depois, ela finalmente recebeu notícias de seus pais.)

O assessor Chris Emery lembra-se de que ficou "meio entorpecido" depois de receber uma ligação inesperada dos Bush no dia em que seu pai morreu. Era o feriado de Ação de Graças e o presidente e a primeira-família estavam em Camp David para as comemorações. Menos de trinta minutos depois de ele telefonar para seu chefe, Gary Walters, avisando que seu pai falecera, recebeu uma ligação do telefonista militar de Camp David: "Aguarde na linha. O presidente vai falar".

O presidente Bush "disse que sentia muito pelo falecimento do meu pai", relembra Emery, "e perguntou se havia algo que poderia fazer por mim". Emery agradeceu, mas não havia nada a fazer. O presidente fez então uma pausa e depois disse: "Não desligue, Chris. A Bar (Barbara Bush) está aqui comigo e também quer lhe dar uma palavra".

"Não é simplesmente incrível?", me perguntou Emery, ainda atônito.

Os Bush faziam questão de que os funcionários da mansão passassem mais tempo com suas famílias. Quando Emery trabalhava no turno da noite, tinha obrigação de esperar até que o presidente e a primeira-dama lhe dissessem que podia ir para casa. "Os Reagan tocavam a campainha duas vezes às nove ou dez da noite, que era o código sinalizando que eu podia subir, apagar as luzes e ligar para a telefonista avisando que estava indo embora. Com os Bush, era a primeira-dama que às vezes ligava e dizia: 'O que você ainda está fazendo aqui? Vá para casa ficar com sua família!'. Isso acontecia às oito da noite."

Barbara Bush e Emery ainda trocam mensagens por e-mail umas duas vezes por ano. A ex-primeira-dama sempre se despede escrevendo: "Com amor, BPB".

CAPÍTULO IV

Solicitações incomuns

Uma ducha com bom volume e boa pressão de água era um dos poucos prazeres que tinha na vida.

Luci Baines Johnson

Servir à primeira-família demanda muito além do que lidar com os mais exigentes hóspedes de hotéis do mundo; se lhe pedem uma torta de mil folhas feita na confeitaria do Watergate Hotel (como frequentemente fazia Tricia Nixon), você atenderá ao pedido. Se precisam apenas de alguém com quem falar – e que não faça juízo de valor – sobre as decisões excruciantes que tinham de tomar todos os dias, você oferece seu ouvido amigo. Mas alguns presidentes fizeram exigências e solicitações que se mostraram impossíveis de atender.

O presidente Lyndon B. Johnson era um sujeito grosseiro, áspero, que raramente estava satisfeito. ("Mexa-se, caramba! Vamos, tire essa bunda da cadeira!", eram frases que ele constantemente berrava durante seu governo. "Parece que você está com a bunda cimentada na cadeira. Que tal começar a fazer alguma coisa em vez de ficar aí moscando?") O mordomo Wilson Jerman recorda-se de uma vez em que estava servindo ao presidente camarões à moda créole e arroz no terraço Truman. A travessa de arroz estava com dois garfos de servir. "Ele olhou para mim e disse – não vou repetir exatamente as palavras que ele usou: 'Pode me dizer como é que vou conseguir tirar esse arroz daqui com dois garfos?'. Então respondi: 'Desculpe, senhor presidente. Vou buscar uma colher imediatamente'."

A intensidade de Johnson, seu jeito rude e seus maus-tratos levavam muitos funcionários a fazer de tudo para evitá-lo. "O sinal mais claro de que ele era diferente dos outros presidentes é que normalmente meia dúzia de funcionários e puxa-sacos acompanhavam o presidente em sua caminhada do Salão Oval para a ala residencial", disse o ex-mordomo-chefe Rex Scouten. "No caso de Johnson, apenas agentes do Serviço Secreto faziam o trajeto com ele."

O porteiro Preston Bruce encrencou-se pela primeira vez com Johnson menos de 24 horas depois que ele e sua família se mudaram para a Casa Branca. Nesse dia, o presidente ofereceu uma recepção para mais de duzentas pessoas nas dependências privadas da família, entre elas alguns assessores de Kennedy, além de membros de sua própria equipe. Bruce estava se esforçando para administrar as viagens do elevador quando, de repente, viu a luz piscando; isso só podia significar que o presidente estava chamando. E ele não estava contente.

Quando Bruce conseguiu chegar ao segundo andar, Johnson estava furioso. "Onde você estava? Estou aqui *esperando* e *esperando* esse elevador!", gritou o presidente a plenos pulmões, curvando-se sobre Bruce, aplicando nele o que passou a ser conhecido como "O tratamento", que ele empregava para intimidar congressistas. Sem fazer concessões, Bruce disse: "Senhor presidente, eu estava tentando conduzir seus convidados para fora da casa. Sei como fazer isso, mas é preciso tempo".

Johnson continuou urrando com Bruce diante de Ted Sorensen e Ken O'Donnell, membros da equipe de Kennedy. Bruce foi humilhado. "Se eu continuar sendo tratado dessa forma, não vou mais trabalhar aqui!", anunciou ao assessor Nelson Pierce naquela noite. "Nunca conseguirei superar a morte do presidente Kennedy."

No dia seguinte, Johnson agiu como se nada tivesse acontecido – e Bruce concluiu que não baixar a cabeça seria a única forma de lidar com o novo presidente. "Estava claro para mim que se começasse a me curvar e encolher toda vez que ele se descontrolasse, eu estaria acabado." Desde o começo Bruce sabia que Johnson era um troglodita que só respeitava a linguagem da força. "Se eu estivesse certo e defendesse minha posição, teria um amigo para o resto da vida." E, com efeito, Bruce *estava* certo: antes do fim do seu governo, Johsnon reconheceu que o porteiro fora uma das pessoas que o ajudaram a sobreviver às dificuldades do cargo. O 36º presidente era mesmo complicado.

Johnson adorava humor escatológico e arrancava gargalhadas quando começava a contar histórias do gênero. Uma vez, ele quebrou o assento de uma privada e "foi um inferno", de acordo com o eletricista e cuidador de cães Traphes Bryant. Um assento de madeira extragrande foi encomendado o mais rápido possível. Em vez de ficar embaraçado, Johnson se gabava com os amigos de seu novo assento feito sob medida e posava de *expert* no assunto. "Ele conhecia os aspectos positivos e negativos de todos os tipos de assentos: de plástico, de bambu, floridos, em estilo grego, em estilo colonial americano."

Johnson costumava brincar com os amigos: "Mas que ninguém saia por aí dizendo que o assento é para acomodar a bunda número um da nação".

Tendo sido professor de ensino fundamental no início de sua carreira, Johnson costumava andar pelos corredores da Casa Branca dando notas para o desempenho de todo mundo, inclusive membros de sua família. Ele colocava a cabeça na porta entreaberta das diferentes oficinas e escritórios no subsolo e gritava uma nota para cada trabalhador.

Uma vez, fez isso na oficina dos eletricistas e disse a Bill Cliber: "Hoje você vai levar um F". Cliber não se lembra por quê.

No entanto, segundo o mordomo Herman Thompson, há um outro lado: "Às vezes, depois de um jantar, depois que todos os convidados tinham ido embora, ele aparecia e dizia: 'Oi, rapazes. Vocês fizeram um grande trabalho esta noite'".

O encanador-chefe Reds Arrington, cujo apelido "Reds" devia-se à sua cabeleira ruiva, pode até ter achado Johnson divertido no começo, mas sua vida não demorou a ficar praticamente insuportável devido às excêntricas exigências do presidente. Reds, que entrou para o quadro da Casa Branca em 1946 e se aposentou em 1979, morreu em 2007, mas sua esposa, Margaret, anotou muitas de suas histórias. Ela se lembra como a agenda desorganizada de Johnson afetava a vida do casal e das três filhas. "Uma vez, estávamos em um restaurante em Annapolis e veio alguém dizendo: 'Casa Branca chamando o senhor Arrington, Casa Branca chamando o senhor Arrington'. Achei aquilo tão engraçado. Era o presidente Johnson que queria que alguma coisa fosse feita com a sua privada."

Johnson torturava Reds com sua obsessão com a pressão e a temperatura da água de seu chuveiro. Por mais que o pessoal trabalhasse naquilo, a água nunca estava suficientemente quente ou nunca saía com a força desejada por Johnson. Quando estava no clima para suas brincadeiras de dar notas, o chuveiro sempre levava um F.

Já nos primeiros dias, a fixação de Johnson com o chuveiro foi deixada clara para a equipe ainda de luto. Em 9 de dezembro de 1963, quando tinha acabado de voltar de seu primeiro dia de folga desde o assassinato do presidente Kennedy, o diretor J. B. West foi convocado para imediatamente encontrar Johnson em frente ao elevador no andar térreo. Os Johnson mudaram-se para a Casa Branca dois dias antes e o presidente tinha um assunto urgente para tratar com ele.

"Senhor West, se você não conseguir resolver o problema do meu chuveiro, eu terei de voltar para a Elms", disse ele severamente antes de virar-se e ir embora. Elms era a mansão dos Johnson em Washington e tinha uma ducha que deixou os funcionários pasmos: a água jorrava com tremenda pressão de vários bicos em todas as direções com intensidade de verdadeiras agulhadas. Um dos bicos apontava o jato diretamente para o pênis do presidente, que ele chamava de "Jumbo". Outro tinha como alvo o traseiro. Hoje, essas lembranças despertam risos, mas a obsessão do presidente com o chuveiro foi o que moldou sua relação com alguns dos funcionários da mansão.

Johnson queria que a pressão da água na Casa Branca fosse idêntica à do chuveiro de sua casa – que era equivalente à mangueira usada por bombeiros. Queria também que, com um único toque em um botão, a temperatura da água mudasse de quente para frio imediatamente. Sem ficar morna.

Poucos minutos depois de West levar a bronca do presidente, Lady Bird Johnson pediu para ter uma conversa com ele na pequena Sala de Estar da Rainha, no segundo andar.

"Suponho que você já tenha sido avisado sobre o chuveiro", disse ela.

"Sim, senhora."

"Em tudo o que for feito aqui, ou que precisar ser feito, lembre de uma coisa: o mais importante é o presidente, em segundo lugar vêm nossas filhas. Quanto a mim, eu me darei por satisfeita com o que sobrar." (Ela disse a mesma coisa para o *chef* de cozinha Henry Haller: "Sua função principal aqui é deixar o presidente contente".)

Como os Kennedy nunca haviam reclamado do chuveiro, os engenheiros não sabiam o que fazer. Uma equipe foi despachada para a mansão Elms para estudar o encanamento e Reds chegou a ser mandado para a fazenda dos Johnson, perto de Stonewall, Texas (apelidada de "Casa Branca do Texas"), com o objetivo de aumentar a pressão e a temperatura da água para níveis escaldantes. Quando concluiu que, para instalar um novo chuveiro para o presidente, seria necessário trocar o encanamento e colocar uma nova bomba, Johnson exigiu que os recursos saíssem do orçamento militar. O projeto, que custou dezenas de milhares de dólares, foi pago com verbas secretas originalmente reservadas para segurança. "Acabamos instalando quatro bombas e depois tivemos de aumentar o tamanho da tubulação porque outras partes da casa estavam ficando sem água", revelou Reds à revista *Life*.

Margaret Arrington lembra que o próprio Johnson ligava para Reds quando ele estava na oficina dos encanadores, localizada no subsolo, entre a Casa Branca e a Ala Oeste. "Se eu consigo movimentar 10 mil soldados em um só dia, você certamente pode deixar o meu banheiro do jeito que eu quero!", rugia Johnson, sua voz ecoando pelos corredores da Casa Branca.

Reds passou mais de cinco anos incomodado com aquele chuveiro e chegou a ficar hospitalizado por vários dias devido a uma crise de nervos. Johnson era tão obcecado que, quando viajava, levava consigo o prato de saída de água do seu chuveiro junto a dúzias de caixas de uísque Cutty Sark. O presidente também fazia questão de que seu banheiro fosse incrivelmente claro, e pedia que espelhos fossem instalados no teto. Reds e sua equipe instalaram tantas lâmpadas e luminárias que tiveram de colocar também ventiladores para amenizar o calor. As temperaturas extremas do chuveiro constantemente faziam disparar o alarme de incêndio.

Um dia, contou Margaret, Reds viu a imagem refletida e ampliada no espelho especial para se barbear usado por Johnson e deu um berro. "Ele podia ver todas as veias no rosto. Disse que era assustador!"

Cada vez mais pessoas eram convocadas ao número 1.600 da Pennsylvania Avenue – inclusive do Serviço de Parques – na tentativa de resolver a crise do chuveiro. O assessor Rex Scouten chegou a entrar no chuveiro de calção de banho para testá-lo. "O jato d'água arremessou-o contra a parede de tão forte que era", disse Margaret. "Reds disse que o sujeito saiu dali vermelho como uma lagosta."

Cinco peças diferentes foram instaladas e testadas – entre elas uma feita sob encomenda pelo fabricante que havia projetado o chuveiro da mansão Elms –, mas não tiveram resultado. Os encanadores chegaram a colocar um tanque de água especial com uma bomba própria acoplada para aumentar a pressão e acrescentaram seis bicos de saída de água posicionados em diferentes alturas para que os jatos atingissem todas as partes do corpo. As bombas lançavam centenas de litros de água por minuto – *mais* que uma mangueira usada para combate a incêndios. Mas não foi suficiente.

Cliber, que começara a trabalhar na Casa Branca quando tinha apenas 20 anos e de lá só saiu 41 anos depois, disse que uma vez Johnson lhe pediu que fosse até o seu banheiro para vê-lo testar o chuveiro.

"Você está pronto para testar em um homem de verdade?", disse o presidente, em pé, totalmente nu em frente ao eletricista, mais um entre as dúzias de pessoas chamadas para tentar resolver a crise doméstica.

"Vou mandar tudo em cima do senhor dessa vez", anunciou Cliber.

"Certo. Dê tudo o que você consegue. Quero ver", respondeu Johnson enquanto entrava no chuveiro.

Quando Cliber girou a torneira, Johnson deu um grito de dor. A pressão era intensa demais. "Aaah! O que você está fazendo comigo?" Porém um minuto depois ele estava gritando de prazer. "Puxa, isso é gostoso mesmo! Aaah!" O jato lançou-o contra a parede e ele saiu vermelho como um pimentão.

Mas, mesmo assim, ainda não estava perfeito.

No último dia em que Reds viu Johnson na Casa Branca, ele estava sentado na privada. O encanador-chefe tinha de fazer um serviço no banheiro do presidente e estava do lado de fora, esperando-o sair.

"Pode entrar", gritou Johnson.

Reds entrou inibido, sem graça.

"Só queria lhe dizer que o chuveiro é um dos meus grandes prazeres, e agradeço por tudo que você fez."

Para Reds, esse pequeno agradecimento tornou menos doloridas as lembranças daqueles anos. Margaret disse que Lady Bird os convidou para visitá-la em sua fazenda no Texas para "mais um brinde!" depois da morte de Johnson.

"Foi simplesmente maravilhoso. Fizemos um piquenique no jantar e eu encontrei estrelas de cinema e generais. Puxa vida, me diverti muito!"

Lynda, a filha mais velha de Johnson, depois agradeceria a Reds e sua esposa pessoalmente: "Quando o papai estava feliz, estávamos todos felizes, e agradecemos ao senhor Arrington por isso!".

Quando entrevistei sua irmã mais nova, ouvi algumas reflexões mais profundas sobre a obsessão do pai pelo chuveiro. "Uma ducha com bom volume e boa pressão de água era um dos poucos prazeres que tinha na vida", me disse ela, que tem plena consciência do legado de seu pai e de como seu governo foi manchado pela guerra do Vietnã. "Tenho certeza de que ele emitiu orientações bem claras e tinha intenções específicas e as expressou com bastante firmeza. Mas, quando se é líder do mundo livre, não é demais ter aquele pequeno instante de alívio e conforto corporal."

No fim, assim que Lyndon B. Johnson deixou a Casa Branca, seu chuveiro também foi embora. Richard Nixon deu uma olhada no intrincado arranjo e disse: "Joga fora esse troço".

A despeito de suas exigências incomuns, LBJ contava com total lealdade de seus auxiliares. A chefe de cerimonial Bess Abell, que afetuosamente chamava o presidente de "chefão", era alvo de intensa pressão do presidente. Quando ela deu à luz seu primeiro filho, Johnson ligou para ela no hospital e perguntou: "Que nome você deu a esse garoto?". Ao ouvir que tinha sido "Daniel", ele retrucou: "Ah, que pena. Se o nome fosse Lyndon, eu daria a ele um novilho".

Depois disso, é claro que seu segundo filho se chamaria Lyndon. "Ele queria que todo mundo desse a seus filhos o nome dele", disse ela.

Lynda Bird Johnson Robb disse que seu pai "considerava um elogio supremo" quando as pessoas batizavam um filho com seu nome em homenagem a ele. E, para que isso acontecesse, ele não tinha vergonha de sugerir e até insistir. Uma das amigas de Lynda revelou a ela uma conversa que teve com Johnson antes de seu filho nascer. "O nome do bebê vai ser Lyndon, não é?", perguntou ele, do alto do seu ameaçador 1,90 metro de altura.

"Não, já escolhemos outro nome", balbuciou ela.

Quando viu a expressão de decepção no rosto dele, ela acrescentou: "Mas você sabe que nós amamos *todos* os Johnson, e por isso o nome do meio do nosso filho vai ser Johnson".

Lynda riu da lembrança. "Não sei se ela realmente queria nos homenagear ou se só queria deixar o papai um pouco mais feliz."

Assim que assumiu, Johnson determinou um corte orçamentário em todos os departamentos da Casa Branca. Convencido de que havia imenso desperdício de eletricidade, ele aterrorizava todo mundo que esquecia de apagar a luz ao sair de um ambiente. Os Eisenhower haviam lançado o costume de que todas as luzes nos salões oficiais deveriam permanecer acesas até meia-noite, mas Johnson pôs fim nisso. Ele pessoalmente andava pelos corredores para ver se a regra estava sendo cumprida e, quando via uma luz acesa em algum lugar e não queria descobrir ele próprio o porquê, ligava para o gabinete do diretor e pedia para identificar quem estava no tal ambiente. Se a sala estava vazia, ele ficava furioso.

Uma noite, o carpinteiro Isaac Avery estava trabalhando até mais tarde em sua oficina quando, de repente, tudo ficou completamente escuro. "Caramba, quem apagou a luz?", gritou Avery. Houve uma pausa e a seguir ouviu-se do corredor uma voz cavernosa rosnar: "Fui *eu*". Então Avery foi até o interruptor, acendeu a luz e saiu no corredor para ver quem era. Lá estava o presidente ladeado por dois agentes do Serviço Secreto.

"Não sabia que vocês trabalhavam até tão tarde assim", disse Johnson em tom suave, após perceber o erro que havia cometido.

Chocado, Avery respondeu: "Eu estava terminando as molduras de todas aquelas fotos que o senhor mandou".

Em outro episódio, um funcionário azarado estava na carpintaria, instalando correntinhas usadas para ligar lâmpadas fluorescentes penduradas no teto, quando Johnson o pegou trabalhando com a luz acesa – de dia.

"Ele pegou pesado com o sujeito", relembra arrepiado Bill Cliber.

Ainda de acordo com Cliber, os empregados pegaram o costume de carregar uma lanterna aonde fossem, por medo de se verem inesperadamente no escuro.

Uma das exigências de Johnson parece ter ultrapassado os limites do bom senso. Por motivo de segurança, as escadas eram mantidas iluminadas, mas o presidente estava convencido de que aquilo era um desperdício de energia.

"Você precisa apagar todas as lâmpadas que iluminam os degraus", determinou ele a Cliber.

"Senhor presidente, não dá para apagar as luzes da escada. Este prédio é grande. Todo mundo pensa que só tem três andares, mas são oito níveis dentro da Casa Branca (contando com dois pequenos mezaninos). E esses degraus são de mármore. Se você escorrega, pode se machucar feio."

"Bem, você tem certeza?" Johnson queria muito deixar aquelas luzes apagadas.

"Sim, senhor. Tenho certeza."

"Tudo bem. Deixe acesas as luzes da escada", replicou o presidente, em raro momento de concessão. Ainda assim, ele às vezes voltava a aparecer na oficina de Cliber no subsolo e pedia: "Tem certeza que ainda quer deixar aquelas luzes da escada acesas?".

A única pessoa que realmente peitava Johnson (até o porteiro Preston Bruce tinha de medir as palavras quando falava com seu chefe) era Zephyr Wright, a cozinheira da família que eles trouxeram do Texas. Desde cedo, bem antes de ele se tornar presidente, ela percebeu que precisava "enfrentá-lo sem se deixar intimidar".

Certa noite, Johnson chegou em casa por volta das onze e meia e pediu seu jantar. Mesmo para os padrões dele, era anormalmente tarde, tanto que a cozinheira já estava deitada em sua cama no andar de baixo. Quando ele a chamou para lhe servir o jantar, ela se esqueceu de apagar as luzes antes de subir. Quando viu que as luzes permaneciam acesas, ele ameaçou descontar a despesa com eletricidade do salário dela.

Zephyr ficou louca de raiva. "Muito bem. Faça isso mesmo, porque eu sempre morei na minha casa, onde tinha mesmo que pagar a conta de luz. Nunca precisei de ninguém que me dissesse para apagar a luz. Mas se o senhor voltasse para casa na hora certa, não teria de se preocupar se eu apago ou não as luzes, porque elas não estariam acesas se o senhor chegasse na hora certa."

A abordagem dela deu certo: "É claro que depois disso ele nunca mais disse qualquer coisa para mim".

Lyndon B. Johnson não foi o único ocupante da Casa Branca que colocou à prova os nervos dos funcionários. Ronn Payne relembra o dia em que Nancy Reagan o chamou à Sala de Estar Oeste, no segundo andar, onde ela estava sentada sob a grande janela em forma de meia-lua.

"Ronn, as luzes", ela gesticulou teatralmente na direção do teto. "Elas não estão acesas."

Payne, que era florista e não eletricista, deu uma olhada no ambiente e percebeu o interruptor na parede.

"Pensei comigo: *O interruptor está bem aqui. Acendo a luz e a deixo com cara de idiota ou simplesmente digo que vou chamar o eletricista?*"

Optou por ir ao interruptor e acendeu todas as luzes da sala. Como uma rainha, a primeira-dama olhou para ele e disse "obrigada" sem qualquer constrangimento.

"Ela era como uma menina mimada", disse Payne, fazendo uma careta. "Quando queria alguma coisa, queria para anteontem, e se você tentava convencê-la (a substituir) frésias brancas por bocas-de-leão brancas porque não havia frésias brancas disponíveis em lugar nenhum, ela simplesmente dizia: 'Você dará um jeito'." E eles davam um jeito mesmo: os floristas encomendavam flores da Europa e elas eram despachadas de avião, só para satisfazer a primeira-dama.

Mesmo assim, Payne, a exemplo do *chef* Mesnier, não nega que apreciava a forma direta da senhora Reagan de dizer o que queria. E se você fazia o que pedia, ela ficava contente.

"Lembro de ouvi-la um dia conversando por telefone com sua empregada pessoal e só o tom de voz dela bastou para me deixar bem assustado. Se tem uma coisa que eu não queria era que ela ficasse chateada comigo", revela a também florista Wendy Elsasser.

Cletus Clark, cuja jornada de trabalho normal ia das sete e meia da manhã às quatro da tarde, lembra-se como ficou penosa a carga horária quando a senhora Reagan decidiu redecorar o segundo e o terceiro andares.

"Ela não queria que eu fosse para casa! Depois de dez horas de trabalho, sete dias por semana, quando ela me via por volta das oito da noite, me perguntava: 'Aonde você está indo?'. Eu respondia que precisava ir para casa." As coisas ficaram de tal jeito que, quando a via sentada na Sala de Estar Oeste, ele descia pelas escadas no lado leste da mansão para que ela não o visse ir embora. "Eu precisava voltar para casa de qualquer jeito. Depois de sete dias de trabalho ininterrupto, seu corpo vai ficando detonado."

Os caprichos de Nancy Reagan quase podem ser comparados aos de Lyndon B. Johnson. Ela não tolerava cabelos longos em mulheres e obrigava arrumadeiras a pregar em suas roupas etiquetas indicando as datas em que foram compradas e a última vez que a peça foi usada.

Ela também era dona de várias coleções de diferentes objetos que fazia questão de exibir orgulhosamente na Casa Branca, entre elas um conjunto de cerca de 25 caixinhas de porcelana Limoges pintadas à mão que precisavam ser meticulosamente arrumadas sobre uma mesa. Tinha também uma coleção de ovos de porcelana e outra de travessas. ("Eles possuíam uma quantidade incrível de objetos. É porque não tinham de limpar", disse com uma careta de desaprovação a governanta-chefe Christine Limerick.) Se alguém tirasse do lugar alguma daquelas peças, mesmo que só um milímetro, Nancy Reagan percebia. Da mesma forma, ela exigira que todas as suas molduras de prata e todos os seus caros frascos de perfume ficassem perfeitamente arrumados sobre a bancada do banheiro – e se não voltassem aos lugares certos depois de limpos, a bronca era inevitável.

Embora conscienciosamente evite falar mal de seus antigos chefes, Christine abre uma exceção quando se trata da "extremamente rígida" Nancy Reagan. Ela lembra vividamente a transgressão que acabou por levá-la a se afastar da Casa Branca durante cinco anos. "No começo do governo Reagan, foram quebradas várias peças: uma pelo pessoal de limpeza e manutenção, uma pelo Serviço Secreto e uma pelo departamento de operações." A senhora Reagan colocou a culpa em Christine. "Ela acabou comigo. Realmente me trucidou."

Ela a atacou com tal virulência e por tanto tempo que o mordomo-chefe Rex Scouten acabou subindo até o segundo andar para intervir. "Chris, você pode ir agora", disse ele, com a intenção de substituí-la como alvo da agressão verbal. A seguir, voltou-se para a primeira-dama. Mais tarde, ele explicou a Christine por que a salvara: "Você já tinha apanhado demais". Nancy Reagan então apontou sua ira na direção de Scouten (a quem ela adorava tanto que, em homenagem a ele, batizou de Rex seu cão da raça cavalier king charles spaniel). Sobre Scouten, ela chegou a afirmar: "o segundo homem mais importante da minha vida". Mas mesmo assim, ele não foi poupado do restante da longa diatribe dela.

Mais de duas décadas se passaram, porém Christine ainda parece abalada com o incidente. Ela lembra exatamente o que foi quebrado: "Uma das peças era uma travessa de porcelana Limoges; também teve um castiçal. Um outro episódio foi quando um agente do Serviço Secreto tropeçou na mesa e algumas peças caíram". Foram apenas acidentes, mas para a primeira-dama não importava. "Ela ficou tão aborrecida que me obrigou a embalar muitos dos seus pertences pessoais que estavam sobre a cornija da lareira na área privada da família. Os objetos permaneceram empacotados por vários meses. No fim, as coisas se acalmaram e eles voltaram a ser desembalados."

Depois do estouro, Christine decidiu adotar um novo protocolo para melhor registrar e acompanhar possíveis problemas. As arrumadeiras da residência tiravam o pó e recolocavam as coisas no lugar diariamente, mas uma vez por mês faziam uma faxina mais pesada em cada ambiente. Levando seu plano adiante, Christine determinou que fossem feitas fotos dos dormitórios, banheiros, salas de estar e escritórios da família antes de cada faxina mensal, para que tivesse a certeza de que tudo era recolocado no devido lugar.

Para Christine, o pior era que ela e a primeira-dama trabalhavam muito próximas. Ela até empacotava os presentes que a chefe dava a seus amigos. No entanto, quando estava levando uma bronca, não podia se defender; tudo que podia fazer era continuar pedindo desculpas, de cabeça baixa.

"Em toda a minha carreira, nunca recebi uma reclamação sobre a roupa de cama ou de mesa ou sobre o jeito que as camas estavam arrumadas", disse ela. "As senhoras que trabalhavam para mim me deixavam no chinelo. E olha que eu sei fazer uma cama como poucos."

Em 1986, depois de trabalhar na Casa Branca por sete anos, ela voltou para o Mayflower Hotel. Depois disso, passou cerca de dois anos no Havaí antes de finalmente voltar para a Casa Branca, em 1991. Ela admite que se demitiu em parte porque a luta constante para atender as exigências da primeira-dama a estava exaurindo. "Não é porque a senhora Reagan era quem era ou o que era. Afastei-me porque estava cada vez mais perto de retrucar de forma inadequada." Na Casa Branca, avançar esse sinal teria sido um pecado capital. E ela tinha consciência disso.

Durante o intervalo de cinco anos em que Christine esteve fora, sua substituta fez um bom estrago na Casa Branca. A nova governanta-chefe tinha dificuldade para lidar com a pressão do trabalho. Notícias de seu comportamento bizarro chegaram aos ouvidos de

Christine. De acordo com Roland Mesnier, a nova governanta-chefe uma vez "foi ao almoxarifado e pediu que fossem comprados 10 mil ursinhos de pelúcia para as crianças do mundo". Ela efetivamente chegou a preencher o formulário de pedido formal de compra dos brinquedos, diz ele. Em outro episódio, de acordo com os floristas Ronn Payne e Wendy Elsasser, ela apareceu para trabalhar com triângulos azuis-turquesa pintados em suas pálpebras. Ela era famosa por caminhar pelos corredores do subsolo com um aromatizador de ambiente em spray que aplicava na frente da sala dos funcionários enquanto gritava: "Esse lugar fede!".

Segundo alguns funcionários, o Serviço Secreto queria que a mulher fosse demitida depois desses sinais perturbadores, mas a sugestão não foi atendida, e ela foi poupada. Christine atribui a sobrevivência da mulher no cargo a Barbara Bush, que era muito "solidária" com ela. Wendy concorda; ela achava que Barbara Bush lhe deu tantas chances porque desejava que melhorasse. "A senhora Bush tem um coração imenso", afirma o *chef* Mesnier. (Em sua entrevista para este livro, Barbara Bush preferiu não falar sobre a sucessora de Christine Limerick e limitou-se a confirmar que ela realmente tinha dificuldade para lidar com a pressão do cargo.)

Mas, no fim, o comportamento da governanta-chefe provou ser difícil de engolir até mesmo para a senhora Bush. Um dia, Skip Allen, o assessor escalado para supervisionar o departamento de manutenção, foi chamado às pressas no andar de cima. Wendy Elsasser estava se preparando para trocar os arranjos florais na extremidade do corredor central, que levava aos quartos de Jenna e Barbara, quando a governanta-chefe pegou uma almofada (bordada pela primeira-dama) e a arremessou em sua direção, gritando: "Isso é bobagem!". Jenna e Barbara estavam perto e acompanharam aterrorizadas o incidente. Não se sabe o que deflagrou a explosão da mulher.

Para não expor as netas a riscos, a primeira-dama tomou a decisão de dispensar a substituta de Christine Limerick. Allen ajudou a acompanhá-la até a saída do prédio enquanto ela gritava. "Ela foi embora atirando para todos os lados", disse ele.

Quando voltou para a Casa Branca, Christine Limerick logo notou que trabalharia num ambiente mais ameno – inicialmente com a senhora Bush e depois com Hillary Clinton. Alguns funcionários achavam Hillary mais difícil de agradar, mas Christine considera que sua passagem pela mansão foi positiva.

"Ela tinha um olhar especialmente compreensivo e solidário para mulheres que trabalham. Se dava muito bem com todas as arrumadeiras e governantas; se relacionava com todas elas. Sabia quais eram seus pontos fortes e seus pontos fracos." Christine sabe que alguns dos homens da equipe talvez não concordem com sua avaliação, mas atribui isso a uma variedade de fatores: "Em parte, era culpa deles", argumenta ela, referindo-se aos homens, mas, por outro lado, sente que o comportamento da primeira-dama espelhava a consideração especial que tinha pelas mulheres da equipe. "Acredito que ela era mais dura com os homens do que com as mulheres. Quando fazíamos alguma coisa errada, ela pegava leve com a gente, não batia duro."

Christine recorda-se do episódio em que Hillary pediu a ela que tingisse de outra cor um de seus ternos turquesa. "Normalmente sou muito boa com roupas", disse, rindo. "O tecido da peça era lavável. Tinha tamanho dez quando ela me entregou, e mais ou menos tamanho dois quando terminei! Ela achou engraçado."

Bill Clinton nem sempre era tão compreensivo quanto a esposa. Apesar de ele ser alérgico a pinheiros, Hillary fazia questão de ter um decorando o Salão Oval Amarelo, no segundo andar, pelo menos por alguns dias na época do Natal. O plano era colocar a árvore lá no dia 19 de dezembro e retirá-la no dia 28.

Era função de Christine projetar todas as mudanças de decoração pedidas pela família. Neste caso, cabia ao pessoal da floricultura e aos eletricistas subir e instalar as luzinhas. Christine sabia quanto o presidente curtia montar a decoração de Natal da casa com Chelsea; a atividade o fazia se sentir como qualquer outro pai que celebra o Natal com a família, nem que apenas por algumas horas.

Mas naquele ano a primeira-dama queria adiantar os trabalhos. "O presidente estará ocupado hoje à noite. Você poderia arrumar quase tudo, exceto por essas duas dúzias aqui?", Hillary perguntou a

Christine, apontando para uma caixa de ornamentos. A governanta-chefe fez como lhe foi pedido. Quando, depois do seu evento, o presidente subiu para o segundo andar e viu que parte da decoração já tinha sido pendurada na árvore, ficou furioso.

"Quem fez isso?", gritou.

"Foi a Chris, a governanta-chefe", respondeu um mordomo.

Mais tarde, o mordomo contou a Christine que o presidente ainda murmurou algumas palavras, algo parecido com: "Certo. É melhor ela começar a tomar cuidado se quiser se manter no emprego".

Por volta da meia-noite, um dos mordomos ligou para Christine para relatar o que tinha acontecido. Ela ficou preocupada, mas confiava que a primeira-dama a defenderia. Na manhã seguinte, um sábado, ela foi chamada ao terceiro andar para fazer os pacotes dos presentes de Natal para a família.

De repente, a senhora Clinton irrompe porta adentro, exasperada. "Parece que nesta casa boas ações não são muito apreciadas. Não se preocupe. Eu conversei com o Bill."

"Obrigada", disse Christine, suspirando aliviada.

Em outro episódio, a governanta-chefe recebeu em casa uma ligação de um dos camareiros pessoais do presidente dizendo que ele não tinha gostado de um dos quatro alfaiates que ela havia recomendado. "Eram duas da madrugada", disse, estarrecida, "e lá estava o camareiro falando sem parar, dizendo que o presidente estava muito bravo e que eu deveria ficar atenta."

No dia seguinte, ligou para o gabinete do presidente. Estava farta de saber tudo pelos outros e suspeitava que mordomos e camareiros faziam as coisas parecerem piores do que de fato eram, dando importância exagerada a qualquer coisinha que o presidente dizia, chegando a florear os relatos para dar-lhes maior carga dramática.

"Pelo que me consta, estou em uma enrascada porque o presidente não gostou do alfaiate", ela disse à secretária de Clinton, Betty Currie.

"Espere um segundo. O presidente está aqui do meu lado", disse Betty passando o telefone a Clinton.

"Desculpe-me, senhor."

"Não é tão grave assim", respondeu ele antes de soltar uma risada.

Todo esse pânico por nada, pensou ela.

De acordo com Skip Allen, os Clinton nem sempre eram coerentes em seus pedidos. "Quando pediam uma coisa e você levava para eles, não era o que eles desejavam", disse Allen. "Eles não sabiam como pedir exatamente o que queriam, de forma que pediam repetidas vezes coisas que achavam que gostariam, mas no final não gostavam."

Allen recorda uma ligação que recebeu de Hillary Clinton para dizer que o pessoal da cozinha estava servindo com frequência excessiva um determinado prato de frango. Ela queria que o *chef* desse um tempo e parasse de prepará-lo. "Então liguei para o *chef* e disse que precisaríamos tirar o tal frango do cardápio porque eles não o queriam mais. Uns dois meses depois, recebo uma ligação da primeira-dama dizendo: 'Pergunte ao *chef* por que ele nunca mais preparou aquele frango de que a gente tanto gosta'. E foi assim por oito anos", concluiu ele, desabafando.

Segundo os funcionários, os Clinton eram o oposto dos Reagan. Se estavam acordados à uma ou às duas da manhã e não conseguiam dormir, eles começavam a trocar os móveis de lugar. De acordo com Allen, que supervisionava o escritório do curador, essas mexidas eram o pesadelo dos curadores, que anualmente inventariam a coleção de móveis da Casa Branca.

"Eles simplesmente decidiam levar um lustre de um quarto para outro, ou uma mesa ou uma cadeira. Meses depois, quando os curadores subiam para fazer o inventário, a cadeira tal não estava no aposento indicado (no livro de registros), e eles tinham de sair procurando a cadeira pela casa porque os Clinton a tinham levado para o terceiro andar e deixado em um dos quartos de hóspedes... Ficava muito complicado."

Os Clinton também pareciam pouco atentos ao protocolo referente às refeições – e todo mundo tinha medo de avisá-los. O *chef* John Moeller, que trabalhou na cozinha de 1992 a 2005, nunca sabia quando a primeira-família queria comer ou quantas pessoas estariam à mesa. "Na época dos Bush, recebíamos religiosamente uma ligação antes para nos prepararmos; algo como 'almoço para dois ao meio-dia e meia'. Com os Clinton, só sabíamos o que ia acontecer quando já estava efetivamente acontecendo!"

Uma semana depois de os Clinton se mudarem para a Casa Branca, o mordomo Buddy Carter entrou na cozinha, em pânico, para avisar Moeller que a família estava à mesa, pronta para jantar... *agora*. "Já está tudo preparado, mas preciso esquentar. Me dá um minuto", explicou Moeller. A partir daquele dia, ele passou a ter sempre uma refeição pronta para servir por volta da hora do almoço e do jantar.

Os amigos e assessores políticos dos Clinton também gostavam de dar conselhos aos empregados, às vezes levando-os a tomar caminhos errados. "Nos disseram que a senhora Clinton usava um certo tipo de xampu e de desodorante. Nós então compramos cerca de vinte frascos", relembra Christine Limerick rindo. "Só fui descobrir a burrada que tinha feito quando (Hillary) me disse: 'Chris, eu não gosto desse troço'."

Às vezes, o esforço para agradar a primeira-família pode colocar em perigo os convidados da Casa Branca. Anualmente, a decoração do primeiro andar para as festas de fim de ano provoca discussões acaloradas. A florista-chefe Nancy Clarke gostava de colocar dúzias de velas votivas nas mesas do bufê, apesar dos alertas insistentes do *chef* Mesnier de que elas representavam risco de incêndio. "Mas a senhora Clinton quer assim", insistia Nancy.

"Em um daqueles anos, havia uma convidada vestindo uma estola de pele de raposa em torno do pescoço. Quando ela se inclinou para pegar biscoitos, a raposa ficou perto da vela e pegou fogo. Graças a Deus, havia ali um mordomo esperto que arrancou a raposa da mulher, jogou nela um pouco de água e apagou o fogo", relembrou Mesnier. "É claro que, depois dessa, nunca mais foram colocadas velas votivas em minhas mesas!"

CAPÍTULO V

Dias sombrios

Ele disse que, quando levantou no meio da noite, deu um encontrão na porta do banheiro. Mas nós estamos convencidos de que ela bateu nele com um livro.

Funcionário da mansão, sobre a vida na Casa Branca no governo Clinton durante o escândalo Monica Lewinsky

Havia sangue na cama do presidente e da primeira-dama. Um membro da equipe de funcionários recebeu uma ligação da arrumadeira que primeiro viu o local virado de cabeça para baixo. Era preciso que alguém viesse rápido para examinar os estragos.

O sangue era de Bill Clinton, que teve de levar vários pontos na cabeça. Ele insistia que tinha se machucado ao dar um encontrão na porta do banheiro no meio da noite. Mas ninguém engoliu a versão.

"Estamos convencidos de que ela bateu nele com um livro", disse outro funcionário. Ninguém poderia estar mais bem informado do que os empregados da mansão. O incidente ocorreu pouco depois de se tornar público o caso do presidente com uma estagiária da Casa Branca – claramente um momento de crise no casamento dos Clinton. E o que não faltava eram livros para a esposa traída escolher: havia pelo menos vinte em seu criado-mudo. Inclusive uma Bíblia.

Em novembro de 1995, Clinton começara um caso com Monica Lewinsky, uma estagiária da Casa Branca de 22 anos. Ao longo do ano e meio seguinte, ele teve quase uma dúzia de relações sexuais com ela, a maioria no Salão Oval. Quando o caso se tornou público, mais de dois anos depois de iniciado, o bombardeio da mídia consumiu o restante do seu mandato. A revelação derivou de mais de quatro anos de investigações pelo promotor especial Kenneth Starr em inquérito em torno de várias acusações, entre elas o caso Whitewater, envolvendo transações imobiliárias no Arkansas, e a demissão de vários funcionários que trabalhavam havia muito tempo no departamento de viagens da Casa Branca, no escândalo que ficou conhecido como Travelgate. Embora não fizessem parte da equipe de funcionários da mansão, o assessor Skip Allen lembra que ele e alguns de seus colegas ficaram chateados com essas demissões. Afinal de contas, a maioria dos empregados da Casa Branca dedicaram suas carreiras inteiras à mansão e alguns começaram a se sentir vulneráveis. "O ambiente na casa estava ficando tenso, porque todos eram funcionários de carreira e, uma vez que começam as demissões, nunca se sabe quantos ou quem será demitido." Funcionários públicos de carreira são como professores que têm um certo grau de estabilidade – é muito difícil demiti-los. Por isso, era estarrecedor ver gente dispensada assim, sumariamente. Os Clinton também estavam sendo acusados de usar a Sala Lincoln para cortejar e agradar doadores endinheirados de campanhas eleitorais.

Em 17 de agosto de 1998, Clinton tornou-se o primeiro presidente a depor como réu em uma investigação do ministério público. O eletricista-chefe Bill Cliber, que ajudou a montar a estrutura para o depoimento de quatro horas e meia do presidente – realizado por meio de circuito fechado de TV –, recorda-se que o chefe da nação estava "de péssimo humor" naquele dia. Horas depois, à noite, Clinton confessaria, em rede nacional de TV, ter tido "relação imprópria" com Monica Lewinsky. Quatro meses depois, em dezembro, a Câmara dos Deputados, dominada pelos republicanos, votou por seu impeachment, mas ele foi absolvido no Senado ao final de um julgamento que durou cinco semanas.

O caso Monica Lewinsky só se tornou público em janeiro de 1998, mas alguns funcionários da mansão já sabiam na época em que estava acontecendo, entre novembro de 1995 e março de 1997. Os mordomos viram o presidente e a estagiária na sala de projeção privada da família, e os dois eram vistos juntos com tanta frequência que os funcionários passaram a avisar uns aos outros quando Monica aparecia. Os mordomos, que são os mais próximos da família, guardam esses segredos zelosamente, mas de quando em quando contam a colegas fragmentos de histórias – seja porque a informação poderia ser útil, seja porque desejavam mostrar que tinham acesso privilegiado.

Uma funcionária, que pediu para não ter a identidade revelada, recorda-se do dia em que estava no corredor principal, localizado atrás da cozinha, que era usado por funcionários das Alas Leste e Oeste. "É aquela ali – aquela é a namorada", sussurrou um mordomo, cutucando-a com o cotovelo enquanto Monica Lewinsky passava. "Sim, é ela mesmo. Era ela que estava na sala de projeção naquela noite."

Quase duas décadas depois, muitos funcionários ainda ficam com um pé atrás quando o assunto são as discussões que testemunharam entre os Clinton. Mas uma coisa é certa: todos sentiram a tristeza que tomou conta dos segundo e terceiro andares enquanto a novela se arrastava ao longo de 1998.

Se os funcionários da residência foram testemunhas diretas das consequências nefastas do caso e o quanto foi penoso para Hillary Clinton, aos assessores da Ala Oeste não passava despercebido o tipo de drama que estava se desenrolando no segundo andar. "Se alguém colocasse na mão dela uma frigideira, ela teria batido com tudo na cabeça dele", disse Susan Thomases, amiga íntima e assessora política da primeira-dama, em entrevista ao Miller Center da Universidade da Virgínia, para a coleção de depoimentos orais de histórias relacionadas ao governo de Clinton como presidente. "Acho que nunca passou pela cabeça dela deixá-lo ou se divorciar dele."

Betty Finney, atualmente com 78 anos, começou a trabalhar como empregada na Casa Branca em 1993. Passava a maior parte do tempo nos aposentos privados da família e lembra-se bem de como as coisas mudaram naqueles últimos anos. "As coisas sem dúvida ficaram mais tensas. A gente lamentava pela família inteira e pelo que estavam passando", diz ela. "Dava para sentir a tristeza. Não se ouviam mais tantas risadas."

O florista Bob Scanlan é menos contido ao falar sobre o ambiente. "Subir ao segundo andar era como ir a um necrotério. Parecia que a senhora Clinton nunca estava lá."

E quando não estava tomada por um silêncio aterrorizante, a mansão era palco de intrigas e discussões acaloradas. Um incidente aconteceu perto do Natal de 1996, quando o caso do presidente com Monica Lewinsky ainda estava em curso. O pessoal da governança realizava uma de suas funções: ajudar a primeira-família a embalar os presentes que daria. Às vezes, tinham de fazer o pacote de mais de quatrocentos presentes para amigos, parentes e funcionários. A partir da administração Reagan (quando os tipos e padrões de embalagem eram minuciosamente definidos), embalar os presentes passou a ser uma tarefa intrincada, em que os detalhes de cada presente eram cuidadosamente registrados em blocos de papel (esses registros eram destruídos quando uma nova família se mudava para a Casa Branca). Os funcionários sempre deixavam um cartãozinho e uma descrição do que havia dentro do pacote, discretamente acondicionados sob uma fita. Terminado o serviço, deixavam os pacotes sobre uma mesa específica localizada no Salão Oval Amarelo.

Uma funcionária recorda que, no período de festas daquele fim de ano, pediram-lhe que embalasse um exemplar do livro *Folhas de relva*, de Walt Whitman. Depois de deixar o pacote do livro na mesa, ela simplesmente se esqueceu dele. Dois meses depois, em fevereiro de 1997, o presidente deu de presente a Monica Lewinsky um exemplar de *Folhas de relva*. Só depois é que a funcionária soube que o presente que havia embrulhado era muito provavelmente o mesmo que foi dado para a amante do presidente.

A funcionária relata que, certo dia, depois das festas, o presidente queria desesperadamente pegar um livro que estava no dormitório do casal. Como a primeira-dama não estava devidamente vestida, ninguém queria incomodá-la. "Betty Currie (a secretária do presidente) ligou para o camareiro, que me chamou e pediu que eu fosse e entrasse lá. Eu respondi: 'De jeito nenhum'." (Quando a porta do primeiro casal está fechada, é como se eles tivessem pendurado no trinco da porta o tradicional aviso usado em hotéis: "Por favor, não perturbe".) "No fim, acho que Betty Currie ligou diretamente para a senhora Clinton."

Alguns instantes depois, um livro saiu voando do quarto. Hillary o havia arremessado no corredor. O camareiro do presidente o pegou e levou para Betty. Não se pode ter certeza de que o exemplar jogado pela primeira-dama era o mesmo que o presidente dera a Monica Lewinsky. Seja como for, as lembranças dos funcionários descrevem um cenário de tensão.

O florista Ronn Payne lembra-se do dia em que, saindo do elevador com um carrinho para pegar arranjos florais que seriam substituídos, viu dois mordomos parados do lado de fora da Sala de Estar Oeste ouvindo às escondidas os Clinton discutirem rispidamente. Os mordomos acenaram para que ele se aproximasse e, levando o dedo aos lábios, indicaram que não poderia fazer qualquer barulho. De repente, ele ouviu a primeira-dama berrar e chamar o presidente de "seu maldito desgraçado!", e a seguir o ruído do impacto de um objeto pesado. Entre os funcionários, correu o boato de que ela havia jogado um abajur. Os mordomos, disse Payne, foram instruídos a limpar a bagunça. Em entrevista a Barbara Walters, Hillary Clinton não deu grande importância à história, que foi noticiada pelas colunas de fofocas. "Eu tenho um braço bem forte", disse ela. "Se eu tivesse mesmo jogado um abajur em alguém, acho que você teria sabido."

Payne não ficou surpreso com o ataque. "A gente ouvia muito palavrão" na Casa Branca dos Clinton. "Quando você é empregado doméstico na casa de alguém, fica sabendo de tudo", disse ele.

Quando trabalhava na Casa Branca, Payne descobriu que estava com Aids e ficou muito doente, chegando a perder quase vinte quilos. Ele queria sair de licença médica, mas lhe deram duas alternativas: demitir-se ou se aposentar. Ele optou pela aposentadoria precoce. Tinha esperança de poder voltar depois que se recuperasse já que, segundo ele, vários outros aposentados tinham voltado à ativa. "Você deve imaginar como estava minha aparência. Eu sei que eles não gostariam de me ver nos andares da família. Eu queria recuperar minha força." No entanto, quando passou a se sentir em condições de voltar ao trabalho, lhe disseram que não poderia voltar, porque havia se aposentado por invalidez. Nunca lhe disseram explicitamente que havia sido demitido porque era HIV positivo e ele tampouco sabe quem exatamente estava por trás da decisão – é muito improvável que o assunto tenha chegado aos Clinton. De qualquer forma, ele não contestou formalmente a decisão. É preciso destacar que, por muitos anos, inclusive durante a gestão anterior, prevalecia na Casa Branca a regra informal de que funcionários com Aids não podiam ficar próximos dos membros da primeira-família. "Eu percebi que lá eles dificultavam muito as coisas para portadores de HIV", afirma Payne. "Alguns eram deslocados para o subsolo para trabalhar na lavanderia, outros eram mandados para a área externa." Floristas transitam por todas as partes da residência oficial, inclusive pelos quartos de dormir, de modo que lhe seria vedado voltar para o emprego. Ele ficou arrasado com a forma dolorosa que sua carreira na Casa Branca terminou e é lembrado afetuosamente por muitos dos colegas com quem trabalhou.

No auge do drama, em várias tardes Hillary deixou de comparecer a compromissos agendados. Era compreensível: cuidar de detalhes da mansão era menos relevante do que salvar a presidência do marido e o próprio casamento. Durante três ou quatro meses de 1998, o presidente dormiu em um sofá no escritório anexo ao quarto do casal, no segundo andar. A maior parte das funcionárias achou que ele mereceu. Até mesmo o mordomo James Ramsey, que se autoproclamava um mulherengo, pareceu corar quando o assunto veio à tona. Ele disse que Clinton era seu "chapa, mas... convenhamos". Como de hábito, durante o escândalo Monica Lewinsky, ele manteve "a boca fechada".

Alguns dos funcionários afirmaram que Hillary sabia sobre o caso extraconjugal do marido antes de se tornar público, e que não foi o caso em si que a deixou muito chateada, mas o fato de ter sido descoberto e recebido cobertura frenética e insaciável da imprensa.

Durante aqueles meses difíceis, os nervos da primeira-dama estavam claramente à flor da pele. O mordomo James Hall lembra de uma vez em que estava servindo café e chá no Salão Azul, em uma recepção para um dignitário estrangeiro. Inesperadamente, a primeira-dama se aproximou quando ele estava em pé, no bar.

"Acho que você está com a cabeça na Lua!", ela o repreendeu. "*Eu* mesma precisei pegar a xícara da mulher do primeiro-ministro... Ela tinha terminado e estava procurando um lugar para deixá-la." Hall ficou pasmo – outros mordomos estavam trabalhando na recepção, recolhendo copos e xícaras em suas bandejas; a função dele era servir bebidas – mas naquele momento ele soube que não faria sentido se defender. Hillary reclamou de Hall no gabinete do mordomo-chefe e ele ficou um mês sem ser chamado.

"Trabalhar lá durante o processo de impeachment não foi ruim", disse o ex-chefe da despensa Bill Hamilton, admitindo, porém, que trabalhar para Hillary naqueles meses complicados foi um desafio. "Foi tudo tão acachapante para ela... Bastava dizer alguma coisa e ela já estourava", recordou ele, balançando a cabeça. Ainda assim, ele diz que adorava trabalhar para os Clinton e, embora tenha se aposentado em 2013, às vezes pensa que teria sido bom permanecer na Casa Branca, ainda mais sabendo que Hillary pode voltar um dia como a primeira presidente mulher dos Estados Unidos. Ele adoraria trabalhar para ela de novo, mesmo depois dos oito tumultuados anos dos Clinton na mansão.

Hamilton se revela absolutamente compreensivo com a primeira-dama e as dificuldades que enfrentou naqueles dias sombrios. "Aconteceu, ela sabia que tinha acontecido, e todos os olhares estavam voltados para ela", disse Hamilton.

O *chef* confeiteiro Roland Mesnier conta que queria arranjar um jeito, qualquer jeito, de ajudar Hillary a se sentir melhor. Sua sobremesa favorita era o bolo mocha. Quando o escândalo alcançou seu pico, "eu fiz muitos, muitos bolos mocha. Você nem imagina quantos", disse ele, rindo. Nos fins de tarde, Hillary costumava ligar para a confeitaria da Casa Branca e, em voz baixa, despretensiosa – nem uma pálida lembrança do seu tom forte e autoconfiante habitual –, pedia: "Roland, você prepara um bolo mocha para esta noite?".

Em um fim de semana ensolarado de agosto de 1998, pouco antes de o presidente fazer sua confissão ao país, a primeira-dama ligou para o assessor Worthington White com um pedido incomum: "Worthington, eu gostaria de ir à piscina, mas não quero ver *ninguém, exceto você*", disse ela.

"Sim, senhora. Já entendi", respondeu ele em tom solidário.

White sabia exatamente o que ela queria dizer. Não queria ver os agentes do Serviço Secreto encarregados de sua segurança, não queria ver ninguém cuidando da ampla área externa da Casa Branca e certamente não queria ver nenhum turista visitando a Ala Oeste. "Ela não estava disposta a enfrentar nada disso", relembrou ele. Só queria algumas horas de paz.

White lhe disse que precisaria de cinco minutos para limpar a área e saiu correndo para conversar com o chefe do Serviço Secreto; para que aquilo desse certo, eles precisariam trabalhar juntos. E rápido.

"Foi uma conversa de vinte segundos, mas sei o que ela tinha em mente. E eu disse ao agente: 'Se alguém a vir, ou se ela vir *alguém*, serei demitido, eu sei, e provavelmente você também'."

Embora o protocolo determine que a primeira-dama deva ser acompanhada por um agente andando à sua frente e um atrás, os agentes concordaram em caminhar atrás dela.

"Ela não vai se virar e olhar para você", avisou White ao agente. "Ela só não quer ver a sua cara. E não quer você olhando para a cara dela."

Ele encontrou a primeira-dama no elevador e a acompanhou até a piscina com os agentes a segui-los e ninguém à vista. Óculos de leitura vermelhos no rosto, ela trazia consigo dois livros. Não estava maquiada e seu cabelo não estava arrumado. Para White, ela estava desolada, o coração partido.

Não disseram uma palavra no caminho para a piscina.

"A senhora vai precisar de um mordomo?", ele perguntou depois que ela se acomodou.

"Não."

"Precisa de alguma coisa?"

"Não. É que o dia está tão bonito e eu só quero ficar aqui sentada aproveitando um pouco o sol. Ligo para você quando quiser voltar."

"Certo, senhora", respondeu White. "É meio-dia agora e eu saio à uma da tarde. Outra pessoa vai estar no meu lugar."

Clinton olhou com intensidade para ele e disparou: "Vou ligar para *você* quando estiver pronta".

"Sim, senhora", respondeu White, sabendo que isso significava que precisaria esperar até que ela decidisse voltar, o que só aconteceu por volta das três e meia da tarde.

Na volta, White a acompanhou em mais uma caminhada silenciosa da piscina até o segundo andar. Antes de sair do elevador, a atormentada primeira-dama disse, com todas as letras, que a dedicação dele era muito importante para ela.

"Ela segurou minhas mãos, apertou-as levemente, olhou-me nos olhos e disse: 'Obrigada'."

"Aquilo me comoveu", disse White, enaltecendo a gratidão da primeira-dama. "Significou muito para mim."

Alguns dos funcionários acabaram arrastados para dentro do drama. A certa altura, o camareiro Linsey Little foi chamado ao segundo andar para responder algumas perguntas sobre o caso extraconjugal. Quando chegou, foi recebido por um agente federal com cara de poucos amigos que lhe perguntou se ele havia visto Monica Lewinsky antes. "Não", respondeu nervosamente.

"Eles querem que você ache que eles acreditam que você sabe de alguma coisa", explicou Little, que insiste que nunca viu qualquer coisa imprópria, mas, mesmo que tivesse visto, admite que relutaria em colocar seu emprego em risco e terminar ele próprio nos noticiários. "Eles fazem o maior estardalhaço, põem o nome das pessoas na primeira página", disse ele.

Mesnier disse que acompanhar duas pessoas brilhantes serem consumidas pelo escândalo fez de 1998 um ano "muito triste". Como muitos outros, ele se sentia péssimo pela filha dos Clinton, Chelsea.

Em uma foto icônica daquele período, tirada em 18 de agosto de 1998, um dia após a constrangedora admissão de Clinton, Chelsea aparecia segurando as mãos dos pais enquanto caminhavam para o helicóptero no Jardim Sul. Mesnier balançou a cabeça ao se lembrar da provação pela qual a jovem teve de passar. "Chelsea era sem dúvida a pessoa mais doce do mundo. Vê-la passar pelo que passou por causa de uma estupidez assim... Sim, *estupidez*. Houve muito sofrimento."

★★★

O assessor Skip Allen admite que era mais fácil servir as famílias de que gostava do que fingir.

"Mas a gente sabe fingir muito bem", disse ele.

Allen não esconde sua ressalva em relação aos Clinton. Almoçando à beira da piscina em sua casa em uma área rural da Pensilvânia, ele relembrou afetuosamente como a senhora Clinton sempre lhe pedia para ajudá-la a dar os retoques finais no laço na parte de trás de seus vestidos, quando não conseguia fazê-lo sozinha. Mas, para ele, os Clinton nunca confiaram totalmente nos empregados da mansão e suspeitavam especialmente do gabinete do diretor executivo. "Eles são as pessoas mais paranoicas que eu conheci na vida."

Allen não é o único com memórias amargas da Casa Branca dos Clinton. O assessor Chris Emery, que fora muito próximo dos Bush, lembra-se de ter sido indevidamente escrutinado pelos Clinton. Nos catorze meses que trabalhou para eles, diz, foi submetido a três testes para verificar se usava drogas e teve os antecedentes checados uma vez (apesar de, pela regra que estabelece a periodicidade desses controles, ele estar isento dessas verificações naquele momento). Ele afirma que algumas perguntas que lhe fizeram – entre elas, sobre a igreja a que pertencia – eram incomumente pessoais e, por isso, se recusou a respondê-las. "Acho que eles só estavam procurando um motivo (para me despedir)", disse, suspirando. E, de fato, a demissão de Emery da Casa Branca, em 1994, deveu-se em parte a um favor que havia feito para a ex-primeira-dama Barbara Bush.

Durante a administração de Bush pai, Emery havia sido muito prestativo com a primeira-dama. "Éramos muito próximos. Chris me ensinou a usar o computador", ela me revelou. Depois de deixar a Casa Branca, ela estava trabalhando em suas memórias e, ao perder um capítulo, ligou para Emery pedindo ajuda. Este ficou feliz por poder atendê-la, mas o favor alimentou as suspeitas dos Clinton de que a equipe de funcionários ainda mantinha laços muito fortes com a família Bush. Quando os Clinton viram os registros de suas ligações telefônicas, disse Emery, "chegaram à conclusão de que eu estava abrindo segredos profundos, tenebrosos, para os Bush em Houston. Mas eu não estava".

Não muito depois, o diretor executivo Gary Walters convocou Emery ao seu gabinete.

"A senhora Clinton não se sente confortável com você", comunicou Walters.

"E o que isso significa?", perguntou Emery, chocado.

"Significa que amanhã é o seu último dia."

Barbara Bush admite que sua ligação para Emery "trouxe problemas". Emery foi censurado publicamente "por sua incrível falta de discrição", nas palavras da porta-voz de Hillary, Neel Lattimore. "Acreditamos que sua posição como membro da equipe de funcionários da mansão implica respeito absoluto pela privacidade da família."

Emery afirma que ficou arrasado pela perda do emprego e do salário de 50 mil dólares por ano. "Fiquei sem trabalho por um ano", diz ele. "Eles tiraram o chão sob meus pés. Fico imaginando o que eles não fariam com alguém que seja realmente poderoso." Ao chegar em casa naquela noite, a primeira ligação que recebeu foi da assistente de Barbara Bush, dizendo que os Bush receberam a notícia e gostariam de ajudar como fosse possível. "A ligação seguinte foi do escritório da Maggie Williams (a chefe de gabinete de Hillary Clinton), avisando que, se a imprensa me procurasse, eu deveria orientar para que ligassem para a Casa Branca. Imediatamente pensei: *Claro, é assim que sempre procedemos.* Mas depois de desligar, tive um estalo: "Espera aí. Eles acabam de me demitir!".

Passados tantos anos, Emery reconhece com tristeza que entende por que foi demitido. "Ela estava diante de tanta pressão", ponderou, referindo-se a Hillary. "Eu infelizmente fui vítima disso."

Contudo, pelo menos um antigo colega de Emery questiona suas alegações. Essa pessoa, que falou sob a condição de preservar-se em anonimato, disse que os Clinton tinham razão para ser paranoicos em relação aos funcionários da mansão, já que muitos deles haviam servido presidentes republicanos por doze anos. De acordo com essa mesma fonte, "todo o pessoal do gabinete do diretor executivo lamentou que o presidente Bush pai não tivesse sido reeleito... e esse sentimento era demonstrado para os Clinton abertamente". Emery, em especial, "era republicano da ponta do dedão até a raiz do cabelo", de acordo com essa fonte. Ele próprio afirma que, se lhe tivessem pedido, teria ido para a Califórnia com os Reagan depois que deixaram a Casa Branca.

É possível que em algumas ocasiões Emery não tenha se esforçado muito para esconder dos Clinton seus pensamentos. De acordo com um colega, certo dia, quando o presidente descia do segundo andar para participar de um evento, Emery disparou: "Não entendo por que todo mundo tem um orgasmo quando ele está por perto". Ele fazia esse tipo de comentário em voz alta o suficiente para ser ouvido por assessores de Clinton, opinou esse colega.

É possível que os Clinton tivessem boas razões para se preocupar também com seu aparato de segurança. Eles ainda estavam tentando se desenroscar da encrenca armada por patrulheiros do Arkansas encarregados de sua segurança quando governador daquele estado, que relataram à imprensa que ajudavam a facilitar as escapadas extraconjugais dele, no que ficou conhecido como o "Troopergate".

Um incidente específico deixou os Clinton preocupados. Aconteceu na Páscoa de 1994, no meio da noite, quando eles estavam reunidos na comemoração. Helen Dickey, a antiga babá de Chelsea e assistente da Casa Branca, estava em seu quarto no terceiro andar da mansão quando ouviu um barulho vindo dos aposentos da família no andar de baixo. Ao descer para ver o que estava acontecendo, deparou-se com um grupo de homens vestidos de preto portando armas e vasculhando as coisas dos Clinton.

"O que vocês estão fazendo? Vocês não têm autorização para estar aqui", gritou ela.

“Somos do Serviço Secreto e estamos fazendo nosso trabalho. Cai fora”, eles ordenaram.

Ao retornar, Hillary pediu explicações ao diretor Gary Walters. Ele pediu desculpas por ter esquecido de avisá-la que os agentes estavam fazendo uma varredura no segundo andar em busca de dispositivos de escuta. Ela ficou lívida.

Os Clinton gostavam de ficar sozinhos. Em uma entrevista de 1993, Hillary disse que adorava o segundo andar da Casa Branca porque era o único lugar onde o Serviço Secreto não seguia sua família. “Podemos mandar os empregados que trabalham em tempo integral saírem. Não precisamos deles lá em cima. É uma sensação ótima, porque normalmente sempre tem gente em volta, não importa onde estejamos.”

De acordo com a maior parte dos relatos, Chelsea Clinton tratava respeitosamente os funcionários da residência. No entanto, para Ronn Payne, ela assimilou um pouco da animosidade dos pais em relação ao Serviço Secreto. Bem no início do governo Clinton, agentes ficavam posicionados no patamar do segundo andar da escada, ao lado do elevador do presidente. Outro posto ficava no topo da grande escada em frente ao Salão dos Tratados, no segundo andar. (A pedido de Clinton, esses postos foram depois transferidos para o primeiro andar.)

Payne conta que, um dia, estava atravessando a cozinha privada da família no segundo andar quando um agente entrou atrás dele esperando para acompanhar Chelsea até a Sidwell Friends, a escola particular localizada na região noroeste de Washington, onde ela estudava. A jovem estava ao telefone.

“Ih, eu preciso desligar”, disse ela à pessoa com quem estava falando. “Os porcos estão aqui.”

O agente imediatamente “ficou vermelho”, lembra Payne. “Senhorita Clinton, quero lhe dizer uma coisa: meu trabalho é ficar entre você, sua família e uma bala. Entendeu bem?”

“Bem, é assim que minha mãe e meu pai chamam vocês”, ela explicou.

★★★

O porteiro Preston Bruce revelou que teve o pressentimento sinistro de que dois dos assessores mais próximos de Richard Nixon um dia o trairiam. Corria o mês de novembro de 1968. Bruce já estava trabalhando como porteiro na Casa Branca havia quinze anos. Ele soube que algo estranho estava acontecendo quando, três ou quatro dias após a eleição de Nixon, um assessor começou a ir à Casa Branca com frequência. "Ouvi esse sujeito fazendo perguntas muito específicas sobre como as coisas funcionavam", disse Bruce. "Qualquer detalhe, por mais insignificante que fosse, era objeto de sua curiosidade."

O tal sujeito, John Ehrlichman, era consultor jurídico de Nixon e também seu assessor para assuntos internos. Em seus tours pela mansão, era acompanhado pelo diretor executivo J. B. West, a quem dirigia séries intermináveis de perguntas.

Bruce nunca tinha visto nada parecido. "Nós, da equipe de empregados da casa, já sabíamos como garantir o conforto e a segurança das primeiras-famílias – esse era o *nosso* trabalho. O que esse sujeito estava planejando?"

Embora tivesse ficado encantado com o fato de a família Nixon ter se preocupado em aprender os nomes de todos os oitenta funcionários, ele ressentiu-se do modo como Ehrlichman e o futuro chefe de gabinete de Nixon, H. R. "Bob" Haldeman, o tratavam. "Eles precisavam usar o elevador o tempo todo, centenas de vezes. Em todas elas, eles simplesmente diziam secamente 'segundo andar', sem nem mesmo um 'por favor' ou um 'obrigado'. Eles olhavam na minha direção, mas era como se eu não estivesse lá, como se eu fosse invisível."

O contato de Nixon com Bruce era relaxado, permeado de brincadeiras, mas Haldeman fazia tudo para deixar claro que empregados da mansão estavam lá para servir e nada mais. Seu gabinete emitiu um comunicado avisando que qualquer funcionário que pedisse uma foto autografada ao presidente ou a alguém da família seria sumariamente demitido. "Todos nós achamos que foi uma atitude besta", disse Bruce. "Sabíamos muito bem que não devíamos abordar o presidente para fazer pedidos desse tipo."

Haldeman não queria que ninguém ficasse no corredor do lado de fora do Salão de Jantares Oficiais durante as recepções – nem mesmo agentes do Serviço Secreto. Entre os mordomos, já era tradição – e, mais do que isso, um prazer – ficar no corredor ouvindo os brindes feitos nesses eventos.

"Havia algo nesses dois, Haldeman e Ehrlichman, bastava olhar para eles para saber que eles nunca teriam respeito por pessoas como nós", disse o mordomo Herman Thompson.

A maioria dos assessores presidenciais era muito protetora em relação ao presidente e não costumava se envolver em detalhes de como a mansão era administrada. "Haldeman e Ehrlichman eram vistos zanzando por ali até mesmo quando estávamos arrumando as mesas", disse Thompson, balançando a cabeça. "A atitude deles, a forma como eles se apresentavam... era como se eles fossem os chefões de tudo."

Antes de Watergate, os funcionários gostavam de Nixon, apesar de alguns acharem que ele e sua família eram mais formais e fechados que seus antecessores. O *chef* de cozinha Frank Ruta relembra um episódio envolvendo o lavador de panelas Frankie Blair, um afro-americano simpático, que era uma espécie de patrimônio da cozinha. Certa noite, depois de terminado o jantar da primeira-família, Blair estava na cozinha do andar de cima limpando tudo quando o presidente entrou e eles começaram a conversar até que surgiu o assunto boliche – Nixon gostava tanto do esporte que mandou instalar uma pista no subsolo, sob o Pórtico Norte. Um dia, convidou Blair para algumas partidas, e eles acabaram ficando até as duas da madrugada jogando. "É possível que uma garrafa de scotch tenha participado da brincadeira", acrescentou Ruta.

Quando terminaram, Blair voltou-se para o presidente e disse: "Minha mulher nunca irá engolir essa história de que eu demorei para voltar para casa porque estava jogando boliche com você".

"Venha comigo", disse Nixon.

Os dois caminharam até o Salão Oval, onde o presidente escreveu uma mensagem à esposa de Blair pedindo desculpas por segurá-lo até tão tarde.

O assessor Nelson Pierce também tinha lembranças de momentos felizes antes de Watergate destruir a presidência de Nixon. Ao saber que o presidente e a primeira-dama estavam se preparando para viajar para a região de Seattle, onde havia nascido, ele disse à primeira-dama que sentia saudades das montanhas com os cumes cobertos de neve do noroeste do país. Não muito tempo depois, ela o convidou para viajar com eles.

"A secretária do presidente me deu o mapa do voo", recordou-se Pierce. Ele o estudou cuidadosamente, "tentando entender o que eu veria, o que reconheceria. Mas quanto mais nos aproximávamos do estado de Washington, menos coisas eu via". Justamente quando estava tentando se orientar e saber onde estava, "repentinamente fizemos uma curva acentuada à direita e, claro, eu vi o monte Adams, o monte Santa Helena, o monte Baker e o monte Rainier... Eu sabia que alguém tinha pedido aos pilotos para seguir por aquela rota para que eu pudesse ver os montes".

Pierce não voltava à cidade natal desde 1941, quando tinha 16 anos. "Fiquei muito emocionado quando fizemos aquela curva acentuada à direita e percebi o que se passara. Simplesmente caí no choro."

De volta à Casa Branca, Pierce perguntou à primeira-dama se ela havia mandado o piloto seguir aquela rota só por sua causa. "Eu também queria ver as montanhas", ela respondeu.

Os Nixon eram formais com os funcionários, mas eram também bondosos; é essa bondade que tornou tão doloroso acompanhar o lento desenrolar do drama do presidente. O inquérito de Watergate se arrastou por mais de dois anos, e a cada dia que passava o presidente parecia mais exausto. Todas as manhãs, no caminho para o Salão Oval, seus ombros caídos eram expressão contundente da derrota. O eletricista Bill Cliber, que se tornaria eletricista-chefe, lembra que Nixon mantinha em seu primeiro mandato uma rotina rigorosa, acordando cedo para ir para o Salão Oval. Mas, devido a Watergate, ele caiu em profunda depressão; sua rotina "simplesmente desmoronou".

No auge do escândalo, também Pat Nixon e suas duas filhas pareciam estar afogadas em profundo desespero. Com os olhos marejados, a filha Julie perguntou ao porteiro, em busca de uma explicação:

Bill Cliber

"Ah, senhor Bruce. Como eles são capazes de dizer coisas tão terríveis sobre meu pai?". Tricia, a outra filha, me contou que o apoio dos empregados da mansão era um consolo. "Nós tínhamos a sensação de que estávamos rodeados de boas vibrações, como se eles estivessem dizendo que sabiam quem nós éramos de verdade, quem era meu pai, de como nos amavam e que sempre admirariam meu pai." Quem trabalha na mansão, vê "além da política, além das histórias", diz ela. "Vê o que as pessoas são de verdade."

No entanto, insidiosamente a tensão que tomou conta da Casa Branca de Nixon também infectou os funcionários da residência. O presidente pode até ter mandado jogar fora o banho com pressão industrial de Johnson, mas, como também tinha suas próprias excentricidades em relação a banheiros, mandou instalar uma banheira com hidromassagem. "Achar meios de relaxar em geral parecia ocupar boa arte do tempo do presidente na Casa Branca", disse Traphes Bryant. Nixon era consumido por sua própria paranoia em grau tão absoluto – sua famosa "lista de inimigos" políticos é prova disso – que até funcionários da residência se sentiam inseguros. Para muitos funcionários, entre eles o assessor Nelson Pierce, Watergate foi até mais traumático que o assassinato de Kennedy, porque se arrastou por muito tempo. "Você via o homem se deteriorando dia após dia, e não havia nada que pudesse ser feito para ajudá-lo."

Às nove da noite do dia 8 de agosto de 1974, Nixon anunciou sua renúncia. Estava sentado à sua mesa de trabalho no Salão Oval e pediu que só permanecessem no ambiente as pessoas indispensáveis ao serviço, tendo mandado até seu agente do Serviço Secreto sair. "Éramos apenas um cinegrafista, um engenheiro de TV, dois militares e eu. Tínhamos de estar ali presentes para que as imagens e o som fossem adequadamente transmitidos", me contou Cliber à mesa da cozinha de sua casa, em Rockville, Maryland. Ele se lembra de tudo como se tivesse acontecido ontem: "O silêncio naquele salão era total. E quando digo total, quero dizer que era um silêncio meio de filme de terror, horripilante".

Depois que o vencido Nixon encerrou seu pronunciamento por rádio e TV, Cliber saiu do Salão Oval e foi caminhando pelo corredor delimitado pela Colunata. Como Nixon o seguia em silêncio. Cliber parou para deixar o arruinado presidente passar e caminhar à frente dele.

"Para onde você está indo, Bill?", perguntou Nixon, naquele que deve ter sido o dia mais difícil de sua vida.

"Estou voltando para o meu posto na mansão", respondeu um acanhado Cliber.

"Caminhe ao meu lado", disse o presidente.

Os dois então seguiram andando pelo corredor externo margeado pelo Jardim das Rosas. A certa altura, Cliber se deteve, voltou-se para o presidente e disse: "Você deveria estar orgulhoso. Fez um bom trabalho. O melhor que pôde".

"É, eu gostaria que mais pessoas pensassem como você", respondeu Nixon. Seus olhos pareciam marejados, e Cliber teve a impressão de que ele estava fazendo força para não chorar.

"Um dia a conta chegará para eles", concluiu Cliber.

No andar térreo da mansão, eles se separaram, sem nada dizer. Nixon seguiu até o elevador presidencial e Cliber desceu as escadas para o subsolo, onde ficava a oficina dos eletricistas.

Naquela noite, Nixon permaneceu acordado até as duas da madrugada, instalado na Sala Lincoln, sua favorita, dando telefonemas. Do lado de fora, uma multidão gritava palavras de ordem como "Cadeia para o chefão! Cadeia para o chefão!". Depois de muito tempo, foi finalmente deitar-se, mas teve um sono agitado; quando acordou, seu relógio marcava quatro da madrugada. Como não conseguia voltar a dormir, levantou-se e foi até a cozinha para comer alguma coisa e ficou surpreso quando viu o mordomo Johnny Johnson já a postos.

"Johnny, o que você está fazendo aqui tão cedo?"

"Não é cedo, senhor presidente", avisou o funcionário. "São quase seis horas."

Em entrevista que concedeu em 1983, Nixon explicou o que aconteceu. "A bateria (do relógio) tinha acabado, arriado, às quatro horas da madrugada do meu último dia na presidência", disse ele. "Àquela altura eu também estava acabado."

Preston Bruce recorda ter visto Nixon no elevador no seu último dia na Casa Branca. "Senhor presidente, esta é uma passagem da minha vida que eu gostaria que nunca tivesse acontecido", disse-lhe Bruce. No recato do elevador, relembra Bruce, os dois se abraçaram e choraram – da mesma forma que a viúva e o irmão do presidente Kennedy haviam feito com ele depois do assassinato de JFK, mais de uma década antes.

"Considero você um amigo de verdade", disse Nixon a Bruce.

★★★

Ronald Reagan era tão amistoso que, depois de um tempo, quando o viam caminhando pelo corredor central da mansão, arrumadeiras, mordomos e assessores aprenderam a escapar pela primeira porta à vista se não quisessem ficar empatados em conversas intermináveis com ele. A Califórnia, estado que governou por oito anos, era um assunto que ele adorava. Cletus Clark lembra-se das visitas que Reagan fazia quase todas as noites durante o período em que esteve pintando a sala de ginástica do presidente. "Uma vez, ele apareceu e um dos pintores estava andando na sua esteira. Eu fiquei apavorado! Pensei que ele ia nos dar uma tremenda bronca. Que nada! Em vez disso, disse: 'Deixa eu te mostrar como isso funciona', subiu na esteira e começou a caminhar."

Nancy Reagan nem sempre aprovava o costume do marido de bater papo com os funcionários. "Ela o mantinha na linha, para que se conduzisse do jeito que ela achava certo", afirma Clark. "Ela não queria que ele se relacionasse com os serviçais."

Às 14h25 de 30 de março de 1981, 69 dias depois da posse, Reagan foi alvo de seis disparos de revólver efetuados por John Hinckley Jr. após um discurso no hotel Washington Hilton. A tentativa de assassinato abalou a equipe de funcionários, que ainda estava começando a conhecer o simpático presidente.

No dia do atentado, Clark estava no Solário. Nancy Reagan, seu decorador de interiores, Ted Graber, e o mordomo-chefe Rex Stouten estavam por ali. "Nunca vou me esquecer", relembrou Clark. "Alguém apareceu e sussurrou algo para eles, que imediatamente saíram. Eu ainda estava lá em cima, tentando misturar tintas para chegar à cor que combinasse com a de algum tecido."

No dia seguinte, enquanto o marido se recuperava no hospital, Nancy Reagan sofreu uma contusão. Quando voltou para casa, ela havia ido ao salão de jogos no terceiro andar, um espaço aconchegante, com uma mesa de sinuca, a fim de pegar a foto favorita do marido para levar para ele no hospital e fazer uma surpresa. Com um carro esperando por ela, a primeira-dama subiu em uma cadeira para alcançar a foto e acabou caindo, quebrando algumas costelas. Apenas poucas pessoas da equipe de funcionários da mansão souberam desse acidente; a primeira-dama nunca o comentou publicamente e só agora os funcionários falam sobre ele pela primeira vez.

Embora não se lembre do incidente, Ron, o filho dos Reagan, não ficou surpreso ao ouvir a história, mesmo décadas mais tarde. "Ela estava inteiramente dedicada a ele naquele momento e jamais permitiria que algumas costelas quebradas a fizessem perder o foco."

Naquele momento, Nancy Reagan mostrou a mesma grande resiliência sob pressão que os empregados da mansão demonstravam diariamente.

CAPÍTULO VI

Sacrifício

Naquele primeiro dia, achei que o escritório do mordomo-chefe era nada menos que um hospício de quatro por quatro metros. Durante todo o dia, havia gente entrando e saindo da sala, telefones tocando incessantemente e a campainha soando sem parar.

J. B. West, assessor e mordomo-chefe, 1941–1969, *Upstairs at the White House: My Life with the First Ladies*

O assessor Nelson Pierce vivia com a esposa Caroline em uma bonita casa em estilo colonial em Arlington, na Virgína, a cerca de 6,5 quilômetros da Casa Branca. Antes de ele morrer, em 27 de novembro de 2014, os dois costumavam ficar no terraço sentados no sofá de balanço para duas pessoas. Durante uma entrevista, quando lhe perguntei há quanto tempo estavam casados, ele voltou-se para a mulher e pediu que o ajudasse a fazer as contas. Ela não pareceu se incomodar com o momentâneo lapso de memória do marido; na verdade, dava a impressão de estar habituada a ter um papel de comando na relação. Devido ao estafante regime de trabalho dele, Caroline passou boa parte dos 63 anos de casamento cuidando dos quatro filhos – dois meninos e duas meninas – praticamente sozinha.

Mas Pierce lembra exatamente a data em que começou a trabalhar na mansão: 16 de outubro de 1961. Ao longo de suas mais de duas décadas na Casa Branca, suas jornadas de trabalho eram tão longas e imprevisíveis que sua esposa achava "estranho" quando ele ficava em casa. Os turnos dos assessores mudavam tanto que os Pierce mantinham um calendário sobre a mesa perto do telefone para que Caroline consultasse quando queria saber se ele estava trabalhando. Ela conta que seus filhos "viveram a Casa Branca". Não foram poucas as vezes que teve de repetir frases como "'Não podemos fazer isso porque o papai precisa trabalhar. Não podemos ir hoje porque ele tem de trabalhar'. Nossa vida girava em torno da Casa Branca". Ela brincava com ele porque os amigos dos filhos não conseguiam entender exatamente o que Nelson fazia; devido ao título do seu cargo[6] todos achavam que ele trabalhava em um cinema. Isso o deixava bem chateado.

Pierce levou consigo por toda a vida a honra do privilégio de trabalhar na Casa Branca. Um dia, Steve Bull, um assessor de Richard Nixon, estava saindo da Ala Oeste quando cruzou com Pierce, que subia as escadas para iniciar seu turno. Bull tirou sarro dele por já estar com seu crachá de identificação da Casa Branca pendurado no pescoço quando ainda se encontrava no pátio do estacionamento, portanto bem antes de efetivamente precisar mostrá-lo. Então Pierce respondeu com seriedade: "Existem 210 milhões de pessoas neste país. Quantas têm o privilégio de usar este crachá?".

Bull fez uma pausa e respondeu: "Nunca tinha pensado nisso".

Em todos os seus anos de Casa Branca, o período em que seu casamento mais sofreu foi durante o governo de Lyndon B. Johnson, cujos horários eram totalmente incomuns. Verdadeira criatura noturna, Johnson frequentemente jantava depois das dez da noite, dormia por algumas poucas horas e acordava às quatro da manhã. (O carpinteiro Isaac Avery, que começou na Casa Branca em 1930, nunca tinha visto nada parecido. "Os Kennedy pareciam estar sempre em ritmo acelerado", disse. "O presidente Johnson parecia estar sempre em uma corrida.")

6. A palavra "usher", "assessor" em inglês, também quer dizer lanterninha de cinema ou teatro. (N. T.)

Lynda, filha de Johnson, lembra que o pai tinha um "turno de trabalho de dois dias". Ela conta que ele "acordava de manhã para trabalhar, e, mais ou menos às duas ou três da tarde, ou na hora em que conseguia fazer uma pausa, fazia uma parada para almoçar. A seguir, ia para seu quarto, vestia o pijama e dormia por meia ou uma hora. Feito isso, começava então seu segundo dia".

Os funcionários da mansão adaptavam seus horários de forma a ajustar-se às necessidades de Johnson. Eles trabalhavam em turnos: arrumadeiras, assessores, mordomos e cozinheiros entravam às sete ou oito da manhã e trabalhavam até as quatro ou cinco da tarde, sendo substituídos pela turma que entrava depois do almoço e ia até tarde da noite ou início da manhã.

Todas as noites, um dos oficiais da Marinha que davam expediente na mansão ia aos aposentos pessoais do presidente para fazer-lhe uma massagem. Quando estava no turno da noite, Pierce costumava esperar no andar de baixo até que o militar descesse e lhe dissesse que o presidente já tinha ido dormir e que, portanto, ele poderia ir embora. Não raro, lembra Pierce, o presidente dormia na mesa, e o oficial tinha de esperar até que ele acordasse para poder terminar a massagem.

"O horário de saída variava: às vezes era às três, às vezes às quatro e até mesmo cinco da manhã", contou Pierce, sem qualquer sinal de ressentimento na voz.

Johnson não foi o único presidente cuja jornada de trabalho invadia a noite. Pierce se recorda de festas dadas pelos Kennedy que entravam madrugada adentro, a ponto de ele ligar para a esposa para pedir que o filho mais velho o esperasse e não saísse para o trabalho (entregar em domicílio o jornal *Washington Post* ao longo de um roteiro de dez quilômetros) sem ele. Então Pierce voltava correndo para casa a fim de fazerem o percurso juntos, em seu carro. Em dias assim, esse era o único momento em que conseguia estar com o filho.

★★★

Até os assessores graduados da Ala Oeste ficam impressionados com a carga de trabalho dos assessores. A ex-secretária pessoal de Obama, Katie Johnson, ficou estupefata com a eficiência demonstrada na organização de uma festinha de última hora em homenagem à equipe que trabalhou no Obamacare – o histórico projeto de lei do presidente Obama que regulamentou e assegurou o acesso aos serviços de saúde pela população que não tinha um seguro-saúde –, na noite em que foi aprovado pelo Congresso, em 21 de março de 2010.

"Nós só saberíamos se o projeto seria aprovado depois das quatro da tarde e, claro, a lista de pessoas que trabalharam nele era muito maior do que tinha sido originalmente previsto. Às quatro e meia, lá estou eu ligando para a mansão para comunicar que precisávamos de comida e bebida para cem pessoas às oito da noite", relembrou ela, que estava preparada para ouvir todo tipo de senões. "Ok. Moleza. A gente cuida disso", foi a resposta que ouviu. Em poucas horas conseguiram ajeitar tudo para que os funcionários da Ala Oeste tivessem uma noite memorável, bebendo champanhe no terraço Truman.

Foi a única vez que o ex-porta-voz de Obama, Reid Cherlin, pôs os pés na área privativa da primeira-família. (Os Obama são particularmente reservados e só alguns poucos amigos, entre eles Valerie Jarrett, são vistos com frequência no andar de cima.) Cherlin contou que a lembrança do episódio "estava vívida porque sabia que nunca mais poderia ir lá de novo".

Na mesma ocasião, entre goles de champanhe, o redator de discursos Adam Frankel perguntou a Reggie Love se poderia dar uma olhada na Sala Lincoln. Não demorou muito para que todos quisessem participar do improvisado tour sem guia.

"Fiquem à vontade para caminhar pela casa", disse o presidente à festiva turma.

Não foi preciso dizer mais nada. "Todo mundo, do topo à base da hierarquia, ficou ali, entrando e saindo de quartos e salas do segundo andar. Todos estavam com um imenso sorriso no rosto", lembra Cherlin. "O presidente estava de bom humor."

"Nossa sorte é que a Michelle não está. Se estivesse, nenhum de vocês poderia estar aqui em cima", disse Obama. Apontando para uma cópia do discurso de Gettysburg, um dos mais famosos de Abraham Lincoln, exposto na suíte que leva seu nome, o presidente, que se orgulha de sua própria caligrafia, disse aos jovens assessores que a de Lincoln era maravilhosa, realmente admirável.

Político às vezes visto como retraído, Obama frequentemente fala sobre a Casa Branca como se estivese enfeitiçado, como se fosse um garoto. Uma dessas ocasiões se deu pouco depois da posse, quando Frankel trouxe um novo redator de discursos ao Salão Oval.

"É a primeira vez que você vem aqui?", perguntou o presidente.

"Sim, senhor", respondeu o colega de Frankel.

"Legal, né?"

★★★

O *chef* de cozinha Walter Scheib afirma que, para ele, trabalhar na Casa Branca é motivo de orgulho, mesmo que parecesse uma prisão. "Você trabalha todos os dias para as mesmas pessoas, você não tem vida social nem vida familiar, e os turnos são pesados – costumávamos chamar, de brincadeira, de 'jornada Casa Branca flex': você pode escolher em quais 85 horas da semana vai dar duro. Você perde família, vida social, vida pessoal e, em muitos casos, vida profissional, porque entra dia, sai dia, você trabalha com o mesmo grupo de pessoas. Por isso, é preciso sempre achar um jeito de se manter animado, renovado."

Muitos dos mordomos que entrevistei eram divorciados, em parte por causa do trabalho. Um deles, James Ramsey, garante que nunca foi tão feliz quanto depois de se divorciar, em 1995, mesmo tendo perdido a casa e o carro no processo. "Minha vida agora? Vou aonde quero, volto na hora que quero, faço o que quero e não tem ninguém me dizendo o que devo fazer. Adoro minha vida." Não ter ninguém a quem dar satisfação pode ser útil quando os horários de trabalho são tão imprevisíveis. Ramsey às vezes saía de casa às cinco ou seis da manhã e, quando havia um jantar oficial, só voltava às duas da manhã seguinte.

O mordomo James Hall (apelidado "Big Man" por Nancy Reagan) começou a trabalhar na Casa Branca em 1963 e se divorciou nove anos depois. Era chamado para trabalhar em jantares oficiais e ajudar os mordomos do quadro fixo quando era preciso completar a equipe. Com um emprego em período integral como técnico bibliotecário no National Archives, o museu que abriga documentos públicos históricos dos Estados Unidos, ele normalmente era convocado de última hora.

Hall morreu mais ou menos na mesma época que seu amigo James Ramsey. Eu o entrevistei em seu apartamento, muito limpinho, em um asilo para aposentados em Suitland, Maryland; um dos quartos de dormir era usado como uma espécie de altar celebratório de sua carreira. Entre os objetos havia cartas do mordomo-chefe Rex Scouten agradecendo por seu trabalho em um jantar em homenagem a veteranos da guerra do Vietnã e por seus serviços na festa de casamento de Tricia Nixon. As cartas estavam penduradas ao lado de uma mensagem de pêsames do presidente Clinton por ocasião da morte de seu pai, em 1995.

Hall não guardava ressentimentos em relação ao seu divórcio nem ao fato de ter tantas vezes trabalhado até tarde da noite na Casa Branca. Sorrindo vaidosamente, recordou os dias, durante o governo Nixon, em que os mordomos vestiam coletes brancos e casaca: "Eles nos fizeram trocar os coletes brancos por pretos porque achavam que 'estávamos mais finos que os convidados'".

É claro que não foram todos os funcionários que tiveram seus casamentos prejudicados pelo trabalho na Casa Branca. Na verdade, ao contrário: alguns casamentos entre eles nasceram lá mesmo. O da governanta-chefe Christine Crans é um exemplo: depois de muito flerte, ela conseguiu achar tempo para se apaixonar pelo engenheiro Robert Limerick, em 1980. Os dois se conheceram quando Christine estava tirando as medidas dele para mandar fazer seu uniforme. O chefe de Christine vivia a provocá-los, até que, um dia, finalmente, relembra ela, os dois decidiram: "Certo, certo. Vamos sair só para deixá-lo contente". Menos de um ano depois, estavam casados.

A primeira-dama Nancy Reagan ficou empolgadíssima quando Christine lhe deu a notícia de que estava noiva. E aliviada também.

"Acho que ela estava preocupada que eu estivesse definitivamente encalhada", revelou a ex-governanta-chefe, rindo. Sua antecessora no cargo tinha se casado com o *chef* confeiteiro e, desde então, corria a "piada de que as pessoas só queriam ser governantas da residência para encontrar um marido". Na pequena cerimônia de casamento em Deale, Maryland, quarenta dos 65 convidados eram funcionários da Casa Branca acompanhados dos cônjuges, entre eles Gary Walters e Rex Scouten.

No entanto, também para eles os horários e escalas de trabalho eram um problema. Na época dos Clinton, Christine teve de trabalhar em todos os Natais. Acabaram concluindo que seria melhor se Robert deixasse o emprego na Casa Branca devido às extenuantes jornadas. Além da dificuldade de combinar os horários, os Limerick tampouco podiam conversar sobre as coisas incríveis que viam e ouviam no emprego, mesmo os dois trabalhando no mesmo lugar. Christine faz questão de ressaltar: "Nem sempre a gente contava em casa o que tinha visto".

★★★

O assessor Skip Allen, que trabalhou na residência de 1979 a 2004, conheceu um colega que chegou a dar a própria vida pelo trabalho; Frederick "Freddie" Mayfield entrou para a equipe de limpeza e manutenção em 1962 com as funções de passar aspirador e deslocar móveis pesados quando necessário. Tempos depois foi promovido a porteiro e acabou se tornando uma espécie de entidade, com seu cabelo cor de prata, sua gravata branca, sua casaca preta – para muitos, ele portava a mesma dignidade discreta de seu colega Preston Bruce. Como este, à noite ele ficava postado perto do elevador, esperando o presidente chegar para subi-lo para a ala privada da mansão. "Ele tinha o maior de todos os sorrisos", disse Luci Baines Johnson. "Para Freddie Mayfield, todo dia era Natal."

Um dia, ele confidenciou a Allen que seu médico lhe anunciara que precisava fazer uma operação de ponte de safena – imediatamente. Mayfield disse: "Eu sei que preciso fazer isso, e o médico insistiu que preciso fazer já, mas vou esperar até depois da próxima viagem do presidente". Quando essa viagem chegou, já era tarde demais. Mayfield tivera um ataque cardíaco a caminho do trabalho e morrera. Tinha 58 anos. "Ele acabou nunca se submetendo à cirurgia porque vivia repetindo: 'O presidente precisa de mim agora. Vou esperar até a próxima viagem e só então vou para o hospital e me interno'. Mas ele nunca conseguiu realizar o plano." Não que ele achasse que era a única pessoa capaz de dar conta do recado. Nas palavras de Allen, "é o orgulho e senso de responsabilidade da função. É o espírito do 'quero dar o melhor de mim para o presidente' que os leva a fazer de tudo para cumprir sua missão".

Nancy Reagan compareceu ao funeral de Mayfield em 17 de maio de 1984. Ela sentiu tanto a perda que disse à época: "Sem ele por aqui tenho a sensação de que as coisas estão erradas". O mordomo Herman Thompson lembra-se de que ficou comovido ao vê-la entre os presentes. "Achei um gesto muito respeitoso." Décadas depois, ela revelou ter ficado "muito chocada e triste" quando recebeu a notícia por telefone. Naquele momento, soube intimamente que "as coisas não seriam as mesmas sem seu rosto sorridente no elevador".

O convívio entre os funcionários lembra o de uma família. Muitos jogavam golfe juntos durante a época de Freddie Mayfield e, todas as sextas à noite, um grupo deles se reunia na pequena pista de boliche do edifício governamental Eisenhower para jogar contra agentes do Serviço Secreto e policiais. Ao ouvir mencionado o nome do seu velho amigo Freddie, o rosto da esposa de Nelson Pierce, Caroline, se iluminou: "Ele gostava de pescoço de peru. Em todos os Dias de Ação de Graças eu deixava separado o pescoço do peru para mandar para o Freddie".

O espírito de camaradagem permanece até hoje. Quando alguém da equipe tem uma morte na família ou está com dificuldades para pagar despesas médicas, os colegas se cotizam e, para ajudar, deixam suas contribuições em dinheiro em um jarro que fica na copa dos mordomos, no primeiro andar.

"Naqueles dias em que você não está legal, nada dando certo, sempre aparecia na sua frente um mordomo para lhe dar um alô e acabava fazendo você rir", recordou-se a assessora Nancy Mitchell. "Sempre aparecia alguém para ajudar a levantar seu astral."

O mordomo James Jeffries pertence a uma extensa linhagem de servidores da Casa Branca; mais precisamente, nove parentes dele trabalharam lá. O irmão de sua mãe, Charles Ficklin, foi *maître*, e outro tio, John Ficklin, foi mordomo e acabou se tornando *maître* também.

Com lágrimas nos olhos, Jeffries recorda que, quando sua mãe morreu, em 2012, "praticamente todo mundo compareceu ao enterro, exceto o presidente". Ela nunca trabalhara na Casa Branca, mas mesmo assim os mordomos Buddy Carter e James Ramsey e o chefe da despensa Bill Hamilton estiveram lá para dar um abraço na família Ficklin. Além disso, mesmo sem serem ricos, colegas contribuíram com quase quatrocentos dólares que seriam doados a instituições ou projetos assistenciais em nome da falecida. Mas Jeffries ficou ainda mais surpreso quando a mesma coisa aconteceu após a morte de um de seus tios. "Meu tio não trabalhava na Casa Branca. Mas era um Ficklin. Tinha morrido lá para os lados de Amissville, Virgínia. Estava tudo andando, o funeral acontecendo, e de repente ouço a porta da igreja se abrir e o senhor West, assessores e várias outras pessoas da Casa Branca entrarem. Acho que traziam uma carta do presidente que alguém leu na igreja." Jeffries fez uma pausa antes de prosseguir. "Comecei a chorar porque me senti muito bem por perceber que, ao virem para o funeral, as pessoas davam uma mostra de grande consideração por nós."

Jeffries ainda trabalha na Casa Branca como mordomo dois dias por semana e garante que só vai se aposentar "quando minhas pernas não quiserem mais me levar". Ao chegar à Casa Branca, a primeira coisa que faz é checar o quadro de avisos da copa, onde está especificada sua função para aquele dia; pode ser tanto atender na copa do primeiro andar como ser o barman ou ainda recolher copos usados com uma bandeja. Ele próprio diz que prefere preparar drinques ou ficar limpando pratos lá dentro, porque carregar bandejas cheias de copos é um fardo pesado para um homem de mais de setenta anos com artrite. Contou também que, pouco tempo atrás, seu gerente lhe perguntou se estava tudo bem com ele, já que o vira perder o fôlego quando estava transitando às pressas entre a copa dos mordomos e o Salão Leste carregando duas bandejas. Mas ele não dá importância a essas preocupações – "não quero reclamar". Além disso, atualmente seus colegas o poupam de ter de fazer muito trabalho pesado, da mesma forma que ele fizera com os mordomos mais velhos quando, em 1959, começou no emprego.

"Lembro de uma época em que os mordomos eram tão velhos que, quando carregavam uma bandeja cheia de copos, a gente podia ouvir o vidro tilintando, porque eles não tinham força suficiente nos braços", disse ele. "Então eu corria e tirava a bandeja das mãos do sujeito e tomava seu lugar, de forma que ele pudesse ir lá para dentro fazer outro serviço."

Muitas vezes mordomos deixam marcas profundas na primeira-família e em seus assessores. Desirée Rogers lembra bem da perda do mordomo Smile "Smiley" Saint-Aubin, que faleceu subitamente em 2009. Ela classifica o episódio como "um dos mais comoventes de toda minha passagem – e da nossa equipe inteira – por lá". Com tom de quem parecia estar falando do falecimento de um membro da própria família, ela disse que os Obama realizaram uma cerimônia em sua homenagem, com sua família presente, dentro da Casa Branca.

"Era simplesmente um homem incrivelmente gracioso que fazia muito bem seu serviço. É por isso que o chamavam 'Smiley' – sempre alegre, sempre pronto para servir e sempre pronto para ajudar, fosse em alguma coisa que nosso gabinete precisava ou que seus colegas precisavam", disse ela. "Acho que para todos nós foi uma perda imensa ainda no início, em um momento em que estávamos todos tentando entender e aprender como as coisas funcionavam. Foi um período bem duro."

★ ★ ★

Os sacrifícios dos funcionários não deixam de ser reconhecidos. Charles Allen, filho do mordomo e *maître* Eugene Allen, lembra-se de uma história que seu pai lhe contou uma vez que ilustra bem a dedicação mútua que une a primeira-família à equipe de empregados que a serve. Lady Bird Johnson estava muito preocupada com o estado de saúde da mulher de um mordomo que tinha câncer e vivia a pressioná-lo para que seguisse o tratamento. Em certa ocasião, como não gostou da resposta dele, ligou para dois dos mais prestigiados oncologistas dos Estados Unidos. Naquela mesma tarde, eles pegaram um voo em Nova York e desembarcaram no aeroporto Washington National para ver a esposa do mordomo.

O eletricista Bill Cliber lembra de uma demonstração similar de amor e respeito: foi quando seu filho nasceu e ele foi, logo depois, abordado por agentes do Serviço Secreto.

"Onde está a sua esposa?", perguntaram.

"No hospital Washington Adventist, em Takoma Park", ele respondeu. "Por quê?"

Disseram então que a primeira-dama Lady Bird estava pensando em lhe enviar flores. Cliber fez uma pausa em seu relato e, mesmo tantos anos passados, seus olhos se encheram de lágrimas. "A primeira-dama arranjou flores, levou para o hospital e deu para minha esposa." Enquanto ele contava a história, sua esposa, Bea, permanecia calada ao seu lado. Quando lhe pedi que desse mais detalhes do episódio, ela apenas balançou a cabeça, indicando que desejava guardar para si a lembrança.

No dia seguinte, quando Cliber encontrou com Lady Bird para agradecer, ela respondeu que foi a coisa mais fácil que teve de fazer como primeira-dama.

CAPÍTULO VII

Questões de raça

Qualquer americano que entende a complexa história deste país sente. Fica ainda mais claro quando você olha os quadros que registram como este prédio foi construído, e percebe que muitos dos escravos que o ergueram estavam proibidos de entrar nele. Algumas dessas pessoas podem ter sido meus ancestrais e há uma força e um significado profundos no fato de que somos a primeira-família afro-americana da história a morar nesta mansão.

Primeira-dama Michelle Obama

A histórica eleição do presidente Obama em 2008 foi um ponto de inflexão decisivo na história dos Estados Unidos e, para muitos, constituiu o ponto mais alto do movimento pelos direitos civis. Não muito mais que quarenta anos antes, a discriminação contra os negros era legal, conforme definido no conjunto de leis vigentes no sul do país conhecidas como Leis de Jim Crow, e, voltando mais cem anos no tempo, da Casa Branca se podiam ver escravos presos em jaulas sendo vendidos logo ali, na Lafayette Square. Hoje, a primeira-família afro-americana a ocupar a mansão é servida por uma equipe de mordomos formada majoritariamente por negros.

Nos primeiros dias depois de chegarem, os Obama se mostravam circunspectos quando estavam perto dos empregados. Para alguns observadores, talvez não se sentissem inteiramente à vontade com o fato de haver mordomos para servi-los. É claro que o primeiro casal tem plena consciência de sua posição singular na história. Obama não é apenas o primeiro negro a ser eleito presidente, como também é "casado com uma negra americana que traz nas veias sangue de escravos e de donos de escravos", como lembrou ele em um alardeado discurso durante a campanha das primárias, em 2008. O tataravô de Michelle, Jim Robinson, era escravo; seu bisavô, Fraser Robinson, era analfabeto quando adolescente e só aprendeu a ler mais tarde. Na realidade, alguns parentes da senhora Obama tinham empregos muito parecidos com os dos funcionários da mansão – entre eles o avô por parte de mãe, Purnell Shields, que era uma espécie de faz-tudo em Chicago, e uma tia, que era empregada doméstica.

Desde sua eleição, o presidente em boa medida evitou se enredar em discussões sobre relações raciais, e seus assessores pouco tinham a dizer sobre as relações entre os funcionários da mansão e a primeira-família. No entanto, Stephen Rochon, que, em 2011, se aposentou como o primeiro diretor executivo negro, afirma que percebia que havia um tipo especial de entendimento entre os funcionários afro-americanos e os Obama "porque eles vinham da mesma cultura". Mencionou ainda a "sensação de orgulho" entre os funcionários, "por este país ter avançado tanto a ponto de ter um presidente negro".

Para Desirée Rogers – atualmente CEO da Johnson Publishing, que publica as revistas *Jet* e *Ebony* –, ser a primeira chefe de cerimonial negra – e desta primeira-família especificamente – teve um significado único. "No dia da posse, o que mais mexeu comigo é que eu olhava para todos aqueles senhores preparando a chegada do primeiro presidente negro do país, e simplesmente não conseguia deixar de ficar comovida com eles. Para ser honesta, me lembravam meu avô, que obviamente era um dos pilares da nossa família." Desirée afirma que gostaria muito que ele estivesse lá para ver.

Ela com frequência ouviu os mordomos dizerem que nunca imaginaram que um dia serviriam a um presidente negro. É possível até que se esforçassem ainda mais que de hábito. "Dava para ver o orgulho que sentiam ao preparar tudo para a entrada desta primeira-família na casa. Foi muito emocionante para mim, quando estávamos em meio aos preparativos, ver esses senhores cuidando da arrumação diligentemente para que tudo estivesse perfeito quando eles chegassem do desfile."

Lonnie Bunch, diretor-fundador do Museu Nacional de História e Cultura Afro-Americana do Instituto Smithsonian, e membro do Comitê para a Preservação da Casa Branca, afirmou que ficaria surpreso se Michelle Obama nunca conversasse com os funcionários afro-americanos da Casa Branca a respeito de suas origens e histórias em comum. Todavia, ele se apressa em enfatizar que a raça dos Obama em si não significa necessariamente que suas relações com os funcionários negros é mais estreita ou mais pessoal do que a de seus antecessores. "Mas há sim evidentes entendimento e valorização do que esses homens e essas mulheres representam", disse ele. "Acho que há um sentimento, mencionado pela própria Michelle, de que ela própria, ou algum familiar seu, poderia estar no lugar dessas pessoas."

O supervisor de operações Tony Savoy, que se aposentou em 2013, insiste que a chegada de Obama à Casa Branca não afetou como ele realizava seu trabalho. "Vou dar o melhor de mim à pessoa, tudo que conseguir, independentemente de quem for", disse. "Eu não poderia fazer por ele mais do que faria por uma mulher presidente ou outro presidente branco. Não faria diferença nenhuma. Fosse quem fosse, daria cento e dez por cento de mim, em qualquer circunstância."

★★★

As duas vitórias eleitorais de Obama ganham relevância especial se lembrarmos do problemático histórico da Casa Branca em relação à escravidão. Na Washington do século XIX, o comércio de escravos era um negócio próspero, ainda que houvesse na cidade muitos negros libertos: segundo o censo, na época da Guerra Civil viviam em Washington 9.029 negros livres e 1.774 escravos. Quase um século antes, em 1792, quando teve início a construção da residência oficial da presidência, a nova capital do país era não mais que um pântano – cuja área antes fizera parte dos estados escravocratas de Maryland e Virgínia – distante das principais cidades do leste do país. Em novembro de 1800, quando John Adams mudou-se para a residência, um terço da população de Washington era negra, do qual a maioria eram escravos. Afro-americanos – livres e escravos – ajudaram a construir boa parte da capital do país, cortando e moldando as pedras usadas nas colunas e paredes da Casa Branca e do Capitólio. Esses trabalhadores eram arrendados por seus senhores para trabalhar em pedreiras do governo, em Aquia, Virgínia, recebiam como pagamento apenas comida (carne de porco e pão) e bebida (porções diárias de meio litro de uísque cada). Pouco se sabe sobre eles além de uma lista de nomes de batismo – "Jerry", "Charles", "Bill" – constantes em arquivos do governo.

É difícil imaginar como era a área externa da Casa Branca durante sua edificação. Uma espécie de fábrica de pedras para construção foi erguida no lado nordeste da mansão com dezenas de galpões contendo mesas de corte. Perto das novas paredes da casa, havia dois grandes guindastes com pés em forma de tripé para içar blocos de pedra e posicioná-los no ponto certo. Os guindastes continham imensas roldanas, algumas das quais ficavam a mais de quinze metros de altura, que se destacavam sobre o terreno da obra. Apesar da grandiosidade de sua arquitetura – provavelmente foi a maior casa dos Estados Unidos até pouco depois da Guerra Civil – a Casa Branca permaneceu em um lugar relativamente grosseiro para se viver por várias décadas depois de assentada a primeira pedra.

Já a partir da inauguração, todos os presidentes sulistas até 1860 – entre eles Thomas Jefferson, James Madison e Andrew Jackson – levaram escravos para trabalhar lá. Em 1830, durante o governo Jackson, o censo dos Estados Unidos apurou que viviam no local catorze escravos, dos quais cinco tinham menos de 10 anos. "No fundo, você vai encontrar impressões digitais de afro-americanos na

Casa Branca desde praticamente sua concepção", defende Lonnie Bunch. Devido ao fato de que os próprios presidentes pagavam o salário dos funcionários da mansão, os primeiros governantes do país tinham bem menos pessoas a servi-los; Jefferson, por exemplo, tinha cerca de uma dúzia de empregados. Destes, apenas três eram brancos; o resto eram escravos afro-americanos de Monticello, a residência de Jefferson na Virgínia.

Muitos dos presidentes sulistas tentavam cortar os custos substituindo funcionários brancos assalariados e negros livres por escravos de sua propriedade. O presidente James Madison também usava escravos de sua casa, em Montpelier. Seu camareiro, um escravo chamado Paul Jennings, acabou conseguindo comprar sua liberdade e veio depois a escrever o primeiro livro de memórias sobre a vida na residência oficial.

Com a intenção de economizar quando se mudou para a Casa Branca, o presidente Andrew Jackson, um senhor de escravos do Tennessee, substituiu vários empregados brancos por escravos que trouxe de casa. Os escravos que tinham contato com o público vestiam rebuscados casacos azuis com botões dourados e calções na altura dos joelhos na cor amarela ou branca. A maioria deles se alojava em dormitórios lotados no porão ou no sótão mal iluminado e com telhado íngreme. Os quartos do porão ficavam ao lado de uma cozinha com doze metros de comprimento e lareiras gigantes. Durante a primeira metade do século XIX, empregados assalariados e escravos dormiam em catres e colchões desgastados.

Quando Zachary Taylor assumiu, em março de 1849, já eram intensos no norte do país os protestos contra a escravidão. Mesmo assim, a fim de economizar, ele complementou o quadro de quatro funcionários com cerca de quinze escravos, entre eles algumas crianças, que mandou trazer de sua cidade natal, na Louisiana. No entanto, estes eram mantidos escondidos, por medo da reação popular. A escravidão foi finalmente abolida na capital do país em 1862.

As funções dos funcionários da mansão foram mudando gradualmente. Em 1835, o jardineiro principal era a única pessoa com cargo de chefia na Casa Branca registrada no quadro de funcionários federais. O cargo oficial de "administrador" foi criado pelo Congresso em 1866, quando o presidente Andrew Johnson contratou William Slade, um afro-americano que havia sido mensageiro pessoal do presidente Abraham Lincoln; ele tornou-se o primeiro gerente oficial da mansão. As responsabilidades do cargo são em muitos aspectos similares às do diretor executivo dos dias de hoje: comandar todos os funcionários da casa e supervisionar todos os eventos públicos e privados. Por ser responsável por tudo da mansão que pertencesse ao governo, Slade foi contratado por 30 mil dólares, uma soma astronômica no século XIX. Seu pequeno escritório ficava entre duas cozinhas no subsolo; nele havia guarda-louças, cheios de prataria e porcelana, e grandes baús de couro contendo louças, travessas e bandejas da época de James Monroe e Andrew Jackson que ainda eram usadas em jantares depois da Guerra Civil. O próprio Slade ficava com as chaves dos baús e conferia peça a peça à medida que era lavada e guardada depois dos jantares formais. A Casa Branca só voltaria a ter outro diretor afro-americano quando o almirante Stephen Rochon assumiu o posto em 2007.

Mais de um século depois de o presidente Jefferson ter cortado gastos ao substituir empregados brancos por escravos negros, Franklin D. Roosevelt trouxe de Hyde Park a governanta branca Henrietta Nesbitt para ajudar a controlar os gastos exagerados da primeira-família. Não muito tempo depois da posse, Henrietta ajudou a primeira-dama a reorganizar a equipe de funcionários da mansão. Eleanor Roosevelt tomou a decisão de demitir todos os funcionários brancos (com exceção da própria Henrietta, claro) e manter apenas os negros. No entanto, em vista de seu histórico extraordinário de luta na defesa dos direitos civis, suas razões não deixam de ser surpreendentes: "A senhora Roosevelt e eu concordamos", escreveu Henrietta em suas memórias, "que um quadro de empregados de uma só cor funciona melhor, mais harmoniosamente, e garante um funcionamento mais tranquilo".

Antes dessa demissão dos funcionários brancos, trabalhadores negros e brancos comiam em refeitórios separados. De acordo com Alonzo Fields, um mordomo afro-americano da época, quando os funcionários negros acompanhavam o presidente Roosevelt nas estadas em sua casa em Hyde Park, Nova York, eram proibidos de comer na sala de jantar dos empregados. Em vez disso, mandavam-nos comer na cozinha. Fields escreveu em suas memórias que, devido a essa prática, "eu tinha minhas dúvidas se a Casa Branca era mesmo um exemplo para o resto do país".

★★★

Com o passar das décadas, funcionários afro-americanos passaram a tirar proveito cada vez maior do prestígio de seus cargos. É verdade que eram serviçais, mas eram serviçais na mais importante casa do país. Um deles era Lynwood Westray, que começou sua carreira de 32 anos como mordomo de meio período em 1962. Nascido e criado em Washington, ele lembra de, em 1939, ganhar apenas seis dólares por semana como atendente em uma mercearia. Agora, aos 93, sentado em seu bangalô de três dormitórios localizado na região nordeste de Washington – pelo qual ele pagou 13.900 dólares em 1995, pouco depois de se casar com a esposa, Kay – ele recorda seus tempos de Casa Branca. Lá fora, veículos trafegam em alta velocidade pela pista de quatro faixas. ("As pessoas estão loucas hoje em dia; elas não hesitam em te fechar e jogar para fora da estrada!") No hall de entrada da casa, veem-se lado a lado retratos emoldurados de Abraham Lincoln e Barack Obama; sobre uma mesa de canto, uma boneca com as feições de Michelle Obama; na sala de jantar, dois cartões de Natal emoldurados, dos Johnson e dos Carter.

Westray fazia parte da Private Butlers Incorporated, um grupo de mordomos negros da Casa Branca que se ajudava mutuamente a achar oportunidades de trabalho em outras casas nas noites em que não estavam escalados para servir "na Casa". Estavam aproveitando uma demanda cada vez maior, afirmou Westray. Pessoas do governo frequentemente ligavam para o *maître* da Casa Branca pedindo indicações de mordomos que pudessem trabalhar em suas festas;

dessa maneira poderiam contar com serviços de primeiríssima linha (e também se gabar disso) em eventos particulares. Assim, quando não estava em seu emprego regular de período integral no correio (onde começou como atendente e foi sendo promovido até chegar a encarregado) nem na Casa Branca, Westray trabalhava para congressistas, embaixadores e outros poderosos de Washington em jantares e recepções na zona de Georgetown. "Eles adoravam. Costumavam nos apresentar não como Sam, John ou Charles, mas como 'senhor'. Eu era o *senhor* Westray!"

Westray afirma que o trabalho como mordomo tradicionalmente é considerado um "emprego de negros". Ele lembrou que seus amigos não tinham ideia do prestígio do seu cargo até "descobrirem o tanto de dinheiro que estávamos todos faturando com aqueles serviços que fazíamos por fora". Devido às suas conexões na Casa Branca, disse Westray, "os mordomos se deram muito bem nesta cidade!".

Em uma de nossas quatro entrevistas, os olhos de Westray faiscaram quando sua esposa, Kay, entrou na sala, apoiada em seu andador, com batom brilhante nos lábios e vestindo um terninho azul. O carinho entre os dois era contagiante e eles não paravam de se provocar. Quando perguntei qual era o segredo para ter um casamento tão duradouro, Kay disse: "Você ama um pouco, discute um pouco, depois se reapruma e começa tudo de novo".

Westray também tinha algo bem afiado a dizer: "Os primeiros cinquenta anos são os mais difíceis".

Kay morreu em maio de 2013, depois de 65 anos de casamento; Westray diz agora que mal sabe o que fazer sem ela. Ele menciona ter beijado a testa dela instantes antes de partir, mas não fala com tristeza e sim com certo deslumbramento. "Morrer é uma parte da vida", diz. Ele guarda no bolso uma cópia plastificada reduzida de seu atestado de óbito e mantém a urna com suas cinzas na bancada sobre a lareira, logo acima da decoração de Natal – uma bota vermelha – que ainda estava pendurada naquela primavera, um ano após sua morte. Diz que está se esforçando ao máximo para tocar a vida adiante. "Estou aprendendo a ser solteiro. Cozinho, lavo as roupas, limpo a casa, faço todas aquelas coisas que nunca fiz", diz ele com tristeza. Quando cozinha, prepara as receitas favoritas de Kay, como maçãs fritas, para provar à família que pode se virar sozinho. Mas não lhe passa pela cabeça namorar alguém: "Estou velho demais para isso!".

Durante os dez primeiros anos, Westray trabalhava na Casa Branca em meio período para complementar o que recebia no seu emprego principal, no correio. Depois de se aposentar deste, em 1972, foi convidado pelo diretor a entrar para o quadro de funcionários fixos. "Minha esposa não queria por causa dos horários." Mas, segundo Gloria, filha única do casal, o emprego do pai "ajudou a abrir portas para eles". Ela adorava contar para as pessoas que seu pai trabalhava na Casa Branca – e descobriu que isso também ajudava a aumentar sua própria autoestima. "Eu tinha de corresponder a expectativas e padrões de comportamento muito altas", diz ela agora. "Não podia sair por aí fazendo coisas erradas."

Gloria lembra que um dia, ainda adolescente, chegou à casa e encontrou dois agentes do FBI esperando por ela. "Minha mãe estava lívida. Aparentemente o que aconteceu foi que um sujeito com quem eu andei saindo, ele era um pouco mais velho, tinha se metido em alguma coisa não muito boa e o FBI estava me interrogando, e eu dizia: 'Honestamente, não sei nada a respeito disso'. Você pode imaginar o que aconteceu quando meu pai chegou em casa." Ela acabou prometendo ao pai que nunca mais voltaria a encontrar o tal sujeito, porque sua reputação – e o sustento de toda a família – estavam em jogo.

Como frequentemente estava dormindo quando seu pai chegava à casa do trabalho, relembra ela, no dia seguinte, no café da manhã, ela o pressionava para contar o que tinha visto no jantar glamoroso que servira na noite anterior. Normalmente, o máximo que ela conseguia arrancar dele eram informações sobre o cardápio.

Embora ao longo de sua carreira tenha guardado para si muitos segredos, Westray começou a compartilhar algumas histórias à medida que envelhecia. Em uma das entrevistas, ele foi até um armário para pegar algumas recordações, entre as quais uma foto de si mesmo servindo drinques em um piquenique no Jardim Sul, em 1970, outra dele com o pastor Billy Graham após uma de suas sessões de oração de domingo na Casa Branca, e até uma caixinha de joias, contendo um pedaço de bolo de baunilha endurecido da festa de casamento de Tricia Nixon.

Westray alegremente recorda também uma noite de 1976 em que algo extraordinário se passou. Foi no Salão Vermelho, com seus móveis de madeira minuciosamente entalhada e paredes revestidas de sarja acetinada escarlate bordada a ouro, localizado entre o Salão Azul e o Salão de Jantares Oficiais, no primeiro andar. Naquela noite, a rainha Elizabeth II e o príncipe Philip estavam hospedados na Casa Branca para participar das comemorações do bicentenário da Independência dos Estados Unidos. Tarde da noite, Westray, de smoking, e Sam Washington, um velho amigo e parceiro de trabalho, por acaso se depararam com o príncipe Philip sentado sozinho no Salão Vermelho.

"Sua majestade, gostaria de um coquetel?", perguntou Westray enquanto oferecia uma bandeja de drinques ao príncipe.

"Aceito um, sim... mas só se vocês me deixarem servir", respondeu Philip.

Westray olhou para Washington. "Ele não conseguia acreditar. Nunca alguém tinha nos pedido aquilo antes." Os dois aceitaram o convite, puxaram cadeiras para se sentar e, em choque, deixaram que lhes servisse um drinque. Ele não se lembra sobre o que falaram ou o que beberam, mas naquela noite o príncipe Philip queria se sentir como um homem comum, nem que apenas por alguns instantes.

"Ele queria ser um dos caras da turma, só isso." Depois de uma pausa, Westray arrematou: "Fui servido por alguém da realeza. Ficamos malucos com uma coisa dessas".

Em 1994, mais de três décadas depois de ter passado pelos portões de ferro esculpido da mansão pela primeira vez, Westray se aposentou de seu trabalho na Casa Branca. Poderia ter continuado por mais tempo, mas quando soube que precisaria fazer uma cirurgia e colocar três pontes de safena, fez o que considerou ser o melhor para a dignidade da residência oficial da presidência e também para os trabalhadores que a faziam funcionar: "Eu teria sido motivo de vergonha para os colegas da Casa Branca se derrubasse uma travessa em alguém", disse ele. "Era melhor para mim não continuar lá."

★★★

Westray não foi o único mordomo que conheceu um lado mais informal do duque de Edimburgo. Alonzo Fields, que foi mordomo e *maître* entre 1931 e 1953, relatou um encontro semelhante acontecido um quarto de século antes. Foi quando estava servindo o casal real e sua comitiva na Blair House, onde a maioria dos dignitários estrangeiros fica hospedada. Depois que a então princesa Elizabeth e sua equipe se sentaram, ninguém esperou que seu marido chegasse para começar a comer. Já tinham "quase terminado o melão", quando finalmente apareceu o duque, que disse: "Acho que me atrasei um pouco".

"Vestido informalmente, sem paletó, o colarinho da camisa aberto, ele pegou uma cadeira e logo se sentou, antes que viesse alguém para indicar onde deveria ficar e ajudá-lo", contou em suas memórias Fields, que morreu em 1994. "A princesa seguiu comendo normalmente seu melão, embora os outros tenham se levantado enquanto o príncipe se preparava para tomar assento. Ver o duque daquele jeito, à vontade, de colarinho aberto, me deu a sensação de que era o comportamento de uma pessoa como outra qualquer e não o que se esperaria de alguém da realeza. Admirei sua audácia, porque sei a bronca que eu levaria se estivesse hospedado na casa de alguém com minha esposa e aparecesse assim, vestido de maneira tão informal... Foi legal descobrir que o duque também era um ser humano que, sem dúvida, se sentia mais confortável só de camisa, sem paletó."

O príncipe Philip não foi o único membro da família real que surpreendeu os serviçais da Casa Branca com um momento de cativante informalidade. Empregados não ficaram menos chocados quando a rainha Elizabeth II decidiu tirar a roupa sozinha, sem ajuda de ninguém, depois de um jantar oficial, e deixou sua tiara de diamantes, um pesado colar também de diamantes e outras joias supervaliosas espalhadas pelo quarto.

De uma geração mais jovem que Fields, Herman Thompson estava predestinado a trabalhar na Casa Branca. Embora tivesse um emprego regular como supervisor no departamento gráfico do Instituto

Smithsonian, seu pai prestava serviços de mordomo "na casa" (foi um dos fundadores do grupo Private Butlers Incorporated) e seu tio era empregado de serviços domésticos. Thompson era amigo do *maître* Charles Ficklin e de Eugene Allen, que moravam perto dele. Ele costumava ter o cabelo cortado por Preston Bruce, que trabalhava como barbeiro quando não estava na Casa Branca acompanhando dignitários a caminho de se encontrar com o presidente. "Todos esses caras me conheciam já antes de eu me entender por gente", diz Thompson a respeito do coeso grupo de mordomos afro-americanos.

Eles se protegiam e se cuidavam mutuamente tanto no plano profissional quanto pessoal, Thompson lembra. "Todo mundo queria dar uma força para o Charles, depois para o John e para o Eugene", disse ele. "O objetivo principal era ajudar o *maître*, porque havia *maîtres* negros e a gente queria que eles fizessem bonito." Em contrapartida, o *maître* mantinha uma agenda rotativa tipo Rolodex com nomes de mordomos de meio período confiáveis, que eram chamados para trabalhos porque sabiam fazer tudo, desde arrumar impecavelmente uma mesa a preparar um martíni de categoria internacional.

"Não era preciso lhes ensinar nada, você não tinha de dizer a eles o que precisavam fazer," disse Thompson, que começou a trabalhar na Casa Branca em 1960 e saiu no fim do mandato de George H. W. Bush. Hoje com 74 anos, Thompson ainda arruma a mesa do jantar todas as noites para a esposa, com quem está casado há mais de cinquenta anos.

Em jantares oficiais, ele tinha a incumbência de servir o vinho – uma safra diferente acompanhava cada prato. Era necessário que o vinho estivesse aberto e pronto para ser despejado nas taças assim que cada prato fosse servido. "Isso pode até parecer simples", disse ele, mas não quando são dez comensais em torno da mesa "e você tem de fazer isso a noite inteira". Festas de Natal eram particularmente difíceis, segundo ele, em parte porque era dele a função de ficar cortando uma imensa peça de carne assada.

Mas Thompson sempre considerou-se um privilegiado por ter aquele emprego e sentia que era preciso muito cuidado para não o perder. Se um mordomo ficava papeando demais com um convidado – afinal, nunca se sabe com quem você está falando – ou fazia barulho demais tirando os restos dos pratos na copa contígua à sala de jantar, corria o risco de nunca mais ser chamado. Esperava-se que "os convidados fossem atendidos com o melhor serviço existente nos Estados Unidos", disse Thompson. "Havia gente do mundo inteiro olhando."

★★★

Nem mesmo Mary Prince acreditou quando viu que sua sorte tinha mudado tão radicalmente. Menos de um ano depois de ter sido condenada à prisão perpétua pela morte de um homem na pequena cidade de Lumpkin, na Geórgia, a presidiária afro-americana, na época com cerca de 25 anos, estava saindo da sua cela na penitenciária para ir viver na residência oficial do governador do estado, onde seria responsável por cuidar de Amy, a filha de três anos do governador Jimmy Carter.

"Quando recebi a ligação pedindo que eu fosse até a mansão do governador, não sabia o que esperar", contou-me Mary Prince. "Depois, quando cheguei, eu e Amy nos entendemos perfeitamente já no primeiro dia. Nós *realmente* nos entendemos bem naquele primeiro dia. A partir de então, ficamos muito, muito próximas."

Mary fazia parte de um programa que abre a presidiários a oportunidade de trabalhar na residência do governador exercendo diferentes funções: alguns cuidam do jardim, outros cozinham e alguns tomam conta das crianças da família. Mary não suspeitava que seus laços com Amy a lançariam em uma realidade ainda mais bizarra: viver e trabalhar por quatro anos na mais famosa casa dos Estados Unidos.

Os problemas de Mary começaram em uma noite de abril de 1970, quando seu primo entrou em uma briga com um homem e uma mulher na frente de um bar. Ela afirma que estava tentando tirar a arma deles quando houve um disparo acidental. No entanto, outras testemunhas afirmaram que ela pegou a arma e propositalmente matou o homem para defender o primo. Ela se diz inocente. "Eu estava no lugar errado na hora errada", insiste. "Caí em uma situação que eu não entendia. Levei seis anos e dez meses até que limpassem meu nome."

Na época, o sistema judiciário não a ajudou muito. Mary só foi encontrar pela primeira vez o defensor público a ela designado quando entrou na sala do tribunal para ser julgada. Ele a aconselhou a declarar-se culpada e assim conseguiria receber uma pena mais leve. Mas o plano não funcionou. Mary Fitzpatrick, como era chamada à época, foi condenada à prisão perpétua. (Ela voltou a usar o nome de solteira em 1979, depois de divorciar-se oficialmente do marido.)

Entretanto, ainda no final de 1970, ela foi selecionada por Rosalynn Carter para cuidar de sua filha na residência do governador. A primeira-dama do estado estava convencida de que a jovem tinha sido injustamente condenada. "Ela era totalmente inocente", afirma. Eternamente leais à babá de sua filha, os Carter praticamente a adotaram como membro da família. "Ela não teve nada a ver com aquilo", disse Rosalynn, aparentando grande agitação quando foi questionada sobre o assunto décadas mais tarde.

Quando Jimmy Carter foi eleito presidente, em 1976, a licença de Mary para trabalhar fora da prisão foi naturalmente suspensa e ela teve de voltar para a penitenciária – aparentemente era o fim de seu período de sorte. Mas a senhora Carter tinha tanta certeza de que ela era inocente que escreveu para a comissão que examinava os pedidos de liberdade condicional e obteve uma suspensão temporária da pena a fim de que a adorada babá de Amy pudesse trabalhar para eles na Casa Branca. É ainda mais incrível o fato de o próprio presidente ter se designado como agente responsável pelo acompanhamento da condicional de Mary. No fim, depois de ter seu caso reexaminado, Mary obteve perdão judicial.

A ex-primeira-dama, que até hoje trabalha ao lado do marido em inúmeros projetos humanitários, afirma que Mary havia sido condenada por causa da cor de sua pele. "Eram dias muito difíceis.

Era muito difícil lá no nosso estado." Depois que o presidente Harry Truman aboliu o segregacionismo nas forças armadas, lembra ela, "nós encontramos um sul dessegregado quando voltamos para casa". O racismo, contudo, estava longe de ter desaparecido. "As pessoas simplesmente não mencionavam o assunto racismo. Era fácil ver por que Mary fora presa." O presidente Carter, que foi duramente criticado por incluir Mary Prince no quadro de funcionários da Casa Branca, concorda com a avaliação da esposa. "A história dela era muito comum entre negros e pobres antes da entrada em vigor de algumas reformas legais", escreveu ele em suas memórias.

Mary revela que, durante seus seis primeiros meses como a babá mais famosa do país, recebia cerca de cinquenta cartas por dia e telefonemas de gente dizendo ser seu parente (de quem ela nunca tinha ouvido falar) pedindo que ela intercedesse junto ao presidente para todo tipo de solicitação. "Eu era notícia no mundo inteiro", afirma, não parecendo muito chateada com sua fama à época. "Da prisão para a Casa Branca." Mas a imprensa parecia não acreditar que os Carter permitiam que uma assassina condenada tomasse conta de sua filhinha e, portanto, nem toda a cobertura da mídia era favorável; o assunto ficou tão em evidência que o programa de TV *Saturday Night Live* chegou a fazer um quadro sobre ele, em que a atriz Sissy Spacek fazia o papel da jovem Amy Carter e o comediante Garrett Morris, travestido, o de Mary Prince.

O bombardeio da imprensa foi naturalmente pesado e duro de suportar. Mas Mary achou consolo em sua fé. "Sou cristã e rezava por tudo", me contou. "Pedia a Deus que, se tivesse feito qualquer coisa errada, me avisasse e me perdoasse. Acho que é por isso que o bom Senhor me abençoou com a vida boa que tive desde então. Foi realmente uma bênção uma presidiária ir viver no palácio residencial do governador e ficar amiga da família."

Na própria Casa Branca, as coisas nem sempre eram fáceis. Mary sofreu para fazer amizade com os funcionários da mansão, que a viam como alguém de fora e, pior, com um passado controverso. Alguns não gostavam dela porque tinha sido trazida pelo presidente e tinha o privilégio de ter seu próprio apartamento no terceiro andar. Outros, claro, invejavam o poder que tinha: se Mary decidia que ia preparar um jantar em estilo sulista para a primeira-família, simplesmente podia mandar para casa todos os cozinheiros sem avisar antes. Ela não precisava seguir as regras válidas para todos os demais; tudo o que precisava fazer era deixar os Carter contentes. E eles a amavam. Uma noite, quando estava passando pela piscina no lado sul da Ala Oeste, ela se deparou com a primeira-dama dando umas braçadas. "Venha, entre na água!", ela a chamou. Como Mary não estava com seu maiô, a primeira-dama disse aos risos: "Mergulhe de uniforme mesmo!". E foi o que ela fez, tirou os sapatos e, vestindo seu uniforme de babá imaculadamente branco, pulou na piscina e mostrou à primeira-dama o que havia aprendido em suas aulas de natação. (Como Amy adorava nadar, ela começara a fazer aulas.) Mary diz que aquela noite, "só eu e a primeira-dama lá, nadando", é sua lembrança predileta dos seus tempos de Casa Branca.

Mas boatos começaram a circular dentro da residência e alguns ex-funcionários acreditavam que ela era culpada de assassinato. "É uma boa maneira de se livrar do marido", brincou um deles, aparentemente ignorando o fato de ela nunca ter sido acusada de matar o marido.

Mary descreve um quadro diferente de seu período na residência oficial da presidência e garante que o luxo de viver na Casa Branca não a afetava em nada. "Nada daquilo me deslumbrava." Em vez disso, ela mantinha o foco no trabalho e nos cuidados com os filhos, que mandara trazer de Atlanta e instalara em um apartamento em Suitland, Maryland, um subúrbio popular de Washington. Quando terminava o trabalho com Amy, ela pegava um táxi para ver seus garotos, que ficavam sob os cuidados de uma irmã durante o dia. Ela os ajudava a fazer a lição de casa, deixava seus uniformes escolares arrumados para o dia seguinte e, tarde da noite, pegava um táxi de volta para a Casa Branca, a fim de estar a postos para cuidar de Amy na manhã seguinte. Ela nunca perguntou aos Carter se seus filhos poderiam vir morar com ela, mesmo sentindo saudades imensas deles.

"Nunca achei que seria correto que minha família vivesse comigo na Casa Branca. Era o *meu* trabalho. Eu tinha condições de tê-los por perto, morando em seu próprio espaço." Ela dava grande importância à separação entre a vida profissional e a vida familiar, com seus meninos. Quando terminava o trabalho, diz, "eu sempre podia ir para casa para ficar com eles".

Ela nunca achou que questões raciais eram um problema na Casa Branca até o dia em que recebeu de um assessor um recado que a deixou furiosa. "Meus filhos sempre estão bem vestidos porque eu fazia questão disso", afirma. Acontece que um deles trabalhava em um clube de tênis de Georgetown e, às vezes, quando visitava a mãe na Casa Branca, chegava trajando calção de jogar tênis. Um dia, um assessor a abordou e disse: "Mary, recebi uma ligação em que me disseram que um dos seus filhos tem vindo aqui meio maltrapilho. Mas não se preocupe. É só fofoca. Nunca vi seus meninos por aqui sem que estivessem impecavelmente vestidos".

Para ela, era um duplo insulto: dizer que seus filhos afro-americanos não eram bem cuidados e sugerir que ela não estava desempenhando direito seu papel de mãe. "Acho que eles pensavam que eu era suja", disse ela, que nunca descobriu quem fizera a venenosa reclamação. "Acho que era simplesmente alguém preconceituoso que não engolia a ideia de o presidente Carter ter me tirado da prisão e me levado para a Casa Branca."

Mas ela superou tudo isso, encerrando com dignididade seu período na Casa Branca e mantendo uma relação calorosa com a família que a resgatou da prisão. Vivendo hoje a apenas três quarteirões de distância dos Carter, em Plains, na Geórgia, ela ainda os vê quase todos os dias quando estão na cidade e cuida dos netos e das netas deles.

★★★

O assessor Nelson Pierce sabia que tinha um problema nas mãos – e precisaria resolvê-lo imediatamente. Quando começou a trabalhar no gabinete do diretor, em 1961, ele era responsável por atualizar os cadastros dos funcionários. Isso implicava ver quanto cada um ganhava. "Fiquei chocado com aqueles salários", disse. Os afro-americanos ganhavam muito menos que seus colegas brancos.

Não poderia haver momento pior para aquela revelação. Em seu primeiro discurso anual sobre a situação da nação, uma espécie de balanço anual do país, o presidente Johnson declarou "guerra incondicional à pobreza". Na época, a renda da linha da pobreza era de 3 mil dólares por ano (o equivalente hoje a 23.550 mil dólares). "Nossos esforços federais e locais somados devem atacar a pobreza, atacá-la onde quer que esteja – nas favelas das grandes cidades e também nas pequenas cidades, nas choupanas de meeiros ou nos assentamentos de trabalhadores rurais migrantes, nas reservas indígenas, entre os brancos e também entre os negros, entre os jovens e entre os mais velhos, nas cidades prósperas e nas áreas estagnadas", anunciou o presidente em seu discurso na sessão conjunta do Congresso de 8 de janeiro de 1964.

Mas a verdade é que existia pobreza bem debaixo do nariz do presidente. Os cargos com melhor salário na Casa Branca – assessores, floristas, *chefs* de cozinha, governantas-chefes, carpinteiros e encanadores – eram vistos como mais profissionais e eram dados a trabalhadores brancos. Os cargos para trabalho doméstico tradicional, como mordomos e arrumadeiras, eram em sua maioria ocupados por negros e tinham salários bem menores. (Como jovem assessor, Pierce ganhava quase 6 mil dólares por ano, o dobro do salário inicial de quem estava começando.) Todos recebiam menos do que se estivessem em cargo similar no setor privado, mas, em geral, todos os funcionários brancos tinham uma condição bem melhor que os demais.

Em 9 de janeiro, Pierce disse ao diretor J. B. West que precisavam ter uma conversa: o presidente havia contratado duas novas pessoas que recebiam salários inferiores ao da linha da pobreza. "Antes que a imprensa descubra que temos casos de pobreza aqui no quadro da Casa Branca", alertou Pierce, "é melhor você subir o salário das duas arrumadeiras que acabamos de contratar por 2.900 dólares por ano."

West estava a par do valor – ele mesmo havia contratado as arrumadeiras – mas não lhe ocorrera que a imprensa poderia apurar esse detalhe e acusar o presidente de hipócrita. Imediatamente ele subiu ambos os salários.

Não passou despercebido para Pierce que foi necessária a ameaça de a imagem do presidente ser prejudicada para fazer West agir. "Para mim era inacreditável que os empregados da mansão, mesmo sendo absolutamente dedicados aos presidentes a quem serviam, não tivessem salários melhores."

A curadora Betty Monkman não se surpreendeu com a discrepância de salários. Ela recorda que, assim que foi contratada, em 1967, sentiu sob o verniz de bonomia da Casa Branca um clima oculto de racismo – "essa coisa sulista", disse ela. Por exemplo, ela simplesmente não conseguia acreditar que todo mundo chamava o porteiro Preston Bruce pelo sobrenome. "Era um senhor muito distinto, uma figura com um porte notável. Quando cheguei lá, no início, todo mundo o chamava de 'Bruce', e eu então pensei que era apenas seu primeiro nome. Mas depois de um tempo percebi que era seu sobrenome. Fiquei então chocada por o estar chamando pelo que considerava ser seu primeiro nome."

O chefe da despensa Bill Hamilton garante que foi *ele* quem liderou a revolta para que funcionários afro-americanos sub-remunerados passassem a receber o mesmo que seus colegas. Isso contradiz a impressão deixada pelo filme *O mordomo da Casa Branca*, de Lee Daniels, livremente inspirado na vida do mordomo Eugene Allen, que mostra este se dirigindo ao gabinete do diretor para pedir um aumento. De acordo com a maioria dos relatos, Allen era tímido e respeitoso demais da hierarquia para agir de forma tão abertamente contestadora.

Hamilton, em contrapartida, não era nada disso. Nascido a oito quarteirões da Casa Branca, foi criado junto com os nove irmãos pela mãe. Ela um dia lhe disse que, depois de morar na Capitol Hill, nunca mais ia querer viver em um bairro de brancos. Hamilton começou a trabalhar como empregado de serviços gerais no governo Eisenhower, aos 20 anos. Os Eisenhower administravam a Casa Branca como se fosse uma operação militar. Ele recorda que costumava passar o aspirador depois que as visitas turísticas do dia tinham se encerrado, e tentava apagar marcas de sapatos dos tapetes antes que Mamie Eisenhower as visse. Quando um convidado passava pelo andar térreo, o empregado tinha de desligar o aspirador, virar-se e permanecer voltado para a parede. (Quando o presidente Kennedy os viu agir dessa forma, perguntou a um funcionário: "Qual é o problema deles?".) Hamilton trabalhava das nove da manhã às cinco da tarde na despensa para sustentar seus sete filhos (houve um momento em que quatro deles estavam na faculdade ao mesmo tempo) e, depois dessa jornada, ainda trabalhava como motorista de táxi até as onze da noite. "Eu trabalhava como um boi", disse ele. "Mas fazia questão de ficar em casa nos fins de semana."

Sempre que um novo presidente assume, diz Hamilton, seus assessores políticos tendem a tratar com desdém os empregados da residência oficial. "O pessoal da Ala Oeste simplesmente acha que é melhor que você. Mas logo aprendem a lição: somos todos necessários para o desempenho do presidente." Mesmo assim, Hamilton não gostava de ser maltratado e tinha de buscar uma forma de expressar sua frustração.

"Nunca esquecerei de quando subimos para falar com o J. B. West", relembrou, em sua casa, em uma tranquila comunidade de aposentados de classe média em Ashburn, Virgínia, a aproximadamente uma hora de Washington. Foi no final dos anos 1960, mais ou menos na mesma época do assassinato de Martin Luther King Jr. e dos dias de tumulto e manifestações que se seguiram. Washington estava em chamas; manifestantes enfurecidos com o assassinato de King e com a desigualdade que viam a seu redor, arremessavam coquetéis molotov e saqueavam lojas. Em alguns casos, a apenas dois quarteirões da Casa Branca.

Hamilton estava furioso com a situação no âmbito da Casa Branca. Parecia que todo mundo estava recebendo aumentos salariais, disse ele, exceto os empregados negros. Inspirado nas atividades do movimento pelos direitos civis, ele juntou um punhado de colegas de serviços domésticos – o pessoal encarregado de passar o aspirador e da faxina mais pesada – e fez um anúncio.

"Eles vão oferecer um jantar oficial esta noite e nós não vamos trabalhar."

Seus colegas ponderaram durante um longo silêncio. Eles já haviam concordado que trabalhariam naquela noite. (Funcionários de diferentes departamentos eram frequentemente solicitados a ajudar em eventos, já que todos estavam automaticamente liberados pelos controles de segurança.)

"Como não vamos trabalhar? Se fizermos isso, vamos perder nossos empregos", contestou um deles.

"É exatamente isso que estou tentando lhes dizer. Se aprendermos a nos manter unidos, eles não poderão fazer nada. Eles não vão poder trazer ninguém de fora" para trabalhar no evento porque, argumentou ele, não seria possível obter a liberação junto ao pessoal da segurança.

Hamilton finalmente convenceu os colegas e juntos foram falar com o diretor J. B. West, que ficou possesso. "Você é o porta-voz deste grupo?", perguntou, dirigindo-se a Hamilton.

"Acho que se pode dizer que sim", respondeu.

West ficou "vermelho como um tomate", relembrou Hamilton, rindo. Pela primeira vez, seu chefe teria de fazer o que ele queria.

"Vocês esperam que eu vista aquela gravatinha preta, camisa branca e terno? E se alguém derrubar alguma coisa, eu é que terei de pegar do chão?", perguntou West ao grupo.

Hamilton não titubeou: "Senhor, não estou nem aí para o que o senhor vai fazer depois que eu sair daqui".

Ao contrário da caracterização de *O mordomo da Casa Branca*, não foram os mordomos que questionaram as discrepâncias salariais. De acordo com Hamilton, eles "nem marola fizeram". Na realidade, ele ficou frustrado porque eles não se juntaram ao movimento – dos empregados da mansão, quem tinha poder de verdade eram os mordomos, por trabalharem diretamente em contato com a primeira-família. Hamilton tem certeza de que, se eles tivessem a coragem de dizer ao presidente e à primeira-dama que eram sub-remunerados, certamente algo seria feito para corrigir a situação. No entanto, não apenas os mordomos se recusaram a se juntar a ele no protesto como ficaram bravos por colocar em risco potencial seus próprios empregos.

"Não militávamos no movimento pelos direitos civis. Nossa função era servir ao presidente e sua família e ponto final", disse o ex-mordomo e *maître* George Hannie. Hamilton afirma que foi o único funcionário da mansão a ver *in loco* Martin Luther King Jr. proferir seu famoso discurso "I Have a Dream", no Lincoln Memorial, durante a Passeata de Washington. Ele descreve a experiência como "arrebatadora". Mas ao seguir sua consciência e exigir que medidas fossem tomadas, ele estava desagradando seus colegas. "Tinha mais gente do *meu* povo brava comigo" por exigir um aumento. "Mas eu tinha meus filhos para criar. Tinha de garantir que meus filhos iriam ter uma vida melhor que a minha. Custasse o que custasse, iria acontecer. Um dia, fui para casa e disse à minha esposa: 'Cansei desses caras (pessoal branco em nível de gerência que pagavam salários menores aos negros). Posso até ficar sem emprego, mas de agora em diante não fico mais engolindo barbaridades de ninguém de lá'."

No entanto, quando Hamilton e seus colegas funcionários de residência finalmente se rebelaram, fez-se justiça. Dois dias depois de se recusarem a trabalhar no jantar oficial, os negros que trabalhavam na ala residencial da Casa Branca receberam o aumento salarial. Hamilton acha que foi porque West ficou com medo de um dia as paredes do lado de fora da Casa Branca amanhecerem pichadas. "Ele sabia que, com tudo o que estava acontecendo nas ruas, ele não tinha escapatória. Eu soube na hora que o tinha encurralado. Não tive nenhuma dúvida."

Embora ainda tenha raiva do racismo gritante que campeia pela Casa Branca, Hamilton aparenta incredulidade ao falar sobre seus 55 anos servindo a onze presidentes. "Quando entrei na Casa Branca para minha entrevista de emprego, tive a sensação de que era o primeiro dia da minha vida", disse ele, que nunca havia estado lá antes, nem mesmo como turista. "Eu simplesmente não podia acreditar, e meus pais também não acreditavam. Essas coisas simplesmente não acontecem!"

Como "agitador", Eugene Allen foi sem dúvida mais cauteloso que Bill Hamilton.

Lutando no Vietnã, seu filho Charles temia muito a perspectiva de ter de participar de combates em terra. "A única vez que pedi a meu pai um favor da Casa Branca foi quando lhe escrevi para falar com o presidente Johnson e me livrar daquilo", relembra.

Em sua carta, absolutamente desesperado, ele implorava ao pai: "Fale com o homem, me tire da infantaria. Eu fico na guerra, só quero que me tire da infantaria. Nós temos de caminhar quinze, até mais de trinta quilômetros por dia. Estou morrendo de fome". Charles acrescentou ainda: "Pai, eu não sou um covarde com medo de combate físico, mas será que você não consegue que o presidente Johnson mande me colocar em uma unidade da aviação?".

Quando veio a resposta do pai de Charles, não era o que ele esperava ler: "Ele me escreveu de volta e explicou mais ou menos que, se os Kennedy ainda estivessem no poder, seria possível que conseguisse alguma coisa. Se o Bobby ainda estivesse por lá". Mas a Casa Branca dos Johnson era muito diferente. "Eu não conheço essas pessoas tão bem", disse. "Por isso, você vai ter de seguir onde está."

Nas comunidades de afro-americanos de Washington dos anos 1960 e 1970, ser mordomo, arrumadeira, lavador de panela e empregado de serviços gerais na Casa Branca era considerado um emprego bom e estável. "Sempre houve uma aura de elegância, um reconhecimento implícito de que se trata de uma ocupação especial", diz Lonnie Bunch, que atribui o orgulho e o profissionalismo que revestem esses ofícios ao fato de que muitas famílias o passavam de uma geração para outra: "O pai ensina o filho, que ensina o neto".

Para gerações de americanos negros, um emprego na Casa Branca era mais do que simplesmente um emprego. "Eles sabiam que o serviço que faziam não dizia respeito apenas a eles. Sentiam que cumpriam uma missão dupla; tinham de dar duro para preservar seus empregos, (mas) também tinham de ter atitudes e atender (certas) expectativas como representantes de sua raça. Eles faziam questão de dar o melhor de si."

O fato de que a maioria dos mordomos da Casa Branca eram negros às vezes suscitava constrangimentos. O assessor Chris Emery relembrou a histórica visita que o líder soviético Mikhail Gorbachev fez à Casa Branca em 1987, quando tiveram de correr para proteger os dois líderes de uma chuva repentina que caiu sobre o Jardim Sul.

"O (mordomo-chefe) Gary Walters viu todos aqueles mordomos em pé, segurando guarda-chuvas abertos, e disse: 'Não posso permitir que o mundo veja um monte de afro-americanos segurando guarda-chuvas para esses líderes mundiais. Ia pegar muito mal'." Então Walters pediu a Emery e outro assessor branco para irem lá e segurarem os guarda-chuvas sobre Reagan e Gorbachev. Assim a Casa Branca não ficaria parecendo "a última fazenda de escravos", nas palavras de Emery.

O mordomo Herman Thompson, aluno na primeira classe racialmente integrada das escolas públicas de educação básica de Washington, esteve na linha de frente do processo de dessegregação. A discriminação e o ódio evidentes que viu nos colegas brancos o transformaram em "uma pessoa muito revoltada", disse ele recentemente, em um almoço em um restaurante no centro de Washington, não muito longe de onde cresceu. "Não era nada agradável."

Thompson via na Casa Branca o mesmo tipo de racismo que via no resto da cidade, e tentou combatê-lo, ainda que de forma mais discreta que Bill Hamilton. "Muitas vezes, quando havia convidados afro-americanos, nós fazíamos questão de garantir que fossem superbem tratados, de que teriam a mesma atenção que qualquer outro", disse ele. Até o governo Nixon, mordomos ainda usavam casaca. No entanto, à medida que mais músicos negros como Duke Ellington e o grupo The Temptations começaram a tocar na Casa Branca – e mais convidados afro-americanos passaram a frequentá-la –, determinou-se que os mordomos não mais deveriam usar casacas, a fim de evitar que ficasse gritante demais a aparência de abismo social entre trabalhadores e convidados.

"Costumávamos brincar que eles tinham abolido a casaca como uniforme porque o mundo estava mudando. Não era incomum as pessoas chegarem e não saberem quem era mordomo e quem era convidado." Ele riu. "Havia alguns cavalheiros de porte muito distinto trabalhando lá e as pessoas tinham de adivinhar quem era quem." Thompson garante que várias vezes acharam que ele próprio era um convidado.

Embora tenha visto as coisas evoluírem lentamente, ele ficou chocado quando conheceu o almirante Stephen Rochon, o novo diretor, no funeral de Eugene Allen. "Nós achávamos que nunca, jamais, um negro seria contratado para esse cargo!"

Rochon, que nasceu em 1950, foi criado em New Orleans em uma época em que 10 por cento dos americanos ainda estavam proibidos de comer nas lanchonetes das lojas Woolworth. Ele ainda lembra vivamente de um incidente, ocorrido quando tinha 13 anos, em que um Chevrolet 1957 vermelho, com uma grande bandeira dos estados confederados presa em seu vidro traseiro, parou perto dele, que estava caminhando para uma reunião do seu grupo de escoteiros. O carro estava cheio de adolescentes brancos que o ofenderam gritando "negro isso, negro aquilo" e jogaram nele uma garrafa de Coca-Cola. Ele diz que, devido a essa experiência dolorosa, avisou o pessoal que trabalhava para ele na Casa Branca que sempre ouviria com muita atenção qualquer preocupação que lhe trouxessem a respeito de discriminação. "Não queria que ninguém passasse pela dor que passei."

Com efeito, acabaram chegando a eles algumas acusações de racismo. O único afro-americano que trabalhava nas oficinas especializadas da Casa Branca procurou Rochon um dia para lhe dizer que achava que estava sendo tratado com desdém devido à cor de sua pele. Rochon imediatamente convocou o supervisor do homem a seu escritório e lhe disse que não toleraria aquilo. "Essas informações correm depressa na Casa Branca", afirmou. "Acredite: a notícia do que acontecia em um departamento corria rapidamente pelos demais."

Há uma diferença entre funcionários como Bill Hamilton e Herman Thompson, que identificavam a existência clara de racismo na Casa Branca e se sentiam motivados a combatê-lo, e outros como Eugene Allen, Lynwood Westray e James Ramsey, que tocavam a vida em frente do jeito que era possível.

Nesse aspecto, o mordomo Alvie Paschall, hoje com 93 anos, se parece muito com o amigo Lynwood Westray. Tinha apenas 4 anos quando começou a trabalhar colhendo algodão em Henderson, Carolina do Norte. Ao lado dos seis irmãos, deu duro sem parar durante a Grande Depressão e lembra que seus pais lhes ensinaram a respeitar a autoridade. Relutante em falar demais, ele representa uma geração de afro-americanos educados para não ser "respondões", diz ele, porque isso poderia lhes custar o emprego. "Nós estávamos lá para fazer uma coisa específica: estávamos lá para servir. O emprego estava acima de tudo."

Vestido garbosamente, com suspensórios e uma gravata de seda de cor creme, Paschall me contou que levou consigo a lição até chegar à Casa Branca, onde entrou durante o governo Truman. Quando havia uma discussão ou uma conversa particular que ele sabia que não deveria ouvir, ele tinha de decidir rapidamente se saía do recinto discretamente ou se permanecia e fingia que não havia notado. "Fiz tudo isso!", concluiu rindo.

Westray tem uma capacidade incrível de perdoar, como fez, por exemplo, com George Wallace, o governador segregacionista do Alabama, autor do discurso "segregação agora, segregação amanhã, segregação para sempre", que se tornou uma mancha abjeta na política dos anos 1960. Depois de sobreviver a uma tentativa de assassinato em 1972, Wallace procurou redimir-se aos olhos do público. Westray lembra que nos bastidores ele tentou conquistar também os funcionários negros da Casa Branca em uma de suas visitas. "Depois do atentado, parecia até que o George Wallace era um da nossa turma", disse, balançando a cabeça. "Toda vez que ele vinha à Casa Branca, a primeira coisa que fazia era ir lá atrás e ficar conosco, na copa dos mordomos." A tentativa de assassinato "o fez mudar completamente" disse Westray. "O Senhor tem os seus caminhos misteriosos. Foi preciso uma bala para endireitar o sujeito."

Em vez de ignorar ou tratar mal Wallace, os mordomos negros sentavam-se em torno dele e ficavam fazendo piada. Mas eles não estavam ali nem para remoer rancores antigos nem para perdoar ofensas, e sim executando seu trabalho, o que às vezes envolvia ficar quieto quando se deseja gritar.

Charles, filho do mordomo e *maître* Eugene Allen, disse que seu pai enfrentou mais racismo no exclusivo Kenwood Country Club, localizado em Bethesda, Maryland, nos arredores de Washington, onde engraxava sapatos dos sócios golfistas, do que em todo o tempo que passou na Casa Branca. Não porque não existisse racismo, mas porque ninguém queria se indispor com o presidente.

"As pessoas tomam cuidado no jeito que tratam os empregados porque sabem como a primeira-família se sente em relação a eles. Se você não os respeitar, corre sérios riscos."

Lynwood Westray concorda. A Casa Branca era "um lugar onde você não via toda essa besteira", diz ele. "Apesar de sermos todos mordomos negros, as pessoas tinham mais consideração por nós porque vivíamos encontrando reis e rainhas."

Fora da Casa Branca a situação era bem diferente. Westray adora contar uma história vivida por seu velho amigo Armstead Barnett, que trabalhou e morou na Casa Branca quando Franklin Roosevelt era presidente. "Um dia ele pegou um táxi para voltar para casa e disse ao motorista: 'Me leve para a Pennsylvania Avenue, 1.600'. O motorista era branco e não quis levá-lo. 'Não tem negro nenhum morando na Casa Branca', disse. No fim, acabou levando e, ao chegarem ao portão, Armstead saiu do carro e caminhou até a entrada. Como todo mundo o conhecia, ele não precisou mostrar nenhuma identificação." Westray deu um sorriso antes de concluir: "Quando ele passou pelo portão e não voltou, o motorista continuou lá parado, se perguntando: 'Que diabos! Aonde vai esse sujeito?'."

O presidente Kennedy assistiu a um momento culminante das lutas pelos direitos civis ao lado do porteiro Preston Bruce. Menos de três meses antes de ser assassinado, ele convidou Bruce a juntar-se a ele no Solário do terceiro andar para ouvir a massa reunida para escutar o histórico discurso de Martin Luther King Jr. no Lincoln Memorial. Juntos, podiam ouvir a multidão cantar o hino do movimento pelos direitos civis *We Shall Overcome* – Bruce, filho de um agricultor meeiro, e Kennedy, herdeiro da família real dos

Estados Unidos. O presidente segurava o peitoril da janela com tanta força que os nós de seus dedos estavam brancos. "Puxa, Bruce", disse ele, virando-se para o amigo. "Como eu gostaria de estar lá com eles!"

O respeito que Kennedy nutria pelos funcionários afro-americanos da residência era recíproco. Eugene Allen nunca faltou ao trabalho em 34 anos de emprego e nunca reclamou de colegas ou chefes, do presidente ou da primeira-dama. Seu filho Charles afirma que a única vez que o viu chorar foi quando estava vestindo o casaco para voltar para a Casa Branca depois que Kennedy foi assassinado. "Aquilo o deprimiu terrivelmente", revelou pensativo, em uma espécie de solidariedade com o pai. "Mas, usando a terminologia militar, ele era um soldado. É preciso levantar e dar a volta por cima. A única tragédia da qual ele não se recuperou foi a morte da minha mãe. Depois disso, ele não conseguiu se reerguer."

Allen, que faleceu em 2010, era a última pessoa que gostaria de ver sua vida virar filme. Todos são unânimes em afirmar que era um homem tímido e gentil, que nunca aceitaria falar com a imprensa se não fosse enfaticamente encorajado por Helene, sua esposa por 65 anos. Ela dizia que queria que as pessoas reconhecessem os serviços prestados por Eugene ao país.

"Quando entrava por aquela porta, nunca reclamava dos colegas, nunca falava mal dos chefes para quem trabalhava. Guardava essas coisas para ele mesmo, dentro do peito. Era de lá que vinha nosso sustento."

James Ramsey tinha comportamento similar. Ele cresceu trabalhando em plantações de tabaco na Carolina do Norte e às vezes ajudava a servir o almoço na cantina da escola "só para ganhar um prato de comida". Foi longe na vida e dava graças a Deus por ter tido a oportunidade de trabalhar "na Casa". Ramsey diz que detestava ouvir histórias de mordomos que procuravam diretamente o diretor para reclamar das condições de trabalho ou de seus colegas. "Não tínhamos problema nenhum. Nós nos mantínhamos unidos."

Ele diz também que nunca viu racismo por lá, ou optou por ignorá-lo. "As pessoas foram sempre muito legais comigo desde que comecei a subir. Porque eu costumava trabalhar em meio período em eventos e conhecia muita gente. Segregação?", pergunta ele. "Acabou. Já era."

Uma coisa que deve ter ajudado Ramsey a conviver com a indignidade da segregação era seu saudável senso de humor. O *chef* Frank Ruta lembra que Ramsey fazia abertamente piadas sobre raça; por exemplo, às vezes enfiava a cabeça pelo vão da porta da cozinha da família, no segundo andar, para perguntar a Ruta, que é branco: "Você prefere seu café como eu ou como você?".

Seja como for, James Ramsey levou a vida com orgulho e dignidade e soube perceber o significado da mudança que a eleição de 2008 trouxe à Casa Branca. Qual era a sensação de ser um negro trabalhando para a primeira-família negra a ocupar a residência mais importante do país?

"Era maravilhoso. Era maravilhoso."

★★★

Zephyr Wright realmente fazia parte da família Johnson. Contratada por Lady Bird Johnson quando ainda era uma estudante de economia doméstica em uma faculdade do Texas, ela cozinhou para os Johnson por 27 anos, no Texas e em Washington, para onde se mudou com eles para viver na Casa Branca.

Quando, a caminho de Washington, estavam atravessando de carro o sul do país, que ainda estava sob a vigência das leis segregacionistas, Lady Bird parou o carro em um hotel onde pudessem pernoitar. Ela se recusava a ficar em um hotel que não aceitasse também Zephyr como hóspede.

"Vocês teriam um quarto para esta noite?", perguntou Lady Bird na recepção.

"Sim, temos lugar para a senhora", respondeu a recepcionista.

"Bem, mas sou eu e mais essas duas pessoas", replicou Lady Bird, apontando para Zephyr e outra afro-americana que trabalhava para os Johnson.

"Não. Nós aceitamos que elas trabalhem aqui, mas não que durmam aqui", respondeu a mulher.

Lady Bird ficou enojada. "É horrorosa essa forma de agir", disse voltando-se para trás enquanto saía do recinto enfurecida.

Depois dessa humilhação, Zephyr esperou uma década para voltar ao Texas de carro novamente. Aquela viagem foi um dos fatores que ajudaram a moldar o pensamento do presidente e da primeira-dama e o cuidado que ele teve com a legislação dos direitos civis. Só depois que conseguiu aprovar no Congresso a Lei dos Direitos Civis, em 1964, que acabou revogando as chamadas Leis de Jim Crow, segregacionistas, é que Zephyr aceitou voltar a visitar o estado onde nascera. "É muito diferente agora", tranquilizou-a Johnson. "Você pode ir aonde quiser, pode parar onde quiser." LBJ tinha orgulho do fato de a histórica mudança na legislação por ele promovida ter impacto direto na vida de sua amiga.

Johnson via em Zephyr uma espécie de amplificador de seus esforços em prol dos direitos civis. Durante seu mandato como vice-presidente, ele perguntou a ela o que achava da passeata de Washington de Martin Luther King Jr. Depois, já como presidente, se apressou em contar para ela que havia indicado o primeiro negro da história para a Suprema Corte, o juiz Thurgood Marshall. Johnson vivia inseguro e com dúvidas sobre se os afro-americanos davam valor às reformas que havia promovido e às vezes se queixava com Zephyr Wright: "Não posso entender como eles não conseguem ver o que estou tentando fazer por eles". Desde sua morte, ouvem-se alegações de que Johnson usava a palavra *nigger*[7] mesmo quando estava lutando para aprovar as leis de defesa dos direitos civis. Um dos assessores do presidente me disse que ele realmente usava a palavra de cunho racista quando estava expressando sua frustração com certos líderes do movimento pelos direitos civis que pediam reformas mais profundas. "Eles simplesmente estavam sendo perversos demais, tornando as coisas mais difíceis para ele", completou esse assessor. Para alguns, mudanças apenas de alcance na legislação não bastavam.

Um convidado frequente de Johnson à Casa Branca era o senador pela Geórgia Richard Russell, mentor de Johnson no Senado mas

7. Termo fortemente ofensivo e depreciativo usado para se referir aos negros nos Estados Unidos (N. T.)

também opositor proeminente do movimento pelos direitos civis. No início, Zephyr só o conhecia porque vinha bastante à mansão. "Era uma pessoa muito legal", a portas fechadas, disse ela. No entanto, à medida que o movimento avançou e se tornou um assunto discutido publicamente, ela passou a ver Russell com mais clareza. "Quando li e ouvi sobre as coisas que ele estava fazendo e dizendo no Congresso, passei a ter sentimentos diferentes em relação a ele." Mas ela nunca demonstrou esses sentimentos. "Eu pensava assim: 'Aqui estou, trabalhando para Lyndon B. Johnson e esses são seus amigos. Eu preciso aceitá-los como eles são porque ele os aceita. Não há nada que se possa fazer'."

Muitos dos que trabalhavam estreitamente com Johnson nem suspeitavam que, na noite de 31 de março de 1968, ele anunciaria sua decisão de não tentar a reeleição. A chefe de cerimonial Bess Abell só foi saber quando ligou a TV. Zephyr também estava em casa e chorou muito quando ouviu seu patrão de tantos anos dizer que deixaria a Casa Branca. Ela sabia que aquele seria o fim de sua relação com os Johnson: Washington era sua casa agora e ela queria continuar vivendo ali.

Zephyr admirava Johnson, tanto pelas reformas nos direitos civis quanto pelo seu esforço imenso para fazê-las passar no Congresso. "Ele sempre foi um lutador", disse ela. Política era "sua vida", admitiu ela, que estava convencida de que ele a abandonou porque suas maiores realizações como presidente estavam sendo ofuscadas pelos imensos problemas da guerra do Vietnã.

As frustrações de Johnson não eram segredo para os funcionários da mansão. Uma vez, mais ou menos na época do anúncio, o eletricista e cuidador de cães Traphes Bryant entrou em uma sala justamente quando o presidente estava ralhando sobre a guerra. "Eles me derrubaram. A única diferença entre o atentado de Kennedy e o meu é que eu ainda estou vivo e sentindo", lamentou o presidente.

Para Zephyr, Johnson parecia em paz com sua decisão de deixar Washington. "Finalmente estamos indo para casa", disse a ela no dia do anúncio. "Você vem conosco?"

"Não, eu vou ficar por aqui", ela respondeu.

Chocado, ele apenas comentou tristemente: "Não vai ser o mesmo sem você".

Zephyr também ficou triste e, de certa forma, a decisão do presidente também a fez sentir-se abandonada. "Para mim, era igualzinho a perder uma família. Mas era isso que ele queria."

Depois de voltar para sua fazenda em Stonewall, Texas, Johnson passou a ter graves problemas no coração e caiu em depressão. Sua filha costumava ligar para saber como estavam as coisas e se poderia ajudar de alguma forma. "Não há nada que você possa fazer. Só sinto falta das minhas comidas favoritas." Ele tinha saudade especialmente do creme para rechear doces que a mãe dele e Zephyr faziam para ele.

"Talvez eu possa ajudar", ofereceu Luci.

"Não, você não pode. Sua mãe não sabe cozinhar, minha mãe já morreu e Zephyr ficou arrogante e me abandonou", queixou-se Johnson.

"Zephyr ficou *arrogante* e te abandonou?", Luci repetiu para ele, atônita. Parecia-lhe absurdo que seu pai, um defensor ferrenho do movimento pelos direitos civis, ficasse bravo com Zephyr por correr atrás dos seus sonhos e ficar onde se sentia mais à vontade. "Você deu o próprio sangue para que ela tivesse mais oportunidades na vida e então você deixou Washington e ela optou por ficar naquela comunidade porque lá descobriu e conseguiu aproveitar essas oportunidades muito mais do que seria possível no Texas."

O pai admitiu que estava sendo egoísta, mas disse que continuava sentido falta do seu creme e de suas comidas prediletas. Luci ofereceu-se para ajudar. "Papai, Zephyr me disse que eu tanto posso pegar com ela os pratos como posso aprender a cozinhar. E então? O que é que você quer que ela costumava cozinhar para você? Porque eu também posso fazer e levar-lhe daqui de Austin de carro todos os dias."

O presidente então passou uma lista interminável de pratos, perguntando se ela era capaz de prepará-los. Ao responder que sim, diz ela, "de repente, era como se tivesse alcançado um status muito mais elevado como pessoa. Aquilo foi importante demais para mim. Porém, tenho certeza de que não significou nada para o cardiologista dele".

★ ★ ★

Em 1959, com apenas 17 anos, James Jeffries deu continuidade a uma tradição de família e começou a trabalhar na cozinha da Casa Branca. Seus tios Charles, John e Sam Ficklin sempre estavam por perto quando ele precisava deles. "Quando fui trabalhar lá, eles costumavam me dar um balde de quase vinte litros de sorvete e eu passava o dia fazendo isso, tomando sorvete. Eles estavam tentando me fazer ganhar peso!"

A função dele era deixar prontas as sobremesas: "Naquela época as sobremesas não eram assim tão sofisticadas; era apenas sorvete de baunilha, e a gente espalhava um pouco de chocolate em cima. Eu me divertia no trabalho". Depois de permanecer na cozinha por cerca de um ano, ele foi transferido para o andar de cima, onde seria ajudante de copa.

Jeffries, hoje com 74 anos, nasceu na Virgínia. Sua mãe precisou ir de carro da casa onde viviam, em Warrenton, para dar à luz no Hospital Freedmen's, que prestava serviços médicos à comunidade afro-americana da região. Ele tinha consciência de que o racismo persistente à época também estava presente na Casa Branca. "Naqueles tempos, os brancos sempre achavam que eram superiores aos negros", disse-me ele em uma entrevista em sua casa geminada em Washington. "Eu não permitia que ninguém viesse falar comigo com uma atitude inadequada."

Ao final de cada semana, Jeffries tinha de entregar ao *chef* de cozinha Henry Haller sua folha de ponto contendo as horas trabalhadas para que pudesse receber seu salário. "Um dia, um *chef* que trabalhava em meio período viu minha folha e percebeu que eu estava ganhando mais que ele", recordou Jeffries. O recém-contratado funcionário branco procurou então o diretor Gary Walters e perguntou-lhe como um auxiliar de cozinha afro-americano encarregado de lavar panelas podia ganhar mais dinheiro que ele.

Jeffries ficou furioso ao saber da reclamação. A resposta era simples: "Eu estava trabalhando mais horas. Havia épocas em que eu ficava trabalhando por duas ou três horas depois de todo mundo ir embora". Ele foi falar com Haller: "Henry, como você se sentiria se chegasse aqui agora um novato e começasse com o mesmo salário que você recebe? Eu já estou trabalhando aqui faz tempo, desde muito antes de pensarem em contratar esse sujeito. Não quero que meu salário diminua".

"Você tem razão", respondeu Haller.

Jeffries lembra da cena como se tivesse acontecido no dia anterior. "Foi engraçado. Naquele dia, havia no chão uns tapetes de borracha de mais ou menos dois centímetros de altura e ele ficou na beirada do tapete, balançando para a frente e para trás. No fim, me disse: "Jimmy, deixe-me pensar a respeito". Ele então andou até o forno e perguntou: "Jimmy, por que você acha que tem o direito de falar comigo do jeito que está falando?".

"Oras, eu visto minha calça do mesmo jeito que você veste a sua. Só estou lhe contando como me sinto, minha opinião", respondeu Jeffries.

Haller olhou para ele e disse: "Jimmy, você nunca vai ter de se preocupar com o dinheiro que ganha. Enquanto eu estiver aqui, nunca". E ele cumpriu a promessa.

Já é tradição de muito tempo artistas americanos se apresentarem na Casa Branca. A convite dos Kennedy, o American Ballet Theatre fez uma apresentação no Salão Leste, e quando Clinton estava no governo, Eric Clapton, B. B. King e Yo-Yo Ma mostraram seu talento na residência oficial da presidência.

Em 1969, Tricia Nixon, então com 23 anos, convidou para um show o grupo The Temptations, da Motown[8], que frequentava o topo das paradas de sucesso. Jeffries recorda que os membros do grupo, quando não estavam no palco, ficaram dando um tempo na sala de jantar antiga da família junto com o pessoal encarregado de servir. "Eles se identificavam conosco e podiam ter com a gente uma conversa mais relaxada."

"Consegui vê-los, apertar as mãos deles e me divertir com eles", conta Jeffries. "Eles não ficavam nos salões, eles vinham para os fundos porque na época a maioria de nós era negra", disse ele. "James

8. A gravadora Motown foi criada em 1959 por Berry Gordy, em Detroit, ficou conhecida por propagar a música soul americana e também se caracterizou por ser "a" gravadora dos artistas negros, nos Estados Unidos. (N. T.)

Brown e o seu grupo The Famous Flames – todos foram lá nos fundos." Os funcionários da mansão faziam as estrelas se sentirem mais que à vontade. "Eles comiam a comida que a gente tinha lá, bebiam o que a gente tinha, e tudo mais." Naquela noite de 1969, quando estavam conversando, a banda convidou Jeffries para levar os filhos para brincarem na piscina do hotel onde estavam, em Rockville, Maryland, um subúrbio de Washington. "Eu não levei. É a única coisa que lamento. Estava ocupado."

Otis Williams, o único membro da formação original do lendário grupo da Motown, me contou que eles tinham por regra não falar de política quando se apresentavam na Casa Branca. "Nosso foco é apenas divertir o pessoal. Não vamos lá pensando em política. Vamos lá exclusivamente para apresentar nosso show."

Williams não se lembra especificamente do que se passou naquela noite de 1969 – ele já se apresentou na Casa Branca pelo menos meia dúzia de vezes – mas se lembra bem de observar os funcionários afro-americanos trabalhando. "Eles não mostravam nenhum desgosto pela forma como eram tratados. Eram absolutamente profissionais." Embora certamente ele e seus companheiros de banda tenham enfrentado situações de racismo fora da Casa Branca, relembrou, nunca sentiu nada do tipo quando se apresentou lá.

Para ele, se apresentar para o presidente Obama foi uma honra especial: "Nunca imaginamos que um homem negro seria eleito presidente – pelo menos não enquanto estivéssemos vivos".

Para Jeffries, ter Obama na Casa Branca simplesmente inspira a seguir trabalhando. "Me faz sentir com mais vontade, vontade de trabalhar o máximo que puder."

CAPÍTULO VIII

Fofoca e intriga na cozinha

Sou muito dedicado para a família no meu trabalho, mas quando chego lá atrás, na área de serviço, eu digo: "Sabe o que eles fizeram hoje? Não posso acreditar que eles disseram isso!"

Bill Hamilton, camareiro e chefe da despensa, 1958–2013

Os funcionários são discretos, mas também são humanos. É natural que fiquem contando casos uns para os outros, não apenas para trocar informações importantes, mas também para fortalecerem os elos de amizade, compartilhando os incríveis acontecimentos que presenciam e as situações engraçadas em que se metem.

Uma das histórias prediletas da chefe de cerimonial Bess Abell teve como protagonista um jogo de jantar de porcelana usado na Casa Branca. Em 1966, os Johnson decidiram encomendar um novo jogo de porcelana. Lady Bird acompanhou de perto o trabalho dos designers da Tiffany & Company e dos fabricantes Castleton China visando a criar peças que refletissem seu compromisso com a causa de embelezar as estradas e parques dos Estados Unidos. As travessas de jantar apresentam desenhos de uma águia e as bordas eram decoradas com diferentes flores silvestres nativas dos Estados Unidos.

As travessas de sobremesa expunham a flor símbolo de cada um dos cinquenta estados do país.

Quando o jogo de porcelana finalmente chegou, estava maravilhoso, recordou Bess Abell, exceto pelas travessas de sobremesa. As flores símbolo dos estados estavam feias e deformadas. "Parecia que filhotinhos de cachorro tinham feito sujeira nelas", disse, rindo, como se ainda estivesse diante delas. Mas, na época, não foi nada engraçado. Ela ficou horrorizada e foi correndo mostrar a J. B. West. (Ele era adorado tanto por Bess quanto por Jacqueline Kennedy. "Era divino. Fazia o melhor daiquiri do mundo, sendo este um dos motivos pelos quais ele e a senhora Kennedy se davam tão bem!", relembra Abell.)

Os daiquiris de West, disse ela, "foram o combustível de uma das nossas melhores farras" na Casa Branca. Devido ao altíssimo padrão de qualidade exigido, que determinava que qualquer coisa que não estivesse absolutamente perfeita devia ser destruída, novas peças foram encomendadas. Os funcionários, portanto, tiveram de achar um jeito inteligente de se desfazer das travessas defeituosas. Em vez de jogá-las no rio Potomac (um tradicional cemitério de peças de porcelana quebradas da Casa Branca), decidiram se divertir com elas. Abell, West e alguns outros desceram para o abrigo antiaéreo com as travessas – e uma jarra de daiquiri. Eles penduraram na parede alvos com os nomes – e em alguns casos, caricaturas – dos funcionários da Ala Oeste de quem menos gostavam e começaram a arremessar as travessas neles.

"Foi melhor que um casamento grego."

★★★

Em 1975, o ex-funcionário Traphes Bryant foi uma das primeiras pessoas com acesso direto à residência a tornar público, em livro, o famoso lado mulherengo de Kennedy. A maioria dos empregados sabia disso à época, mas havia decidido guardar segredo visando a preservar a presidência enquanto instituição. De acordo com o secretário de imprensa de Kennedy, Pierre Salinger, os funcionários eram explicitamente solicitados a "não tornar pública qualquer coisa que possa afetar negativamente a imagem da Casa Branca como monumento nacional". Embora não tenha assinado nenhuma cláusula de confidencialidade, o carpinteiro Milton Frame lembra: "Éramos instruídos a não falar com qualquer órgão de imprensa ou com a mídia em geral quando fui contratado". Um outro funcionário recebeu, quando se aposentou, o pedido de que assinasse um documento atestando que não escreveria um livro de memórias antes que se completasse um período de carência – a Casa Branca sugeria longuíssimos vinte anos.

Como revelado no livro de Bryant, o presidente Kennedy aproveitava as longas ausências da esposa. Ela ficava o mais que podia fora dos limites da Casa Branca, preferindo refugiar-se em Glen Ora, uma fazenda de 160 hectares que haviam arrendado na área rural da Virgínia, famosa pelas criações de cavalos. (Algum tempo depois, eles construíram uma casa ali perto que ela batizou de Wexford, em homenagem à cidade da Irlanda de onde vieram os ancestrais do presidente.)

Quando ela estava fora, o presidente gostava de nadar nu na piscina interna aquecida da Casa Branca, que havia sido construída em 1933 para ser usada na terapia para tratamento da pólio do presidente Roosevelt. Kennedy frequentemente se encontrava lá com suas amantes, algumas das quais trabalhavam como secretária na Casa Branca. Quando percebeu que alguns funcionários ficavam espiando por uma porta de vidro, exigiu que a porta fosse revestida com um adesivo para bloquear a visão de quem estava do outro lado. (O presidente costumava pedir que os cozinheiros lhe preparassem comidinhas e bebidas – salsicha com bacon e daiquiris – e depois os dispensava pelo dia. As salsichas eram mantidas em um aquecedor portátil e a jarra de daiquiri, na geladeira, assim todos podiam se servir à vontade. "Pode deixar que eu cuido de tudo", ele dizia ao pessoal da cozinha.)

Certa vez, pediram a um funcionário que resolvesse um problema na piscina. Como esse tipo de serviço normalmente era deixado apenas para os dias em que a primeira-família não estava presente, o funcionário da mansão supôs que ninguém estaria lá. Mas quando abriu a porta, levou um susto ao ver Dave Powers, um assessor e amigo íntimo de Kennedy, sentado à piscina – pelado – com duas secretárias de Kennedy. O mortificado empregado saiu correndo, certo de que seria despedido imediatamente. Mas nunca se falou sobre o incidente e o episódio permaneceu guardado como segredo de família por anos.

Os funcionários da residência sabiam que, quando Jackie Kennedy estava fora, era proibido ir ao segundo andar. Mas houve uma noite em que Bryant se esqueceu disso quando pegou o elevador para ir ao terceiro andar, onde tinha de verificar um eletrodoméstico. Por acidente, o elevador parou no segundo andar. "E eu comecei a ouvir aquela conversa de pombinhos apaixonados", disse ele. Um outro colega viu uma mulher nua saindo da cozinha quando foi até lá em cima para checar se o gás estava fechado. "Quando Jackie estava fora, andar de elevador no trabalho tinha alto índice de periculosidade", relembrou Bryant.

Todo o pessoal que trabalhava nos serviços domésticos reagiu com olhares maliciosos quando se comentou que uma assessora política fez um tour com a família pelo segundo andar. Ao chegar ao quarto do presidente, ela "fingiu que não sabia que era lá e que nunca o tinha visto antes". Na verdade, ela já havia estado ali várias vezes.

Bryant nunca comentou com ninguém fora da Casa Branca – nem mesmo com a esposa – sobre os casos de Kennedy enquanto esteve no governo. Mas lá embaixo, na área de serviço, a fofoca era inevitável. O pessoal precisava saber como se comportar diante dessas situações e falar sobre o assunto os ajudava a se preparar e a saber quais corredores deviam ser evitados.

Johnson também foi objeto de fofoca entre os empregados. Ele gostava de cercar e encurralar a garota mais bonita de uma festa e tentar beijá-la na bochecha. Não raro, ao fim da noite, ele tinha marcas de batom no rosto. Uma constrangida Lady Bird, que às vezes se encontrava no mesmo recinto que o marido, se aproximava dele e dizia: "Lyndon, tem um pessoal lá do outro lado que quer vê-lo. Você não está dando atenção a alguns de seus amigos".

Correm boatos de que Johnson chegou a "herdar" duas repórteres de Kennedy. "Ele se referia a uma ou outra como 'mulherão' ou 'mulher para mais de metro' e chegava a reservar para elas o maior elogio que dirigia a seu cachorro favorito, Yuki, me dizendo que elas eram 'bonitas como um furão-bravo'", escreveu Bryant. Lady Bird estoicamente se mantinha firme enquanto seu marido a humilhava flagrantemente em público. Eram outros tempos.

Ironicamente, Johnson era um marido possessivo. Certo dia, Bryant, que fora originalmente contratado para ser eletricista, foi instruído a ir ao quarto de Lady Bird para instalar uma extensão para ela usar em sua mesa de fazer as unhas. A tomada ficava atrás da cômoda onde, casualmente, a primeira-dama estava sentada. Bryant teve então de se deitar no chão, praticamente em baixo dela para colocar a extensão na tomada. Johnson entrou no exato instante em que ele estava se levantando do chão. O presidente abriu uma bocarra de espanto e parecia mesmo "um marido enciumado". Bryant então balbuciou: "Senhor presidente, eu só estava colocando na tomada uma extensão para a mesa de fazer unhas da senhora Johnson".

Lady Bird, por sua vez, pareceu apreciar a momentânea troca de papéis e ficar do outro lado do balcão pelo menos dessa vez.

★★★

Às vezes, convidados que visitam a Casa Branca têm vontade de levar consigo um pedacinho de história quando vão embora.

Em jantares oficiais, o assessor Skip Allen trabalhava no lado sul do Salão de Jantares Oficiais garantindo que nenhuma taça de vinho ficasse vazia. Sempre mantinha prontas para uso peças de baixela e guardanapos, de modo que, caso alguém deixasse cair um garfo, ele quase imediatamente aparecia para o substituir por um novo. Não era incomum perceberem algum convidado furtivamente colocando algo em uma bolsa.

Os empregados da casa nunca perguntam diretamente a alguém se pegou uma peça do jogo de porcelana ou da baixela. Normalmente preferem constrangê-los fingindo-se de desentendidos e perguntando com cortesia. "Quando vou tirar o prato, peço para me darem o garfo e a faca, e se o talher não estiver à vista, eu digo: 'Talvez tenha caído'. Nesse momento, começamos a procurar no chão e boa parte das vezes eles dizem: 'Ah, achei. Aqui está!'."

Como consultora de moda de Jackie Kennedy, Anne Lincoln tinha no início a função de ajudar a agendar sessões no cabeleireiro e comprar roupas; mais tarde, foi promovida a governanta-chefe com a impossível missão de reduzir os gastos com alimentação. Durante o governo Kennedy, diz ela, eram comuns os furtos de peças de prataria Camelot. Ela se recorda de um almoço em que sumiram quinze colheres de chá, duas facas e quatro cinzeiros. "As pessoas vêm aqui achando que é propriedade delas e simplesmente pegam as coisas para si." Houve uma ocasião em que até a primeira-dama, que falava em tom sempre suave, se irritou e ficou agressiva. "Uma noite, ela viu um dos convidados enfiar uma faca *vermeil* no bolso", disse Anne. Depois do jantar, mas antes de os convidados irem embora, ela pediu ao *maître* Charles Ficklin que contasse os talheres de prata *vermeil*. Quando Charles informou que realmente faltava uma faca, a senhora Kennedy foi direto ao chocado convidado e pediu que devolvesse a faca. Sem hesitar, ele a entregou na mão dela.

Jackie sabia como deve ser arrumada a mesa para um jantar e qual deve ser o sabor de um prato refinado, mas não sabia cozinhar nada; Anne Lincoln nunca a viu entrar na cozinha para preparar um jantar ou um lanche. O presidente Kennedy também era um desastre na cozinha. "Ele gostava de tomar uma sopinha antes de se deitar e nós deixávamos um abridor de latas no segundo andar – acho que ele levou mais ou menos oito meses para aprender a usá-lo. E acho que (a primeira-dama) tampouco sabia como manusear o utensílio." Os mordomos riam junto com Anne na manhã seguinte: "Ihh, acho que nosso pobre presidente voltou a ter dificuldades com o abridor de latas ontem à noite".

Em meados de outubro de 1963, poucas semanas antes do assassinato do presidente e logo depois de perder um filho, Patrick, nascido prematuramente naquele verão, Jackie convocou o mordomo-chefe ao seu quarto. "Ah, senhor West", disse ela sussurrando com sua voz infantil. "Estou com um probleminha. Será que você consegue me ajudar a resolvê-lo?" Ela havia convidado uma princesa para passar a noite na mansão, no segundo andar, mas ela e o presidente mudaram de ideia e decidiram que seria melhor ficar a sós naquele momento. Perder o filho tinha sido devastador para eles, mas fez com que se aproximassem muito. "Será que você poderia nos ajudar a inventar algum esquema que nos livrasse de ter de hospedá-la aqui?", implorou ela.

Jackie bolou um sofisticado ardil para se livrar do compromisso de ter uma convidada por alguns dias em casa; mandou West fazer parecer que a Suíte da Rainha e a Suíte Lincoln – os únicos adequados para receber membros de famílias reais – ainda estavam sendo redecorados, o que impedia que a convidada ficasse na Casa Branca.

"Os olhos dela brilhavam enquanto concebia seu intrincado plano", escreveu West.

O diretor então ligou para Bonner Arrington, irmão de Reds, que trabalhava na carpintaria, e lhe passou as coordenadas: "Traga lonas para proteger móveis para as Suítes Lincoln e da Rainha. Enrole os tapetes e cubra as cortinas, lustres e todos os móveis. Ah, e traga também uma escada".

A seguir ligou para os pintores e pediu que trouxessem seis baldes de tinta para cada quarto, entre ele dois (vazios) de tinta branca. Que trouxessem também alguns pinceis usados. Ele próprio se incumbiu de incluir no cenário cinzeiros cheios de bitucas para que parecesse que o pessoal andava dando duro por lá. Em uma prova do respeito à hierarquia e da confiança mútua dos empregados da Casa Branca, ninguém que participou do intrincado esquema fez qualquer pergunta.

Quando chegou, a princesa foi recebida pelo próprio presidente, que a levou para conhecer a residência. Apontando para as latas de tinta e para a lona cobrindo os móveis, na Suíte da Rainha, JFK disse, em tom dramático: "É aqui que você teria ficado se a Jackie não estivesse redecorando novamente o lugar".

Na manhã seguinte, a primeira-dama ligou para West, rindo, para agradecer. "O presidente quase caiu na gargalhada quando viu aqueles cinzeiros."

★★★

Os Arrington estavam perto de completar sessenta anos de casados quando Reds morreu, em 2007. "Tivemos uma boa vida", comenta carinhosamente sua esposa Margaret.

As histórias que ele lhe contava aconteceram ao longo dos 33 anos que trabalhou como encanador da Casa Branca, servindo a sete presidentes diferentes; ela claramente gosta de recontá-las, pois a ajudam a manter viva a memória do marido. Algumas envolvem hábitos estranhos de presidentes, como o de JFK de pedir a Reds que enchesse sua banheira com água à noite para que na manhã seguinte ele só precisasse pôr um pouco de água quente e assim economizasse tempo. Outras são mais prosaicas, como a vez em que a babá dos Kennedy, Maud Shaw, ligou desesperada para Reds porque sem querer havia jogado a fralda de John-John na privada e dado a descarga.

Antes de morrer, Reds deu uma entrevista contando o episódio em que quase virou vítima da ira de Johnson – só não perdeu o emprego graças à intervenção do camareiro do presidente. Uma noite, Reds estava trabalhando nos infames pressurizadores do chuveiro de Johnson e aplicando um produto químico para vedação de canos e juntas. Na manhã seguinte, recebeu uma ligação do camareiro: "Reds, você e sua equipe precisam subir rápido lá e limpar os pratos dos chuveiros. Quando o presidente saiu do banho hoje de manhã, suas costas estavam cobertas de vedador azul", disse o camareiro, que acrescentou: "Eu não disse nada a ele. Só peguei uma toalha e meio que tentei limpar". Mas o presidente gostava de receber uma massagem todas as manhãs; o camareiro teve então de ligar para o massagista para avisá-lo de que não deveria mencionar nada sobre as manchas azuis nas costas do presidente quando as visse. "Não lhe pergunte 'o que é essa coisa nas suas costas?'", instruiu. "Simplesmente pegue alguma coisa, algo ou qualquer outro produto, e tente limpá-lo. Porque se ele descobrir que suas costas estão cheias de vedador, todos os encanadores serão despedidos." Reds ficou aliviado por Johnson nunca saber o que aconteceu e seguiu trabalhando por muitos anos na sua adorada Casa Branca.

Reds contou à esposa que, quando a rainha Elizabeth II se hospedou lá, os encanadores tiveram de construir uma cadeira, uma espécie de sobreassento, para ser colocada sobre o vaso sanitário a ser usado por sua majestade. "Reds disse que aquilo sim era um 'trono real!'", brincou ela.

Quando esteve em Washington em 1976, a rainha já havia se hospedado na residência tantas vezes que a maioria dos empregados nem ficava impressionada com sua presença. Pouco antes do jantar oficial, os Ford, como era tradição, aguardaram a rainha e o príncipe Philip à entrada do Salão de Recepções Diplomáticas. Eles acompanharam o casal real ao elevador para subirem e conversarem um pouco antes do jantar. Enquanto esperavam, a porta do elevador subitamente se abriu e lá estava o filho de 24 anos do presidente, Jack Ford, vestindo jeans e camiseta – um traje longe de apropriado para receber uma rainha. Sem deixar a peteca cair, a rainha virou-se para Betty Ford e tranquilizou-a: "Não se preocupe, Betty. Tenho um desses em casa também". Ela claramente estava se referindo ao filho, o príncipe Charles.

Em 21 de dezembro de 1970, em uma cena inimaginável nos dias atuais, marcados por preocupações extremadas com a segurança, um convidado improvável deu uma parada na Casa Branca para uma visitinha. Era Elvis Presley, que solicitara, sem avisar antes, uma reunião com o presidente Nixon (tinha um pedido bizarro: ser nomeado solenemente agente secreto federal), e acabou participando de uma festinha de aniversário dos funcionários.

Junto com um grupo de outros funcionários, Bill Cliber estava cantando "Parabéns a você" para um dos curadores quando se virou e viu Elvis e seus guarda-costas na porta do minúsculo escritório do andar térreo.

"Eu só queria dizer parabéns!", anunciou o mais famoso artista do país.

O recinto caiu em silêncio total, todos boquiabertos.

"Ficou todo mundo pasmo", recordou Cliber, balançando a cabeça, aparentemente ainda sem acreditar.

Um minuto depois, um policial da Casa Branca deu um tapinha no ombro de Elvis e perguntou se algum dos seus guarda-costas estava portando arma de fogo.

"Sim", respondeu Elvis.

"Você poderia deixá-la comigo enquanto se reúne com o presidente?"

"Claro", disse Elvis sem se abalar. "Ralph, entregue sua arma para ele." De alguma forma Elvis conseguira entrar na Casa Branca com um revólver Colt .45 que deu de presente ao embasbacado presidente.

A arrumadeira Ivaniz Silva passava a maior parte do tempo nos segundo e terceiro andares da residência, onde estão os aposentos privados da família. Normalmente as coisas funcionavam como um relógio, com as arrumadeiras monitorando quando o presidente e a primeira-dama se ausentavam para poder então entrar e trabalhar sem perturbá-los. Mas uma noite as coisas não saíram como planejado.

Habitualmente a Casa Branca designa quatro arrumadeiras para trabalhar na residência, duas de manhã e duas à noite. Certo dia, Ivaniz Silva, hoje com 76 anos, estava no quarto de dormir do presidente Reagan depois das cinco e meia da tarde, arrumando a cama e fechando as cortinas. Mas quando ela passou para a saleta anexa ao quarto, não acreditou no que viu: o presidente, sentado, lendo o jornal, sem roupa nenhuma.

"Entrei na saleta e lá estava ele, pelado, com os jornais à sua volta!" Ela saiu correndo do recinto antes que o presidente tivesse tempo de dizer qualquer coisa. Ele deve ter ficado tão surpreso quanto ela.

Mais tarde, quando cruzou com Ivaniz no corredor, Reagan olhou para ela e deu uma piscadela. "Ei, quem era aquele cara?", perguntou.

Ivaniz Silva

"Não sei, senhor", ela respondeu, rindo envergonhada.

O incidente deixa Ivaniz bestificada ainda hoje. "Ele sabia que eu o havia visto pelado, por isso ele tinha de dizer *alguma coisa.*"

Reagan pode até ter ficado um pouco constrangido, mas, se considerarmos a maioria dos relatos, ele se sentia bem à vontade quando estava pelado, mesmo que isso abalasse os funcionários. Cerca de um mês após sua posse, o assessor Skip Allen tinha finalmente concluído seu período de treinamento e estava aprovado para trabalhar sozinho. Em um dos seus turnos, ele recebeu um pacote classificado como confidencial que precisaria entregar na mão do presidente imediatamente para assinatura.

Allen subiu para o segundo andar à procura do presidente. Como não conseguia achá-lo, perguntou ao seu camareiro onde ele estava.

"Está ali", disse o camareiro, apontando para uma porta fechada. Allen então bateu.

"Quem é?", perguntou Reagan.

"É o Skip Allen, do gabinete do mordomo-chefe. Tenho um pacote confidencial para lhe entregar."

"Entre."

Só quando abriu a porta, Allen notou que era o banheiro do presidente, que estava saindo do banho.

"Ele estava totalmente nu, só tinha umas gotas d'água a cobri-lo."

"Traga aqui", ordenou o presidente. O documento foi assinado e Allen voltou a descer.

Não muito depois, por volta das nove da noite, outro pacote confidencial chegou para o presidente. Allen tinha recebido a informação de que o presidente e a primeira-dama normalmente se recolhiam às nove da noite, mas não teve escolha. Precisaria interrompê-los.

Nervoso, ele tornou a subir para achar de novo o presidente. Dessa vez, viu que havia luzes acesas no quarto dos Reagan. Tremendo, ele bateu na porta.

"Quem é?", perguntou Nancy Reagan.

"É o Skip Allen, do gabinete do mordomo-chefe. Tenho um pacote para o presidente."

"Entre."

Naquele exato instante, o presidente estava saindo do banheiro só de cueca.

"Ah, Ronnie, você devia ao menos vestir um roupão", repreendeu-o Nancy.

O presidente olhou para ela. "Ah, Mommy", disse, usando o apelido carinhoso como a chamava, "não se preocupe. Ele já me viu pelado uma vez hoje. Somos velhos amigos." Todos caíram na risada.

Ron, o filho dos Reagan, disse que a natureza relaxada e informal dos pais quando estavam perto dos empregados provavelmente tornava o trabalho lá mais fácil. Os Reagan estavam habituados a ter empregados domésticos e nunca se preocuparam com o que estes pensavam deles. "É difícil estar na posição de um mordomo ou em qualquer função similar se a pessoa a quem você tenta servir nunca relaxa e nunca esquece que você está ali. Mas meus pais não eram assim."

Por outro lado, Ron reconhece que a atitude supostamente sossegada e tranquila dos pais também pode ser interpretada como desumanizadora dos empregados. "Simboliza que os empregados não importam, porque não servem nem para deixar alguém constrangido."

Com efeito, parece mesmo haver uma diferença entre a atitude descontraída dos Reagan para com os empregados e a de George e Barbara Bush, que é igualmente tranquila, porém mais respeitosa. Quando Reagan parava para bater papo com os empregados, normalmente era para falar de si mesmo ou brincar. Os Bush se interessavam pelos funcionários, perguntavam como iam suas famílias, e pareciam preocupar-se com o tempo que passavam com elas em casa, reconhecendo que tinham uma vida também fora das dependências da Casa Branca, um comportamento que talvez tenha passado despercebido pelos Reagan.

Algumas das histórias da Casa Branca ganham novas cores quando examinadas retrospectivamente. Perto do fim do mandato de Reagan, relembra um mordomo, ele concluiu que o presidente não percebeu o que estava acontecendo ao seu redor em um momento crucial. "O presidente era a superestrela", disse ele, "e eu estava trabalhando na cozinha. Quando me dei conta, vi que havia fumaça saindo pelos dutos." Um mordomo que cuidava da lareira se esquecera de abrir o regulador da chaminé, de forma que a fumaça começara a refluir para a sala onde o presidente estava sentado. "Eu ouvi o caminhão dos bombeiros chegar e vi as pessoas passarem correndo para subir para o segundo andar."

Não muito depois, uma bombeira voltou descendo, gargalhando. "O que há de tão engraçado?", perguntou o mordomo, surpreso por ela não se mostrar mais preocupada.

Praticamente sem conseguir parar de rir para falar, ela lhe disse: "Sabia que o presidente continuava lá sentado, como se nada estivesse acontecendo? Estava lá, só vendo TV e lendo seus jornais".

"Ele nem percebeu", relembrou o mordomo.

À época ninguém sabia que o presidente talvez já estivesse começando a sofrer de Alzheimer. Naquele momento, pareceu apenas mais uma esquisitice de um presidente que, aos olhos dos empregados, raramente se abalava.

★★★

Parte das fofocas mais lembradas tem origem em relações nada amistosas entre alguns funcionários. Trabalhar na Casa Branca pode às vezes inflar egos e estimular o acirramento de personalidades fortes. Muitos dos empregados contratados, especialmente os *chefs* de cozinha, são profissionais altamente respeitados em seus campos e se consideram os melhores no que fazem. Esse tipo de espírito competitivo às vezes desemboca em intensas rivalidades; o exemplo recente mais visível é a briga pública entre o *chef* de cozinha Walter Scheib e o *chef* confeiteiro Roland Mesnier.

Os onze anos em que trabalharam lado a lado não foram suficientes nem mesmo para diminuir a animosidade entre os dois; em verdade, ela permaneceu mesmo após ambos terem deixado a Casa Branca. Mesnier, atualmente com 70 anos, foi contratado pelos Carter; Scheib, dez anos mais jovem,[9] chegou à Casa Branca pelas mãos dos Clinton. Eles tinham tal antipatia um pelo outro que frequentemente se recusavam a discutir os pratos que estavam preparando. Scheib simplesmente passava para Mesnier os cardápios da semana para que ele preparasse as sobremesas que, com eles, combinassem. Scheib admitia que era menos agregador e que tocava sua cozinha como se fosse um comandante militar. "Se eu estivesse atrás de fazer amigos, eu seria voluntário em um grupo de jovens", dizia ele. Mesnier, que tem grande prazer em apresentar suas criações, é um francês com veio artístico que, no Natal, presenteava todos os colegas com suas sobremesas prediletas, e preparava dúzias de bolos de frutas, *stollen*, o bolo de Natal alemão, e bolo inglês. "Para mim, os empregados não eram apenas colegas de trabalho. Eles eram minha família", diz ele.

Scheib desdenha de Mesnier por seus livros e aparições em programas de TV, que, em sua opinião, apenas mostram o apetite do rival pela fama. "Ele conseguiu parecer maior que as famílias, e isso é muito triste." Mesnier argumenta que Scheib – que é mais magro do que ele próprio e tem a aparência de um homem de negócios – foi contratado por ser atraente e articulado e constituiria um bom porta-voz para a campanha de Hillary Clinton visando à promoção

9. Walter Scheub morreu aos 61 anos, em junho de 2015. (N. E.)

de uma culinária americana mais saudável. "Walter e eu não nos dávamos bem porque eu sabia que ele não sabia cozinhar", afirma com desprezo Roland.

"Os assessores costumavam brincar dizendo que, se vissem a mim e Roland tomando uma cerveja juntos, todo mundo deveria se ajoelhar e se preparar para a chegada iminente do apocalipse", relembra Scheib.

Mesnier demonstrou ter grande afeto pelo antecessor de Scheib, o *chef* francês Pierre Chambrin, mas os Clinton o demitiram por ele se recusar a substituir o pesado menu francês por um mais americano e mais saudável. Hillary queria muito promover a culinária americana saudável, especialmente por ter se engajado em uma campanha para reformular a assistência à saúde. Mas Chambrin rebate e afirma que o verdadeiro motivo da sua demissão foram as aparências e não a culinária. "Sou francês, sou gordo, meu inglês é terrível. Eu não me encaixava no perfil que eles queriam exibir ao povo americano." Chambrin me disse que, para os Clinton, "comida era combustível" e nada mais. "Desde o começo, eu soube que não teria futuro com os Clinton. Eu fazia o que eles queriam. Até tentei agradá-los, tirando a manteiga, tirando a gordura, fazendo, enfim, um menu sem palavras em francês. Mas como dizer 'sauté' sem usar a palavra em francês, *sauté*, por exemplo?"

Chambrin detestava a relação pouco solene dos Clinton com comida. Diferentemente dos Bush, eles gostavam de comer na cozinha. "Quando saíram os Bush e entraram os Clinton, foi como se tivéssemos ido de um palácio para um conjunto habitacional."

Quando Scheib foi contratado para substituir Chambrin, a apertada cozinha do andar térreo se tornou um lugar incrivelmente desconfortável para se trabalhar. O *chef* John Moeller começou a trabalhar na Casa Branca pouco depois de Mesnier ganhar sua própria pequena cozinha exclusiva para a preparação de doces e sobremesas. Ele afirma, aparentemente sem fazer piada: "Se ele tivesse continuado naquela cozinha trabalhando conosco teria sido sanguinolento".

CAPÍTULO IX

Crescendo na Casa Branca

Por favor, imagine o que é se despedir à noite de um rapaz à porta da Casa Branca, com tudo feericamente iluminado por holofotes e um agente do Serviço Secreto como plateia. Não dá para fazer muita coisa além de um aperto de mãos. Não há a menor chance de entrar em um clima mais íntimo.

Margaret Truman

Quando Chelsea Clinton, então com 12 anos, mudou-se com os pais para a Casa Branca, em 1993, Steve Ford enviou-lhe uma carta. Seu conselho: fique amiga do pessoal do Serviço Secreto, porque eles podem vir a ser seu único canal de contato com o mundo exterior. Ele afirma que as coisas para ele foram relativamente fáceis, pois tinha vários irmãos com quem dividir a experiência. Para Chelsea, filha única, viver na Casa Branca seria mais difícil. Claramente isso acabaria se mostrando verdadeiro quando ela teve de enfrentar o constrangimento provocado pelas indiscrições extremamente públicas do seu pai sem ter nenhum irmão com quem dividir o fardo. "Eu achei que ela teve de encarar uma situação muito, muito mais difícil do que as outras famílias, que normalmente têm dois ou três filhos."

Reexaminando retrospectivamente o período em que Chelsea morou na Casa Branca, no entanto, Ford reconhece agora: "Achei que ela lidou maravilhosamente com a situação".

Quando chegam crianças para morar na Casa Branca, a equipe de funcionários tem o impulso de protegê-las. Já viram outras crianças serem criadas na mansão e querem ajudá-las a ter uma infância normal, pelo menos dentro do possível. Se de um lado existe a responsabilidade extra de cuidar delas, de outro, os funcionários curtem a alegria de ter por perto um bebê rechonchudo ou uma criança em idade escolar sempre pronta para se divertir. Filhos e filhas de presidentes têm o condão de trazer um clima de inocência e calor humano para qualquer lar; no caso da residência oficial da presidência, elas ajudam a tornar mais leve um ambiente naturalmente estressante.

O chefe da despensa Bill Hamilton acompanhou o crescimento de várias gerações de filhos de presidentes na bolha da Casa Branca. Segundo ele, as crianças pequenas eram as que se adaptavam com mais facilidade às claustrofóbicas novas etapas de suas vidas. Caroline e John-John Kennedy não tiveram muita dificuldade para serem eles mesmos na mansão; eram tão pequenos quando lá chegaram que no fundo não percebiam grandes diferenças. Para Chelsea Clinton, e Sasha e Malia Obama, as angústias típicas da adolescência têm de ser enfrentadas juntamente com os holofotes da curiosidade pública. Na opinião de Hamilton, quem mais deve ter sofrido foram os filhos dos Ford, assim como Luci e Lynda Johnson, e Barbara e Jenna Bush, que descobriram que teriam de abrir mão de uma parte da liberdade a que estavam acostumadas e que só resgatariam ao término do mandato de seus pais.

"Isso faz uma diferença tremenda se você já está na faculdade e está habituada a sair para beber cerveja, se encontrar com rapazes, ir a festas e tudo mais", observa Hamilton.

As filhas de George W. Bush – carinhosamente descritas como "garotinhas maluquinhas" pela avó, Barbara Bush, quando mais jovens – já conheciam a residência quando seu pai foi eleito: elas já tinham brincado de esconde-esconde quando seus avós moraram lá e feito muitos arranjos florais na floricultura da residência. Durante a presidência do pai, a assessora Nancy Mitchell era a confidente a quem elas contavam seus problemas com namorados. (Jenna tempos depois admitiria ter dado "alguns amassos" no terraço da Casa Branca.) Empregados afirmam que as jovens se comportavam como outras garotas de 19 anos; Jenna ficou tão apegada à Casa Branca que convidou a florista-chefe Nancy Clarke para fazer os arranjos do seu casamento no Texas.

Não obstante, viver naquela bolha particular sempre implicará limitações e constrangimentos. "É uma vida muito sofrida para um adolescente", opinou Nelson Pierce. "Era muito difícil ficar confinado, sabendo que não era permitido fazer nada sem ter (um agente do Serviço Secreto) na sua cola."

Desde a época dos Kennedy a Casa Branca não recebia como moradoras crianças tão pequenas. Quando os Obama chegaram, Malia tinha 10 anos e Sasha, apenas 7. Com 17 e 15 anos respectivamente, elas já passaram sete anos de suas vidas rodeadas por um batalhão de arrumadeiras, mordomos e *chefs* de cozinha, em uma casa com uma sala de cinema privada, quadras de basquete e tênis e uma piscina. Isso para ficar apenas no dia a dia e sem contar os jantares elegantes e as festas às quais às vezes podem comparecer, como o show particular dos Jonas Brothers, na noite da posse do primeiro mandato.

Barbara e Jenna Bush, que se formaram no ensino médio no mesmo ano em que seu pai foi eleito, acompanharam Malia e Sasha em um tour pela casa antes de partir, mostrando-lhes, entre outras coisas, a sala de cinema, a pista de boliche e até alguns corredores secretos. Claramente curtindo a ideia de que mais um par de irmãs mais jovens estaria entrando no lugar delas, lhes recomendaram escorregar corrimão abaixo de vez em quando, conselho sem dúvida apreciado por Sasha Obama, a mais espoleta das duas irmãs.

A exemplo dos Kennedy, os Obama fazem questão absoluta de que as filhas levem vidas normais. O florista Bob Scanlan, que se aposentou em 2010, recorda ter visto um cenário comum em lares americanos nas manhãs de domingo: espalhados no chão do Solário, colchões de ar usados por amigas das meninas que dormiram lá na noite anterior.

Normalmente as meninas só podem comer sobremesa nos fins de semana, mas quando estão sob os cuidados da avó Marian, elas fazem a festa e se enchem de pipoca e sorvete. A avó "realmente dá espaço de privacidade à família. Ela vive a maior parte do tempo no terceiro andar. No período em que estive lá, ela fazia suas refeições separada dos outros. As meninas comem com a mãe e o pai em seu próprio espaço no segundo andar, e a senhora Robinson come no terceiro andar", disse Scanlan. "Estou indo para casa agora", Marian costumava dizer antes do jantar, ao se encaminhar para sua suíte particular no andar de cima, a fim de permitir que a filha passasse um tempo à vontade com as crianças e o marido.

"Ela gostava de ter flores frescas na sala de estar e no quarto. Era sempre muito gentil e graciosa, muito agradecida por tudo que recebia." Quando Scanlan chegava para substituir um arranjo, ela frequentemente dizia que aquilo não era necessário. "Este ficou ótimo mas, para mim, as outras flores ainda estavam bonitas", dizia ela.

Michelle pediu aos floristas que colocassem etiquetas em todas as flores dos arranjos da ala residencial para que ela e as filhas aprendessem os nomes das diferentes espécies. A primeira-dama pediu também ao adorado mordomo Smile "Smiley" Saint-Aubin, há tanto tempo na Casa Branca, que era oriundo do Haiti e falava francês lindamente, que usasse sua língua materna quando estivesse servindo as filhas, para que elas começassem a aprender o idioma. (Smiley faleceu em 2009.)

Scanlan queria que o primeiro fim de ano dos Obama na Casa Branca fosse muito especial (embora eles passem o Natal propriamente dito no Havaí) e montou pequenas árvores de Natal que deixou sobre a cômoda de Malia e sobre a bancada acima da lareira de Sasha.

Malia gostou muito da dela. Um dia, quando foi até o quarto para ver como estava a árvore, Scanlan encontrou um bilhete para ele: "Florista, eu gosto bastante da minha árvore. Se não for pedir demais, será que, por favor, você poderia colocar luzinhas nela? Se não for possível, eu entendo". A assinatura era um coração desenhado. Scanlan pegou o bilhete e levou para a floricultura. "Agora eu quero que você me diga: como *não* atender a um pedido desses e não colocar luzinhas naquela árvore?", perguntou rindo.

★★★

Funcionários dedicam cuidado e proteção especiais às crianças porque sabem que elas estão sendo vigiadas o tempo todo. Em 2014, Sasha e Malia foram alvo de críticas de uma assessora parlamentar do partido republicano devido à roupa que vestiam na cerimônia de "perdoar o peru" realizada na Casa Branca no Dia de Ação de Graças. "Vistam-se como se de fato merecessem algum respeito, e não como se tivessem indo tomar um drinque em um bar", postou no Facebook Elizabeth Lauten, diretora de comunicações do congressista republicano Stephen Fincher à época, referindo-se às minissaias das garotas. Seus comentários depreciativos foram criticados igualmente por democratas e republicanos, que, em sua grande maioria, concordam que filhos de presidentes não devem jamais serem alvos nos embates da política. Elizabeth acabou se demitindo devido ao bombardeio da imprensa. O episódio confirma a terrível pressão de crescer na Casa Branca e estar sob constante vigilância. Com a popularização das mídias sociais, a intensidade dos holofotes tem aumentando exponencialmente.

Caroline e John-John Kennedy foram, por sua vez, as crianças mais novas a viver na Casa Branca desde que os filhos de Theodore Roosevelt viravam o lugar de cabeça para baixo na virada do século XX. Caroline tinha 3 anos e seu irmão apenas 2 meses de vida quando os pais se mudaram para a mansão. Jackie desejava desesperadamente que os filhos não fossem mimados; obrigava-os a assinar cartões de agradecimento quando eram convidados para festas de outras crianças (embora o pequeno John-John não mais que rabiscasse) e sempre os levava até a cozinha depois de suas festinhas de aniversário para agradecer aos empregados. Caroline e John-John aprenderam o verdadeiro significado da palavra "não" aos 2 anos, afirma Letitia Baldrige; quando apresentadas à esposa do secretário de defesa Robert McNamara, eles olharam nos olhos dela e disseram: "Como vai, senhora McNamara?". (Embora seja possível que, no caso de John-John, isso tenha soado como "Senhora Namá".)

"Era 'Como vai?' dia e noite, para cima e para baixo, não apenas para os amigos de mamãe e papai, mas também para os assessores, mordomos, arrumadeiras, policiais, agentes do Serviço Secreto, jardineiros, pessoal da cozinha e da copa dos mordomos – qualquer um que passasse na frente deles", sustenta Letitia.

Diferentemente das primeiras-damas anteriores, Jackie Kennedy proibia que os filhos se dirigissem aos mordomos apenas pelo sobrenome; ela considerava isso rude, especialmente porque se tratava de senhores mais velhos, dignos, boa parte dos quais com décadas de serviços prestados na Casa Branca. "Era 'senhor Allen'", conta o curador Jim Ketchum, referindo-se a Eugene Allen. "Elas chamavam o Preston Bruce de 'senhor Bruce'. Ela não aceitava que os chamassem apenas 'Bruce' ou 'Allen'."

Às vezes, no entanto, quando Jackie não estava por perto, Caroline e John-John tratavam os empregados com uma intimidade que a mãe não aprovaria. A lembrança favorita do assessor Nelson Pierce de todos os seus vinte anos de Casa Branca é simplesmente ler um livro para John-John. "O aparelho de som da senhora Kennedy não estava funcionando direito, e eu tive de acompanhar um técnico até lá em cima para consertá-lo", recorda. "John-John pegou um livro, trouxe-o para mim e me disse que queria que o lesse para ele."

Pierce fez o que lhe foi pedido e sentou-se na beira do sofá, pensando que era impossível que um garotinho tão ativo como aquele ficaria quieto durante o tempo necessário para lerem o livro inteiro. "Achei que ele ia ficar em pé ao meu lado enquanto eu lesse, mas não foi isso que aconteceu. Ele se levantou, desceu do sofá, me empurrou pelo peito e disse: 'Fica encostado, fica encostado!'. Eu então pus o braço em torno dele e lemos o livro. Assim que terminei a história, ele desceu do sofá, pegou o livro e o guardou onde estava antes." Para

Pierce, ficar com as crianças dos Kennedy, além de ser uma folga bem-vinda, o fazia pensar nos seus quatro filhos.

Uma noite, Maud Shaw, a babá dos Kennedy, ligou pedindo ajuda a ele, que estava no andar de baixo. Ela estava na sala de jantar da família no segundo andar e John-John ainda não tinha acabado de comer. Enquanto isso, Caroline, que já tinha comido, estava no chão tentando dar uma cambalhota, mas sem conseguir. Quando Pierce entrou, ela olhou para ele e disse:

"Senhor Pierce, estou tendo muita dificuldade. Minhas pernas caem para a direita ou caem para a esquerda."

"Caroline, concentre-se e imagine seus pés passando direto sobre sua cabeça", ele aconselhou.

As tentativas seguintes saíram muito melhores.

"Senhor Pierce, dê cambalhotas comigo, por favor!", ela implorou.

Pierce riu da lembrança. "Felizmente, Maud Shaw me salvou e eu não tive de dar cambalhotas com Caroline na sala de jantar!"

Décadas depois, o *chef* Walter Scheib explicaria como os funcionários viam a primeira-família. "Embora um jantar diplomático oficial seja o ponto alto do nosso trabalho em termos de importância e prestígio, às vezes acontece de, no mesmo dia, você receber uma ligação da ala residencial dizendo que a Chelsea ou uma das gêmeas Bush quer uma tigela de aveia ou mirtilo ou alguma outra coisa e, de repente, isso passa a ser sua prioridade. Não tem nada a ver com gastronomia e sim com oferecer às primeiras-famílias uma pequena ilha de normalidade em um mundo muito, muito louco."

Às vezes, o que a primeira-família quer é prosaico e frustrante para um *chef* talentoso, especialmente quando há crianças morando lá. John Moeller lembra de uma manhã quando, junto com um *chef* recém-contratado, estava fazendo crepes para Chelsea Clinton. O novo *chef* tinha visto melaço de bordo natural na geladeira, mas Moeller alertou que Chelsea preferia o melaço artificial, que é o favorito da maioria das crianças. O novato discutiu com ele, insistindo que as coisas naturais são sempre melhores. Moeller acabou cedendo e despachou os mordomos para o andar de cima com o melaço natural. Dois minutos depois, o melaço era trazido de volta com um pedido da primeira-filha para que lhe mandassem o melaço artificial mesmo. As predileções da primeira-família têm mais peso que tudo.

Cabe aos funcionários da ala residencial garantir que filhos do presidente tenham um lugar seguro para serem eles mesmos. A filha mais velha de Johnson, Lynda Bird Johnson Robb, lembrou que recorria aos empregados em uma época em que não se podia confiar inteiramente em gente de fora. "As pessoas que lá trabalhavam eram simplesmente maravilhosas. Tenho certeza de que todo mundo que lá viveu sentia-se grato a eles e se considerava sortudo por estar rodeado por gente que queria sempre ajudar sem se preocupar em receber de volta qualquer coisa. Eles nunca nos prejudicariam."

Lynda conheceu seu marido, Charles "Chuck" Robb, quando ele era assessor militar de cerimonial na Casa Branca. Seu trabalho era garantir que os convidados do presidente se sentissem à vontade nas recepções e jantares, conversando com os mais nervosos pela iminência de conhecer o presidente e a primeira-dama, e conduzindo-os até seus lugares. Ninguém fora da equipe de funcionários sabia que Lynda e Robb estavam namorando. Depois que terminava seu turno, Robb costumava subir para o Solário para jogar bridge com Lynda. Os mordomos os viam, claro, mas preservavam totalmente a privacidade dela.

Robb foi o primeiro em sua turma na escola de formação básica de fuzileiros navais de Quantico, Virgínia. Foi condecorado com a estrela de bronze no Vietnã e, posteriormente, como político, foi governador da Virgínia e teve dois mandatos como senador. Quando Robb foi destacado para ir para o front, Lynda estava grávida da primeira filha, Lucinda. À noite, sem conseguir dormir, preocupada com o marido, ela podia ouvir os gritos de protesto dos manifestantes contra a guerra do Vietnã atravessando a janela do seu quarto.

Lynda ficava no quarto que fora ocupado antes por Caroline Kennedy, de frente para a Pennsylania Avenue, e não havia como escapar do barulho que vinha da rua. Sua irmã mais nova, Luci, ficava no quarto que pertencera a John-John. Entre os dois, havia um quartinho, anteriormente usado por Maud Shaw, que fora convertido em closet onde guardavam roupas que não estavam sendo usadas por causa da estação do ano.

Como o quarto do presidente e da senhora Johnson abria-se para o Jardim Sul, eles não ouviam com tanta clareza os gritos, mas Lynda e a irmã ficavam arrepiadas com os enfurecidos protestos. "Era muito angustiante para mim e Luci ficar ouvindo as pessoas protestarem contra a guerra dia e noite do outro lado da rua, especialmente porque os nossos maridos estavam lá no front. Eles estavam se sacrificando, eu estava grávida, e nós ouvíamos coisas sobre meu pai que nos magoavam muito. Eu sabia o quanto ele queria acabar com a guerra."

A curadora Betty Monkman lembra-se de ficar com outras pessoas no escritório do diretor observando os manifestantes. Ela se voltava para os colegas mais velhos e dizia: "Poderiam ser os filhos de vocês lá no parque".

"Quando se está lá, não dá para fingir que não se vê o que está acontecendo", disse ela. "Você tem a sensação de estar em um casulo, protegido, mas tem consciência plena do que está acontecendo do lado de fora." Em um dia extremamente gelado, o presidente Johnson, desesperado para aplacar a raiva dos manifestantes – chegou a pedir aos mordomos que lhes servissem café quente.

"Eu era bem jovem na época, tinha menos de 30 anos", recorda Monkman, "e, quando ia a festas, eu não dizia para as pessoas onde trabalhava, porque se o fizesse sabia que a reação seria negativa. Então eu apenas dizia: 'Trabalho para o Serviço de Parques', porque eu sabia que as pessoas gostariam de fazer minha cabeça politicamente. Talvez eu até pensasse como elas, mas não estava disposta a ficar ouvindo!"

De terças a sábados, partes do andar térreo e do primeiro andar da Casa Branca eram abertas à visitação pública, e durante aqueles anos de constantes manifestações, a falta de privacidade parecia insuportável para Lynda. "Mesmo depois do assassinato nós não tínhamos o tipo de segurança (que deveríamos ter). Cedo, de manhã, os turistas já estavam lá", disse. "Bem debaixo da minha janela, falando coisas como 'fique bem aí, Myrtle', enquanto eu tentava dormir!"

A primeira-dama do Texas, Nellie Connally, disse uma vez a Lynda que várias vezes pensou em jogar uma bexiga cheia de água nos turistas que paravam sob sua janela na residência oficial do governador.

"Eu ri muito e respondi que queria fazer o mesmo", conta Lynda. "Mas nunca fiz."

No entanto, o problema não eram os turistas de modos afáveis, eram os manifestantes indignados com a continuação da guerra que tornavam tão difícil a vida na Casa Branca. O assessor Nelson Pierce lembrou da vez em que "garotos" de uma excursão pública despejaram frascos contendo seu próprio sangue no Salão de Jantares Oficiais da residência que tanto os funcionários amavam. "Tivemos de mandar as cortinas para a lavanderia." Às vezes visitantes soltavam baratas dentro da Casa Branca. "Tínhamos de treinar os encarregados da limpeza e manutenção sobre o que fazer se ocorrências desse tipo acontecessem", afirmou Monkman.

Um momento decisivo para LBJ foi quando Lynda o procurou no meio da noite, chorando, depois de se despedir do marido, que acabara de embarcar para o Vietnã, e perguntou por que Robb tinha de ir para a guerra. O presidente vacilou, percebendo que não tinha resposta. Não muito depois Johnson anunciou que não tentaria a reeleição.

Em agosto de 1974, Steve Ford estava a duas semanas de começar as aulas como calouro na Universidade Duke quando seu pai foi subitamente alçado à condição de presidente dos Estados Unidos.

"De repente, passamos a viver cercados por dez agentes do Serviço Secreto e nossa vida mudou. Acredite, quando se tem 18 anos, não é essa a turma com quem você quer passar suas horas de folga."

Steve decidiu abrir mão da faculdade e mudou-se para Montana para trabalhar em uma fazenda e fugir dos flashes e das câmeras. Ainda assim, passava temporadas de dois meses com os pais e ficava em um quarto no terceiro andar, onde estavam os quartos de seus irmãos e sua irmã.

"A Casa Branca no fundo pertencia aos funcionários, porque eram eles que estavam lá havia quatro, cinco ou seis mandatos de presidentes", afirmou. "O contrato de 'locação' era por um período muito curto. Para nós, em especial, mais curto que para outros!"(O pai de Steve passou menos de três anos na Casa Branca, saindo em 1977.) Mas ele se lembra vivamente daqueles três anos. "De verdade, era como viver em um museu", recorda. "Tudo remonta a Lincoln ou Jefferson. Lembro bem quando me mudei para lá – na casa em que vivíamos, em Alexandria, eu costumava pôr os pés sobre a mesinha, mas na Casa Branca minha mãe chegava e dizia: 'Não ponha os pés aí. Essa mesa é de Jefferson'."

Para a família Ford, a mudança para a Casa Branca virou tudo de cabeça para baixo. Durante os quase vinte anos em que Gerald Ford foi congressista – e mesmo quando ocupou a vice-presidência –, eles moraram em uma casa de tijolos vermelhos em estilo colonial de quatro dormitórios e dois banheiros, em um terreno de mil metros quadrados na Crown View Drive, em Alexandria, Virgínia, do outro lado do rio Potomac em relação à Casa Branca.

Quando Ford tornou-se vice-presidente, em dezembro de 1973, depois da renúncia de Spiro Agnew, a garagem para dois carros da família passou a ser a base da equipe de guarda-costas do Serviço Secreto que o acompanhava. Vidros à prova de bala foram instalados no quarto do casal. (Só em 1977 o Observatório Naval dos Estados Unidos passaria a ser a residência oficial do vice-presidente.)

O mordomo-chefe Gary Walter relembra que os Ford eram muito acessíveis. Uma vez, recebeu uma ligação do presidente pedindo que mandasse alguém dar uma olhada no chuveiro do seu banheiro na Casa Branca porque estava sem água quente. Isso já vinha acontecendo havia alguns dias, mas ele estava usando o chuveiro do banheiro da esposa. Mas não tem pressa, teria lhe dito Ford.

Como os Nixon precisavam de um tempo para arrumar suas coisas e sair, a família de Gerald Ford teve de esperar sete dias para se instalar na Casa Branca depois que ele se tornou presidente. Quando finalmente se mudaram, o presidente e a primeira-dama trouxeram de casa suas poltronas favoritas – a dele era uma confortável poltrona de couro – que colocaram na saleta de estar particular anexa ao dormitório do casal.

Susan Ford, a caçula dos quatro filhos do casal, lembra-se de implorar aos pais para que a deixassem redecorar seu quarto e trocar o tapete shaggy azul. Mas eles não permitiram, porque a despesa sairia do bolso deles mesmos. "Meu pai não acreditava em empréstimos ou hipotecas. Era definitivamente da geração que cresceu na Depressão", ela me contou.

Como acontece com a maioria das crianças e jovens, os dos Ford, todos adolescentes ou chegando aos 20 anos, mal podiam esperar para começar a fazer bagunça. No dia em que se mudaram, Steve ligou para o seu melhor amigo, Kevin Kennedy, que morava a uma quadra dele em Alexandria. "Kevin, até que enfim nos mudamos. Você precisa vir aqui e ver este lugar."

Depois de liberar sua entrada junto ao pessoal da segurança, ele o levou para um tour pela casa, mostrando-lhe seu quarto no terceiro andar e o Solário, com seu acesso ao terraço. Com eles, levaram um aparelho de som e botaram no toca-discos, no volume máximo, "Stairway to Heaven", do Led Zeppelin. "Minha primeira noite na Casa Branca foi assim", relembra Steve. "Eugene, o mordomo, sabia o que fizemos e sou eternamente grato a ele por nunca ter me dedurado para meus pais. Os empregados sabem de tudo que você faz."

Mas, ainda segundo Steve, eles tentam não julgar. Em parte, porque são compreensivos e solidários com todas as crianças que precisam passar algum tempo da infância morando na Casa Branca. "Não havia réguas moralistas."

★★★

Para gerações de filhos e filhas de presidentes, viver na Casa Branca era ao mesmo tempo uma bênção e uma praga. Margaret Truman costumava chamar a residência oficial da presidência de "grande prisão branca". Alguns tentaram literalmente fugir dela.

Susan Ford recorda-se da vez em que efetivamente deu uma escapadela, deixando seu pai, que era famoso por ter coração mole, furioso. Em uma brincadeira que deu errado, ela conseguiu pegar sozinha seu carro, que estava estacionado na área semicircular no Jardim

Sul ("A gente deixava a chave no contato para o caso de precisarem deslocá-lo", disse ela), e saiu sem ser interceptada pelo portão. Os agentes do Serviço Secreto designados para acompanhá-la não conseguiram fechar o portão antes que ela passasse nem sair para segui-la porque o carro de sua mãe estava entrando justo naquele momento.

Susan então pegou uma amiga e foi para o estacionamento de uma loja da rede Safeway, onde ficaram bebendo cerveja. A certa altura ela foi até um telefone público e disse aos agentes do Serviço Secreto que estaria de volta à Casa Branca antes das sete da noite. (Ela precisava passar em casa para pegar os ingressos para um show da dupla Hall & Oates.) Assim que pôs os pés em casa, seu pai mandou chamá-la para uma conversa.

"Acabou a festa", ela se lembra de ter pensado. "Hora de encarar a realidade."

O presidente disse que estava decepcionado com ela. Provavelmente estava louco da vida, pois sabia que o Exército Simbionês de Libertação (grupo radical que havia sequestrado Patty Hearst, herdeira de um conglomerado de comunicações) havia ameaçado raptá-la. Susan foi a única entre os filhos de Ford a receber proteção do Serviço Secreto antes de ele se tornar presidente. O que era uma aventura inconsequente poderia ter se transformado em uma crise nacional se ela tivesse de fato sido sequestrada. (Susan claramente não se incomodava tanto com o Serviço Secreto; tempos depois, ela acabaria se casando com um dos agentes que faziam a segurança do pai.)

A exemplo da irmã, Steve Ford tentava viver uma vida normal. Mas nem sempre conseguia. "Quando nos mudamos, eu tinha um jipe amarelo", recorda ele, rindo da própria ingenuidade. "Eu costumava chegar e estacionar na entrada de carros na frente da área para recepção de visitantes estrangeiros. Então eu subia e, quando olhava pela janela, o carro já não estava mais onde o havia deixado." Os funcionários não consideravam apropriado o jipe ficar estacionado na frente da Casa Branca. "Sempre que eu chegava à casa, eles pegavam o carro e o deixavam nos fundos, na tentativa de escondê-lo. Eu ficava aborrecido, descia, trazia o carro de novo para a frente e eles tornavam a levá-lo para os fundos."

★★★

Amy Carter, que tinha 9 anos quando se mudou para lá, deixou sua marca na Casa Branca. Literalmente. Escrito com caneta hidrográfica, seu nome está na parede entre o fosso do elevador e o elevador de serviço no segundo andar. "Amy abriu a porta e esticou a mão para dentro do fosso e escreveu seu nome", disse o supervisor de operações Tony Savoy.

Amy não se contentava em ficar no andar de cima da mansão, relembra Savoy. Ela gostava de explorar. "Era curiosa. 'Puxa, temos esta bela casona, esse monte de portas, vamos ver o que tem dentro', ela dizia."

Os Carter ficaram famosos por matricular a filha em uma escola pública, em Washington. Era difícil para uma garota seguida por agentes do Serviço Secreto se integrar, especialmente se sua professora insistia em mantê-la fechada na sala de aula na hora do recreio como medida equivocada para protegê-la. Segundo sua mãe, Rosalynn, quando chegaram à Casa Branca, Amy, a caçula – única menina – de quatro filhos, já estava acostumada a ser meio diferente. "Esse era o mundo que ela conhecia, porque tinha três anos quando nos mudamos para a residência oficial do governador. A Casa Branca não era grande novidade para ela. Mary veio ficar conosco. A vida dela era assim. Só isso."

A babá Mary Prince ajudou Amy a se sentir mais à vontade com tudo aquilo, segundo Rosalynn, mas a menina de rosto cheio de sardinhas sabia que sua vida era diferente. Quando morava na residência do governador, na Geórgia, tinha ainda menos privacidade: lá, o simples percurso até a cozinha implicava passar por um batalhão de turistas. Mas Amy era uma criança tranquila, a ponto de às vezes parecer ignorar a presença de visitantes. "Quando tinha 3 anos", diz a mãe, "todo mundo se agitava quando a via e ela simplesmente passava pelas pessoas sem parar nem olhar para os lados. Lembro que, no seu primeiro dia na escola, em Washington, todo mundo ficou muito incomodado porque Amy parecia solitária demais. Mas a vida dela era assim mesmo."

Logo que se mudaram para a Casa Branca, lembra Rosalynn, Amy às vezes descia para o primeiro andar durante as visitas de turistas, mas "as pessoas ficavam tão excitadas ao vê-la" que ela parou. Mas mais tarde, depois que se encerravam as visitas, ela voltava e ficava andando de patins no Salão Leste.

Os funcionários da mansão gostavam da garotinha de personalidade forte. Mary Prince várias vezes ligou para Nelson Pierce para lhe pedir que viesse à ala residencial para afinar o violino de Amy. ("Eu só pensava em música e em beisebol", contou Pierce.) O mordomo James Jeffries afirmou que Amy às vezes lhe pedia para ajudá-la na lição de casa quando ele estava na cozinha da família no andar de cima. Amy só conhecia o tipo de vida que se vive em residências oficiais e, embora estas fossem residências muito elegantes, para ela era como se os empregados fizessem parte da família. Um dia ela passou por todos os departamentos e oficinas da residência, com o agente do Serviço Secreto a tiracolo, para pedir aos funcionários dinheiro para ajudar a patrociná-la em uma caminhada que pretendia fazer, contou a curadora Betty Monkman. "De certa forma, nós éramos os seus vizinhos. Ela vinha bater à nossa porta para pedir. Nós então prometíamos que daríamos alguma quantia e ela depois vinha cobrar! Ela não podia sair para a rua e fazer isso."

Os Carter tentavam oferecer a Amy uma sensação de estabilidade e normalidade. Betty lembra do dia em que, passando pela sala de baixelas e peças de porcelana, perto do escritório do curador, viu Amy e seus amigos fazendo esculturas em abóboras e "sentado no chão com elas, lá estava o presidente Carter".

Mary Prince enfatiza que Amy não ficou esnobe devido à fama – ao contrário de algumas pessoas que disseram que ela foi desrespeitosa com convidados estrangeiros ao abrir um livro e ficar lendo em um jantar oficial. "Ela não era uma menina mimada. Na verdade, nem era teimosa do tipo que não aceita um não. Ela era apenas uma garota que queria se divertir."

O *chef* Mesnier descreve Amy como uma menina diferente e caprichosa que não se intimidava com a grandiosidade da Casa Branca. Depois da escola, ela às vezes descia até a cozinha e lhe pedia que mandasse para cima os ingredientes para fazer seus bolinhos favoritos, que ela gostava de preparar sozinha na pequena cozinha do segundo andar e levar para a escola no dia seguinte. Muitas vezes, no entanto, depois de colocá-los no forno, ela começava a andar de patins ou a brincar em sua casinha na árvore e acabava se esquecendo totalmente deles; quando o cheiro de bolinhos queimados atravessava o corredor e invadia o resto da casa, os agentes do Serviço Secreto corriam primeiro para a confeitaria, achando que a origem do problema estava lá. Mesnier olhava para os preocupados agentes e apenas apontava para o andar de cima. Eles então subiam correndo para abrir as janelas e resgatar os bolinhos destruídos. Na manhã seguinte, Amy costumava vir até a cozinha e dizia ao *chef* que deveria levar bolinhos para a escola e não sabia o que fazer. Quando Mesnier lhe perguntava o que tinha acontecido com os ingredientes que mandara no dia anterior, ela respondia, não sem ficar corada de vergonha: "Houve um pequeno acidente". (Essa cena se repetiu tantas vezes que, quando Amy entrava na cozinha na manhã seguinte para pedir bolinhos para levar à escola, ele já tinha uma fornada de reserva pronta.)

Os filhos dos Carter já viviam uma vida particularmente confortável e incomum mesmo antes de se mudarem para a Casa Branca – o pai era um bem-sucedido fazendeiro que já havia exercido dois mandatos como senador pelo estado da Geórgia e um como governador do mesmo estado. Às vezes eles pareciam totalmente desconectados do mundo real, especialmente da realidade das pessoas que os serviam todos os dias. Um mordomo lembra de uma conversa com um dos filhos do presidente, à época com algo em torno de 25 anos. Ele estava sentado na cozinha da família, lendo um artigo no jornal sobre a alta nos valores dos aluguéis residenciais em Washington, levantou a cabeça, olhou na direção do mordomo e disse: "Ainda bem que eu posso ficar aqui na Casa Branca".

O mordomo voltou-se para ele e disse: "É verdade. Essa é uma das razões pelas quais estou aqui e trabalho em dois empregos: porque o aluguel é alto demais. Tenho de me virar". O filho de Carter ficou chocado: não podia acreditar que esse respeitável senhor tivesse de trabalhar em dois empregos para conseguir pagar o aluguel.

"Venha para o mundo lá fora morar comigo e você vai ver como são as coisas", disse-lhe o mordomo.

Os Clinton lutavam ferozmente para preservar a privacidade da filha Chelsea e pediam à imprensa que limitasse as notícias referentes a ela somente aos eventos públicos. Mas a mídia tinha outras formas de infiltrar o nome dela no noticiário. Em um esquete do quadro *Wayne's World*, do programa *Saturday Night Live*, o ator Mike Myers, no papel de Wayne, fez uma piada ofensiva dizendo que a adolescência "até aquele momento não tinha sido generosa" com Chelsea, que, afinal, acrescentou ele, não tinha se tornado "uma gata". O quadro enfureceu os Clinton, e a piada foi tirada na reedição feita para futuras reexibições. Myers chegou a enviar posteriormente uma carta aos Clinton pedindo desculpas.

Tal qual os Obama e os Kennedy, os Clinton não queriam que a filha fosse alvo de cuidados e confortos excessivos na Casa Branca. Na realidade, Chelsea frequentemente avisava o *chef* de que não precisava cozinhar para ela porque ela mesma faria seu jantar: macarrão com queijo.

Chelsea era adorada por quase todos os empregados da residência. A arrumadeira Betty Finney revelou que ela era como uma filha para eles – todos sentiam que deveriam protegê-la. "Quando se fala em adolescentes, você logo pensa em malcriação. Mas isso nunca, nunca aconteceu com a Chelsea. Eu jamais a vi falar de maneira rude durante todo o período em que estive lá", disse Betty. "Ela escreveu uma mensagem para mim agradecendo por meus serviços. Ela era desse jeito."

Mesmo assim, em alguns aspectos Chelsea era, sim, uma adolescente "normal". Para começar, ela quase nunca fazia a própria cama. E, como todos os adolescentes, ela gostava de ficar com os amigos.

Muito antes do seriado *Downton Abbey* mostrar a sra. Sybil tendo aulas de culinária no subsolo da mansão dos Crawley com a sra. Patmore, a cozinheira da casa, Chelsea Clinton e alguns colegas da sua elitizada escola particular, Sidwell Friends, fizeram uma espécie de estágio informal com os funcionários da Casa Branca. (Anos antes,

Jackie Kennedy levara a filha Caroline, de 5 anos, à cozinha da Casa Branca para assar minicupcakes cor-de-rosa feitos em um conjunto de forminhas de brinquedo que a garota ganhara de aniversário.) Chelsea e os colegas passavam parte do dia em cada departamento, aprendendo com os melhores do ramo a cozinhar, limpar e ajeitar flores. Orgulhosa, ela mostrou aos pais o arranjo de flores que havia feito – o qual ficou exposto no Salão Vermelho – e os fez experimentar alguns dos pratos que aprendera a preparar.

"A senhora Clinton decidiu que eles queriam que Chelsea fosse um pouco mais autossuficiente, mas ao mesmo tempo não desejavam que ela comesse no refeitório ou saísse todas as noites para jantar", lembra o *chef* de cozinha Walter Scheib. "E foi assim que eu recebi uma ligação da senhora Clinton perguntando se eu poderia ensinar Chelsea a cozinhar." Havia ainda um outro fator importante: a jovem era vegetariana e sua mãe queria garantir que ela conseguiria preparar uma alimentação saudável quando estivesse na faculdade. No verão do seu último ano no ensino médio, antes de ir para a Universidade Stanford, Chelsea passou várias horas na cozinha aprendendo os níveis básico e intermediário da cozinha vegetariana.

"Ela era uma aluna muito rápida e, como todo mundo hoje sabe, é muito inteligente", descreve Scheib, para quem, mesmo com apenas 17 anos, ela tinha consciência plena da vida sacrificada que levavam os empregados. "Ela é uma pessoa muito intensa, que levou muito a sério essa oportunidade. Tinha tremendo respeito por nós por dedicarmos nosso tempo a ela."

Ao término da série de aulas, ele a presenteou com um dólmã com a inscrição CHELSEA CLINTON, PRIMEIRA-FILHA. E os calígrafos da Casa Branca fizeram um diploma: "Escola de culinária da Casa Branca Walter Scheib". Tempos depois, Chelsea mandou a ele um bilhete: "Muito obrigada pelo tempo que dedicou a mim. Espero não ter dado muito trabalho".

"Fico pensando em como eu teria sido se, aos 17 anos, fosse o primeiro filho", refletiu Scheib, durante sua entrevista. "Eu era meio babaca. Ela não: era tão modesta e discreta, tão agradecida pelo que fazíamos. Lembro de Chelsea ligar para pedir o café da manhã e dizer: 'Se não for dar muito trabalho...'. Eu replicava: 'Chelsea, não é muito trabalho. Eu estou aqui justamente para isso'."

Os mordomos mais tarde comentariam com Scheib que haviam ouvido Chelsea contar para a mãe o que havia aprendido com ele naquele dia na cozinha. "A senhora Clinton e Chelsea eram muito, muito apegadas. A primeira-dama era capaz até de mudar sua agenda quando sabia que a filha estaria disponível para comer com ela." Os empregados frequentemente se deparavam com esse lado mais delicado de Hillary, oposto à imagem de durona de sua persona pública. "No ambiente familiar, ela era uma mãe presente, carinhosa e absolutamente apaixonada pela filha. Para ela, Chelsea era tudo: o começo, o meio, o fim."

Para Scheib, era justamente esse tipo de acesso às primeiras-famílias que tornava especial um emprego tão extenuante. "Trabalhar na Casa Branca é isso. Alguns se vangloriam dizendo 'fiz esse bolo' ou 'fiz aquela sopa', ou 'fiz aquele arranjo floral'. Mas não é isso o que importa. A verdadeira beleza desse trabalho está em poder ver esses relacionamentos. Nós éramos o que menos importava. Não importa o *chef* confeiteiro, não importa o *chef* de cozinha, não importa o jardineiro. O que importa são as famílias."

Por mais estreitos e afetuosos que se tornem os laços entre os funcionários e as crianças, a linha que separa os funcionários da primeira-família sempre foi muito clara. "Não obstante os títulos pomposos dos nossos cargos, somos empregados domésticos e precisamos nos lembrar sempre nossa posição", reflete Scheib. "Durante os anos Bush, nossa única missão era garantir que Jenna e Barbara comessem exatamente o que queriam no almoço ou que, ao voltar da igreja no domingo, o presidente encontrasse o prato que desejava."

Eles sempre queriam impressionar a primeira-família. Para o aniversário de 50 anos de Hillary Clinton, Mesnier criou um extravagante bolo feito de balões de açúcar decorados com reproduções à mão da capa do seu livro *best-seller É tarefa de uma aldeia.*

Para o aniversário de 16 anos de Chelsea, Mesnier quebrou a cabeça para inventar algo que deixasse boquiabertos a jovem e seus pais. Ele não sabia o que fazer, mas, como revelou enfaticamente em seu forte sotaque francês, se recusava a "fazer um bolo com flores para uma garota de 16 anos. Queria algo que tivesse um significado".

Faltando apenas dois dias para o aniversário, ele ainda não havia decidido como seria o bolo. Eis que um dia, a caminho do trabalho, ele ouviu em um programa de rádio que Chelsea queria um carro e uma carteira de motorista de aniversário. Estava decidido. Ele fez à mão uma carteira de motorista de Washington e um carro de açúcar. Mas havia um problema: os Clinton celebrariam o aniversário dela em Camp David, no Catoctin Mountain Park de Maryland, a cerca de cem quilômetros ao norte da Casa Branca, de forma que o bolo teria de ser despachado para lá. Mesnier estava tão preocupado com esse transporte que ele próprio carregou a perua e deu ao motorista instruções precisas de como cuidar da preciosa carga. "Se você não obedecer", disse ele, "vai ter encrenca." Para completar, ainda fez o motorista prometer que tiraria uma foto do bolo quando chegasse no local.

★★★

Adaptar-se à vida na Casa Branca pode ser difícil para alguns filhos e filhas de presidentes, mas para os empregados é sempre uma felicidade ter crianças na mansão. Elas trazem uma leveza e uma alegria que normalmente não se vê naqueles ambientes tão elegantes e severos. O segundo e o terceiro andares são preenchidos por grande vivacidade quando há crianças correndo para lá e para cá nos corredores. "Quando entrei, todo mundo era velho", afirma Bill Hamilton, que começou a trabalhar na Casa Branca no governo Eisenhower. Quando os Kennedy chegaram, no entanto, a mudança foi da água para o vinho. Ele lembra de ver Caroline e John-John brincando com seus animais, inclusive um pônei chamado Macaroni que Caroline costumava montar no Jardim Sul. "Era tão bacana ver aquilo. Quem imaginou que um dia isso aconteceria na Casa Branca?"

CAPÍTULO X

Tristeza e esperança

Eu ainda não posso falar sobre isso.

Wendy Elsasser, florista, 1985–2007, sobre estar trabalhando na Casa Branca no dia 11 de setembro de 2001

"Pierce, corra para o escritório. O chefe foi baleado", rosnou um apavorado agente do Serviço Secreto para Nelson Pierce no instante em que este atravessava os portões da Casa Branca para começar seu turno na tarde de 22 de novembro de 1963.

Mais de cinco décadas depois, Pierce ainda se lembrava de cada minuto daquele dia de 1963. Assim que passou pelo portão, ele correu para a ala residencial, até o escritório do mordomo-chefe, onde um grupo de funcionários horrorizados se amontoava em torno da TV.

Ao contrário do resto do país, Pierce não teve tempo para entregar-se ao pranto e ao luto. Ele tinha uma missão a cumprir. Assim como a maioria dos funcionários da Casa Branca, naquele dia ele demonstrou muito pouca emoção. Todo mundo da equipe "ligou o piloto automático", disse o curador Jim Ketchum. "Acredito que a maioria de nós estava determinada a seguir em frente e fazer o que precisava ser feito."

Como assessor de plantão naquele dia, foi Pierce quem recebeu o comunicado oficial, por um agente do Serviço Secreto que ligara do Parkland Hospital, em Dallas, confirmando a morte do presidente.

Pierce estava comandando o navio por águas nunca antes navegadas. Era a primeira vez na era moderna que um presidente era assassinado e, mais ainda, a primeira vez que um evento como esse tinha sido filmado e as violentas imagens eram exibidas repetidamente.

Era o início de uma semana longa e emocionalmente desgastante. Pierce havia entrado na Casa Branca em uma sexta-feira e só sairia na noite da quarta-feira seguinte. O trabalho a ser feito era imenso. A primeira providência foi ligar para o pessoal da engenharia e ordená-los a descer a bandeira do terraço a meio pau. Nesse período, ele só sucumbiu às emoções uma única vez: quando viu aquela bandeira ser rebaixada. Depois de se recompor, ligou para o Centro Administrativo de Controle de Serviços Gerais para notificar todas as embaixadas e todos os navios ao mar para descer devidamente suas bandeiras a meio pau.

Dez minutos depois de sair de Dallas, a secretária pessoal da senhora Kennedy, Mary Gallagher, ligou do avião presidencial *Air Force One* e comunicou-lhe que a primeira-dama queria que o funeral do marido fosse o mais parecido possível com o de Lincoln. Pierce não sabia exatamente o que isso demandaria, mas imediatamente se pôs a trabalhar. "Não tínhamos nenhum treinamento para uma situação como aquela. Era simplesmente um serviço que nós começamos a realizar automaticamente – estávamos fazendo o que a primeira-dama pediu." Ele rapidamente entrou em contato com o departamento de curadoria e eles, em consulta com a Biblioteca do Congresso, trataram de descobrir a melhor maneira de replicar o velório solene, com visitação pública, e o funeral propriamente dito.

O curador Jim Ketchum achou uma gravura antiga em que o Salão Leste aparecia revestido de tecido preto para o velório de Lincoln. Para recriar o mesmo efeito, West ligou para Lawrence Arata, o tapeceiro da Casa Branca, que propôs usarem cambraia preta, um tecido preto bem fino usado na face inferior dos assentos das cadeiras para cobrir as molas. Casualmente, Arata havia encomendado um rolo de quase cem metros alguns dias antes.

Rapidamente o tapeceiro e sua esposa começaram a trabalhar, pendurando o tecido exatamente como instruído pelo cunhado do presidente, Sargent Shriver, que supervisionou os preparativos para o funeral a pedido de Robert Kennedy. Os Arata revestiram de tecido preto os lustres, as janelas e as portas e contaram com a ajuda dos consternados colegas desde o meio da noite até a madrugada, quando o corpo do presidente chegou.

"Muita gente achou que era seda, mas era pura cambraia preta. A senhora Kennedy queria algo muito, muito modesto, como no funeral de Lincoln. Nada luxuoso", disse Arata. "Prendi a cambraia nas cortinas e tentei fazer com que caísse em dobras, como se feito sob medida."

Um arrasado Preston Bruce conduzia amigos e familiares que chegavam, todos absolutamente incrédulos, para os preparativos para o funeral. Também ajudou a revestir de preto o primeiro andar da Casa Branca como instruído pela primeira-dama. No Salão Leste, Bruce e o *maître* Charles Ficklin colocaram velas imensas e finas ao lado da plataforma sobre a qual seria colocado o caixão. Preston Bruce afirmou que, desde o momento em que chegou à Casa Branca, às 14h22 do dia 22 de novembro, até o carro com o corpo estacionar sob o Pórtico Norte, depois das quatro horas da madrugada seguinte, tinha "uma só ideia na minha cabeça: esperar pela senhora Kennedy. Eu queria estar lá quando ela voltasse para a Casa Branca".

O diretor executivo J. B. West estava em casa quando ouviu a notícia pelo rádio. Imediatamente saiu correndo para o escritório. Em suas memórias, escreve sobre as horas que se seguiram: ele instruiu os mordomos a preparar café e as arrumadeiras a ajeitar os quartos de hóspedes, "pequenos gestos sem maior importância, mas sinais de que precisávamos continuar com nosso trabalho".

"Inicialmente tínhamos sido informados de que o corpo do presidente chegaria à Casa Branca por volta das dez horas da noite, mas quando o relógio marcou dez, recebemos uma ligação em que diziam que não sabiam a que horas chegaria. No fim, o corpo só chegou às quatro e vinte e cinco da manhã", disse Pierce com o rosto tomado de tristeza. "Varamos a noite acordados e permanecemos acordados durante todo o dia seguinte."

Pierce ajudou a acomodar os familiares de Kennedy em seus quartos na mansão. Durante as quatro noites seguintes, ele e os outros assessores dormiram em camas de armar no subsolo. Havia uma área, com um banheiro e um chuveiro, que usavam para trocar de roupa e vestir o smoking para as recepções oficiais.

Quando viu Jackie pela primeira vez no início da manhã de 23 de novembro, Pierce quase congelou. "Quando a senhora Kennedy, Ted e Robert apareceram no corredor para pegar o elevador, fiquei pensando no que deveria dizer a ela. Nossos olhares se cruzaram assim que ela surgiu e tivemos ali uma conexão que nunca tive com qualquer outra pessoa – eu não tive de dizer nada", relembrou ele, os olhos marejando ao falar sobre o terno que ela vestia manchado com o sangue do marido. A traumatizada primeira-dama tinha apenas 34 anos. "Perdemos um amigo, um amigo muito próximo", disse Pierce ao refletir sobre o estado de espírito dos funcionários naquele dia fatídico. A chefe de cerimonial, Letitia Baldrige, lembra-se que Robert Kennedy pediu-lhe que escolhesse um caixão; ela optou por um de preço mediano, já que ficaria para sempre guardado sob a bandeira dos Estados Unidos.

"Centenas de pessoas passavam para lá e para cá naqueles corredores, silenciosas, anestesiadas", relembrou. "Aqueles mesmos corredores que normalmente eram agitados, alegres, barulhentos. Agora as pessoas se deslocavam lentamente, de cabeça baixa, e, quando falavam, não mais que sussurravam, como se temendo que a emoção fosse explodir."

No intervalo de quinze horas até o corpo do presidente chegar à Casa Branca, os funcionários conseguiram providenciar para que o caixão ficasse exposto sobre o mesmo catafalco usado para o de Lincoln cem anos antes. O corpo chegou à Casa Branca depois de horas no Hospital Naval de Bethesda, onde fora autopsiado, enquanto Jackie fumava cigarros sem parar e caminhava de um lado para o outro nos corredores. Representantes de cada uma das três forças armadas carregaram o caixão e o levaram para dentro pelos degraus do Pórtico

Norte. Uma breve oração foi proferida pelo padre John Kuhn, da catedral de São Mateus. A primeira-dama só saiu do lado do marido depois que seu caixão estava instalado no Salão Leste e coberto pela bandeira. Dentro do ataúde, ela deixara uma carta que escrevera ao marido, um par de abotoaduras de ouro que lhe havia dado de presente, o sinete presidencial entalhado em um dente de baleia e um bilhete de Caroline e John-John ao pai.

Para a senhora Kennedy, a perda era ainda mais aguda porque a proximidade do casal havia se renovado após a desoladora morte do filho recém-nascido, Patrick Bouvier Kennedy, em 9 de agosto de 1963, menos de quatro meses antes do assassinato do presidente. Cerca de dez dias antes do nascimento prematuro de Patrick, a primeira-dama havia escrito para a governanta-chefe Anne Lincoln pedindo que fosse comprar cabides para roupas de bebê. Como o nascimento ainda levaria várias semanas, Anne vinha adiando a tarefa.

O menino morreu dois dias após ter nascido prematuramente, cinco semanas e meia antes do período gestacional considerado normal. "O quarto do bebê já estava todo arrumado. Só sei que, no segundo em que ele morreu, corremos para lá o mais rápido possível, tiramos e guardamos tudo", relembrou Anne. Eles não queriam que o presidente e a primeira-dama fossem lembrados da dolorosa perda quando voltassem para casa. O diretor J. B. West ligou imediatamente para a carpintaria para instruir que levassem embora o tapete, o berço e as cortinas do quarto azul e branco. Jackie teria agora de enfrentar uma nova morte a mudar sua vida.

Bill Cliber começara a trabalhar como eletricista na Casa Branca naquele ano. Ele ajudara a cobrir os lustres com tecido preto e, quando a primeira-dama apareceu para dar uma olhada no caixão onde jazia o corpo do marido, ele discretamente se afastou para o lado oposto do salão para lhe dar privacidade. "Nós sabíamos como desaparecer", disse ele. Os empregados tinham consciência plena de que este era um momento em que a primeira-dama precisava muito de privacidade.

Durante 24 horas, família e amigos do presidente prestaram suas condolências no Salão Leste. Depois de uma breve missa naquele sábado, Jackie procurou o diretor J.B. West e o abraçou. "*Pobre* senhor West", sussurrou ela.

"Não consegui dizer nada. Era a única forma de aguentar", disse ele. "Só fiquei abraçado a ela por alguns instantes."

Sabendo que ela e os filhos logo teriam de deixar a Casa Branca, Jackie pediu-lhe que a levasse para dar uma última olhada no Salão Oval. Espantosamente, no entanto, ele já estava sendo desmontado. Miniaturas de navios, livros e a cadeira de balanço do presidente estavam sendo retirados pelos funcionários da mansão. "Acho que estamos atrapalhando", murmurou ela, tentando assimilar e gravar na mente cada detalhe do recinto.

Ela percorreu o curto espaço até a sala de reuniões ministeriais e sentou-se à imponente mesa de mogno. "Meus filhos. Eles são crianças boas, não são, senhor West?", perguntou ao diretor, que se tornara um amigo.

"Certamente que são."

"Não são crianças mimadas, não é?"

"Não são, absolutamente."

"Senhor West, gostaria de ser meu amigo para sempre?", suplicou a primeira-dama, que 24 horas antes passara por um trauma inimaginável.

Muito abalado para responder, ele apenas acenava com a cabeça. No domingo seguinte ao assassinato, o caixão coberto pela bandeira foi colocado sobre uma plataforma instalada na carroça puxada por cavalos, a mesma usada para transportar os corpos de Lincoln, Franklin Delano Roosevelt e do soldado desconhecido até a Rotunda do Capitólio, onde ficaria exposto para visitação por 21 horas. O cortejo era tão similar ao de Lincoln que havia até um cavalo negro sem cavaleiro, exatamente como cem anos antes. Duzentas e cinquenta mil pessoas compareceram para uma última homenagem ao presidente. O funeral foi realizado na segunda-feira, dia 25 de novembro.

"Estávamos no Pórtico Norte. Não se ouvia nada, só os cascos dos cavalos – ploc, ploc, ploc", recorda, como se fosse hoje, o veterano funcionário da mansão Wilson Jerman. "Foi um dia muito triste."

Pouco antes do funeral, o então assessor Rex Scouten ligou para Preston Bruce convocando-o ao seu escritório. Ao chegar, Robert Kennedy o aguardava para dizer que a primeira-dama queria que ele caminhasse junto com eles na procissão até a catedral de São Mateus. Um carro o levaria de lá até o cemitério para o sepultamento.

O funeral "transcorreu à perfeição", relembrou Bruce. Ele lembrou de ver John-John bater continência na direção do caixão do pai e também que, naquela noite, sua mãe providenciara que servissem um bolo, sorvete e arranjassem velinhas para comemorar o aniversário de três anos do garoto.

Bisneto de escravos, sem nunca ter feito faculdade, Bruce ficou atônito ao ver-se a poucos metros do general Charles de Gaulle e do imperador etíope Haile Selassie, ambos ostentando trajes militares cobertos de insígnias, no enterro do presidente no cemitério nacional de Arlington. Como eles, dignitários de mais de cem países foram a Washington para demonstrar sua solidariedade com o país enlutado. Na visão de Bruce, Jackie Kennedy lhe dedicara uma honra inigualável e inesquecível ao posicioná-lo lado a lado com chefes de Estado e incluí-lo entre os familiares e amigos mais próximos do presidente.

★★★

Jim Ketchum tinha acabado de sair do Salão Oval, onde trabalhara durante toda a manhã com uma equipe do Instituto Smithsonian. Faltava menos de um ano para as eleições presidenciais de 1964 e Kennedy já estava fazendo planos para a biblioteca presidencial[10] referente ao seu mandato em caso de derrota no pleito. O presidente insistia que sua biblioteca deveria abrigar uma réplica perfeita da ricamente entalhada escrivaninha chamada Resolute, feita com madeira recuperada da fragata inglesa HSM *Resolute* usada na exploração do Ártico. Kennedy foi o primeiro presidente a instalá-la no Salão Oval, onde se tornou

10. Bibliotecas presidenciais abrigam documentos, registros, coleções e objetos históricos pertencentes a cada presidente dos Estados Unidos. (N. T.)

mundialmente famosa graças a uma foto em que o pequeno John-John aparece brincando sob o tampo onde o pai trabalhava, colocando a cabeça para fora por um vão no centro do painel frontal.

Naquela manhã, depois de esquadrinhar cada centímetro quadrado do icônico móvel junto com o pessoal do Smithsonian, Ketchum tinha voltado a se acomodar em sua sala de trabalho quando entreouviu um policial dizer no corredor: "Acabamos de receber de Dallas a notícia de que carros da comitiva presidencial foram alvo de um ataque e acreditamos que o presidente foi atingido".

Ketchum e dois outros funcionários da curadoria subiram de elevador até o terceiro andar atrás de um quarto de hóspedes com TV onde pudessem acompanhar o noticiário. Não muito depois, ele recebeu uma ligação da própria primeira-dama, já a bordo do *Air Force One*, repetindo as instruções que havia dado aos assessores: queria que ele encontrasse livros com descrições de como o Salão Leste fora decorado para as cerimônias fúnebres de Lincoln.

Perto do início da noite, helicópteros começaram a aterrissar no gramado da Casa Branca um atrás do outro. Revisitando mentalmente aquele dia, Ketchum me contou que a imagem que lhe surge é a de uma cena do épico filme sobre a guerra do Vietnã *Apocaplypse Now*, que só anos mais tarde chegaria às telas. Os helicópteros vinham da base aérea Andrews e traziam algumas das pessoas que estavam no voo chegando de Dallas e outras que Johnson convocara para tratar com ele da transição.

Ketchum passou as horas seguintes preparando o Salão Leste e só voltaria ao seu apartamento na região norte de Virgínia na manhã de domingo. Depois de algumas horas de descanso em casa, recebeu uma ligação, por volta das seis e meia da manhã da segunda-feira, o dia do funeral do presidente. Era a senhora Kennedy. "Obviamente ela não tinha dormido nada ou quase nada", disse ele. O telefonema era para tratar de um pequeno detalhe, mostrando sua preocupação quase obsessiva com a aparência, mesmo em um momento de perda tão brutal como aquele.

"Ela receberia a maioria dos dignitários estrangeiros no Salão Vermelho, mas queria que pessoas como (o presidente da França)

De Gaulle e alguns poucos outros indivíduos que eram realmente considerados os mais importantes fossem recebidos no Salão Oval Amarelo, acima do Salão Oval Azul", disse ele.

Jackie não desejava que vissem na parede o quadro do pintor francês pós-impressionista Paul Cézanne no Salão Oval Amarelo. "Eu gostaria muito de mostrar algo mais americano para essas pessoas", comandou resoluta para Ketchum. "Você poderia vir à Casa Branca o mais rápido possível para tirar o Cézanne da parede?" Às 8h15 daquela mesma manhã, o Cézanne já havia sido substituído por uma série recém-adquirida de grandes telas de cidades americanas. "Não poderia haver escolha mais perfeita", afirmou Ketchum cheio de orgulho.

Surpresa: essa foi a reação de Ketchum ao perceber que o diretor J. B. West, tão próximo da senhora Kennedy, não demonstrara, até então, grande emoção após o assassinato. West explicou ao consternado colega: "Entrei na Casa Branca em 1941 e o meu presidente (Roosevelt) morreu em abril de 1945. Quando o primeiro presidente para quem a gente trabalha morre, é uma experiência muito mais penosa do que as que se seguem".

Ketchum afirma que, quando o presidente Kennedy morreu, ele finalmente entendeu o significado das palavras de West. Sempre se espera certo nível de compostura dos funcionários da residência. Como a primeira-dama exibia um comportamento marcado pelo estoicismo, todo mundo procurou seguir seu tom. Se a esposa do presidente era capaz de se controlar, um curador da Casa Branca que mal conhecia o presidente certamente deveria ser capaz de fazer o mesmo.

West achara estranho que a primeira-dama, normalmente avessa a participar de campanhas políticas, tivesse decidido acompanhar o marido na viagem a Dallas, mas, por outro lado, lembrou-se do quanto eles tinham se aproximado depois da morte de Patrick, em agosto daquele mesmo ano. Tempos depois, ela revelaria a West que ficou contente por estar ao lado do marido em seus últimos momentos: "Só de pensar que eu estive muito perto de não ir. Ah, senhor West, imagine se eu tivesse ficado por aqui, andando a cavalo em Wexford (a casa deles na região dos haras de Virgínia) ou em algum outro lugar... Graças a Deus que fui com ele!".

Jacqueline Kennedy gostava tanto de West e era tão agradecida por sua solidariedade naquele período sombrio que, quando ele morreu, em 1983, pediu a Nancy Reagan que permitisse que ele fosse sepultado no cemitério nacional de Arlington, reservado apenas a militares e seus familiares. Os Reagan atenderam ao pedido.

★★★

Coube à babá Maud Shaw dar às crianças a notícia da morte do presidente. Caroline estava a cinco dias de completar 6 anos quando seu pai foi morto. Em três dias John-John faria seu terceiro aniversário. Toda vez que pousava um helicóptero no gramado da Casa Branca, Caroline apontava e perguntava se era aquele que estava trazendo seu pai de volta da viagem. Maud escolheu cuidadosamente as palavras. "Houve um acidente e seu pai foi baleado", disse ela hesitante, quase não conseguindo controlar sua própria dor. "Deus o levou para o céu porque no hospital eles não estavam conseguindo curá-lo."

Maud disse a Caroline que um dia ela se reencontraria no céu com seu pai e seu irmãozinho Patrick, mas que, até lá, ele ficaria olhando lá de cima e cuidando dela, de sua mãe e seu irmão. Naquela idade, tudo que Caroline conseguiu fazer foi começar a chorar.

John-John era tão pequeno ainda que Maud colocou-o na cama para dormir sem lhe contar nada. Mas ele não demorou a entender o suficiente para dizer: "Minha pobre mamãe está chorando. Chorando porque meu papai foi embora".

★★★

No começo, Lady Bird Johnson pensou que alguém estava soltando rojões. Não teria destoado do clima festivo daquele dia, com crianças agitando cartazes e pessoas jogando confete e se debruçando das janelas dos prédios de escritório para acenar para o lindo primeiro casal.

Os Johnson estavam dois carros atrás do carro dos Kennedy, naquele 22 de novembro de 1963. Sua vida, como a dos membros da família Kennedy, seria mudada para sempre pelos acontecimentos daquele dia.

Lady Bird Johnson só veio a acreditar que o presidente tinha sido baleado quando eles entraram no hospital. Foi quando olhou dentro do carro de Kennedy e viu "no banco de trás um montinho cor-de-rosa, como se fossem pétalas amontoadas pelo vento. Era na verdade a primeira-dama deitada sobre o corpo do presidente".

Quando foi falar com Jackie do lado de fora da sala de cirurgia, ficou chocada com o ar de desolação que a cercava. "A imagem que sempre se tem de uma pessoa como ela é de alguém cercada de gente, protegida", escreveu Lady Bird em seu diário. Ela então abraçou Jackie e disse: "Que Deus nos ajude a todos".

No voo de volta para Washington, com o caixão do presidente no corredor do avião, Lady Bird voltou a procurar Jackie. Esta lhe disse a mesma coisa que mais tarde diria a West: que se comprazia do fato de estar com o marido em seus últimos instantes de vida. "E se eu não estivesse lá?", perguntou em voz alta.

Quando Lady Bird perguntou se ela gostaria que achasse alguém que a ajudasse a trocar de roupa e tirar aquele terno manchado de sangue, a primeira-dama se recusou "de maneira mais ou menos impetuosa, como se fosse possível dizer que uma pessoa tão gentil e digna como ela pudesse se comportar assim". A cena era profundamente comovente; chocante ver aquela "mulher imaculada, extraordinariamente bem vestida, coberta de sangue".

"Quero que vejam o que fizeram com o Jack", disse Jackie em tom contestador. (O terno cor-de-rosa era uma cópia exata de um modelo Chanel produzido por uma pequena confecção americana; a primeira-dama a escolhera para evitar críticas por vestir excessivamente roupas caras importadas.)

Tristeza e pânico haviam tomado conta do país. Luci Baines Johnson, na época com 16 anos, morria de medo que as notícias que estava ouvindo de segunda mão estivessem incompletas e que seus pais também estivessem feridos. Ela estava no meio de uma aula de espanhol na escola National Cathedral, em Wahington, quando o professor deu a notícia. "Ninguém disse nenhuma palavra sobre meu pai ou minha mãe", relembrou. A aula foi imediatamente suspensa e ela saiu para o pátio da escola sozinha em um estado de torpor. "Olhei em volta e vi que o pessoal do Serviço Secreto tinha sido muito consciencioso e designado um homem que eu conhecia, um dos guarda-costas do meu pai. Então eu virei e corri na direção oposta à dele, como que para fugir do inevitável. É claro que ele acabou me alcançando, porque eu nunca seria capaz de ser mais rápida que um agente do Serviço Secreto." Ele a agarrou e disse: "Eu sinto muito, muito mesmo, Luci". Ela bateu no peito dele e gritou: "Não!". Ele nunca disse que o presidente tinha morrido, segundo ela, "porque as palavras eram simplesmente impossíveis de se dizer". Só depois de perguntar a ele "e o meu pai e a minha mãe?" que ela soube que seus pais não se feriram.

Noventa e nove minutos depois de confirmada oficialmente a morte do presidente Kennedy, o vice-presidente Lyndon Baines Johnson foi empossado como novo chefe do executivo, ainda a bordo do *Air Force One*. Ao desembarcar, na base aérea de Andrews, agora como presidente, ele declarou à imprensa que os aguardava: "Sofremos uma perda inestimável. Para mim, é uma profunda tragédia pessoal. Sei que o mundo se solidariza com a dor sentida pela senhora Kennedy e sua família. Darei o melhor de mim. É isso que posso fazer. Peço a ajuda de vocês – e de Deus".

O espectro da tragédia assombraria os Johnson ao longo dos meses que se seguiram na Casa Branca. A transição para eles foi dificultada ainda mais porque alguns dos funcionários mais leais da equipe de Kennedy nunca vieram a confiar no novo presidente, a quem consideravam grosseiro e truculento. (Até mesmo Jackie Kennedy havia se referido a ele durante a campanha como o "senador Cornpone"[11].

Ainda que tenha sido incomensurável o impacto na vida de Caroline Kennedy, sua mãe queria que sua rotina permanecesse inalterada

11. Cornpone é uma gíria que, em inglês, significa caipira. (N. T.)

pelo maior tempo possível. A seu pedido, Lady Bird Johnson permitiu que a garotinha continuasse a frequentar o jardim de infância instalado no Solário do terceiro andar até o fim do primeiro semestre, em meados de janeiro, juntamente com um grupo de coleguinhas. A pequena Caroline era deixada no Pórtico Sul todas as manhãs; à tarde, vinham buscá-la. Ela e os colegas subiam de elevador até a sala de aula, que tinha pequenos armários, quadro-negro e era coberta com piso de linóleo. Os outros alunos eram filhos de amigos de longa data do primeiro casal. As aulas de balé de Caroline às vezes ainda eram praticadas no Jardim Sul; "voejavam como passarinhos cor-de-rosa em seus colãs, tutus e sapatilhas", relembra a chefe de cerimonial Letitia Baldrige.

Depois da morte do pai, Caroline nunca parou para ver seu velho quarto no segundo andar ou para pular na cama elástica, afirmou J. B. West. "Exceto por um ou outro empregado mais sentimental, ela era ignorada. Lynda e Luci (as filhas adolescentes dos Johnson) eram agora as novas princesas."

Para Nelson Pierce, ver Caroline todos os dias dava uma sensação de alívio e não de tristeza. "Estávamos muito felizes por ela continuar na escola e com seus amigos", contou-me. "É claro que, sendo ela tão garotinha ainda, a perda do pai ficava esquecida quando ela estava na escola. Ela se juntava às outras crianças e se divertia." (Assim que Caroline terminou o semestre, Luci e Lynda transformaram o espaço do Solário em uma espécie de refúgio adolescente, com refrigerantes, uma grande TV e dois toca-discos.)

Por conta do assassinato, o aparato de segurança da Casa Branca foi reforçado. O mordomo Lynwood Westray recorda que todos os empregados da residência foram submetidos a uma nova checagem pelos órgãos policiais: seus antecedentes examinados e amigos e familiares interrogados. "Um ou dois rapazes não foram confirmados nos cargos, mesmo tendo sido aprovados" anteriormente, disse ele. "Eles simplesmente foram excluídos e proibidos de continuar trabalhando lá." Westray disse que seu telefone foi grampeado depois do assassinato. "Eles queriam se certificar que as pessoas de lá se comportavam de maneira apropriada."

A morte de Kennedy mudou o curso da história e teve impacto profundo nas pessoas que trabalhavam na mansão e tanto o amavam. Uma certa inocência desapareceria para sempre dos corredores da residência oficial da presidência.

★★★

Quase quarenta anos depois, um tipo muito diferente de evento traumático balançou a Casa Branca. Em uma manhã de fim de verão, sob céu perfeitamente azul, a mansão fervilhava em atividade frenética. Os Bush realizariam o piquenique anual para membros do Congresso e suas famílias. O Jardim Sul estava salpicado por 190 mesas de piquenique. O *chef* de cozinha Walter Scheib estava trabalhando em parceria com Tom Perini, dono de um serviço de bufê de Buffalo Gab, Texas, muito apreciado pela primeira-família, para oferecer aos 1.500 convidados esperados uma festa gastronômica em estilo texano, ao ar livre, ornamentada por carroças de faroeste e com diferentes pratos, inclusive pimenta chili e caçarola de canjica.

A previsão do tempo para o piquenique daquela tarde era de clima quente e céu claro. Arrumadeiras estavam limpando a Suíte da Rainha no segundo andar, onde George H. W. Bush e sua esposa, Barbara, haviam passado a noite anterior. Eles tinham deixado a mansão às sete horas daquela manhã para pegar seu voo. O filho deles, o presidente George W. Bush estava em Sarasota, Flórida, visitando uma escola de ensino fundamental.

Mesmo com toda a movimentação em torno dela, Laura Bush parecia sozinha na Casa Branca na manhã de 11 de setembro de 2001. Em silêncio, estava se vestindo no quarto do casal, no segundo andar, e ensaiando o pronunciamento que deveria fazer perante o Comitê de Educação do Senado naquela manhã. Ela estava nervosa com a iminente visita ao Capitólio, onde falaria sobre o desenvolvimento de crianças em idade pré-escolar, tema de uma conferência que havia organizado naquele verão.

A primeira-dama e os funcionários da mansão – desde as arrumadeiras, os mordomos e os floristas até os cozinheiros trabalhando para deixar tudo pronto para o piquenique anual – estavam todos mergulhados em suas tarefas e na agitação comum de um dia movimentado. Mas aquele dia nada tinha de comum. "Se a TV estivesse ligada, eu talvez tivesse ouvido a notícia do primeiro avião que se chocou contra a Torre Norte", disse Laura Bush.

Poucos minutos depois das nove horas, Laura Bush entrou no carro que a aguardava no Pórtico Sul para levá-la ao edifício Russell do Senado, a cerca de três quilômetros de distância. O chefe da equipe do Serviço Secreto encarregada de sua segurança lhe disse que um avião havia se chocado contra uma das torres do World Trade Center, em Nova York. O diretor executivo da Casa Branca, Gary Walters, que encontrava-se ao lado, também estava ouvindo a notícia pela primeira vez. "Como é que um avião consegue bater no World Trade Center em um dia tão claro como hoje?", perguntou-se em voz alta.

"Gary, você precisa entrar e assistir o noticiário", lhe disse o agente, antes de partir.

Os carros da comitiva da primeira-dama já estavam cruzando em alta velocidade a Pennsylvania Avenue na direção do Capitólio quando Walters entrou e foi para a sala do Serviço Secreto localizada no andar térreo da mansão, onde ele sabia que havia uma TV. Como o lugar estava lotado de gente em frente do aparelho, ele seguiu então para a sala onde se reunia com os funcionários da mansão. Lá, acabou encontrando vários funcionários. Ele aproveitou e lhes deu algumas instruções rápidas referentes aos arranjos para o piquenique, ainda sem saber do tamanho da destruição em curso.

Quando chegou à sua sala privada, também ela estava apinhada de gente amontoada em torno da TV. Ele entrou no exato momento em que um segundo avião bateu na Torre Sul.

"Mas como eles conseguiram registrar essas imagens?", perguntou ele, atônito.

"Porque esse é o segundo avião", alguém respondeu.

Assim que percebeu que aquele não era um acidente isolado, ligou para a chefe de cerimonial dos Bush, Catherine Fenton. Decidiram cancelar o evento e então Walters seguiu para o Pórtico Sul, onde acabara de se despedir da primeira-dama. Houve muita confusão e incerteza, mas ele não podia desperdiçar um segundo sequer.

Assim como haviam feito após o assassinato do presidente Kennedy, os empregados da residência mergulharam no trabalho, absolutamente focados em suas tarefas. Walters combinou com o Serviço Nacional de Parques, responsável pelo terreno onde está a Casa Branca, quem se incumbiria de tirar de lá as mesas armadas para o piquenique e as carroças onde as pessoas se serviriam.

"Quando eu estava saindo do Pórtico Norte, vi fumaça e chamas assustadoras no Pentágono", relembrou Walters. De repente, teve um lampejo: a Casa Branca poderia ser o próximo alvo.

Mas mesmo quando as pessoas começaram a evacuar a Casa Branca, ele já sabia que ficaria ali. "Eu entendia que minha responsabilidade estava lá, na Casa Branca."

Sua missão era manter a mansão funcionando, mesmo sabendo que ela poderia ser o alvo central de um ataque. Ele então pediu à divisão uniformizada do Serviço Secreto que deixasse o *chef* de cozinha Walter Scheib, que já havia saído, voltar. Pegou mais alguns, entre os quais o eletricista-chefe Bill Cliber, e lhes disse que precisavam ficar e ajudar a remover as mesas do piquenique, apesar de o pessoal do Serviço Secreto estar freneticamente gritando para todo mundo largar o que estava fazendo e correr para um local seguro. "Fui avisado de que todo mundo tinha de evacuar a casa, mas nós tínhamos uma tarefa que precisava ser feita", afirmou Walters.

Enquanto isso, a filha de Walters, que estudava na Boston College, acompanhava, ansiosa, o noticiário. Estava aterrorizada de preocupação com o pai, depois que alguém lhe dera a informação errada de que um avião havia atingido a Casa Branca, e não o Pentágono. Walters e sua reduzida equipe estavam concentrados demais em limpar a área onde o helicóptero do presidente aterrissaria para ligar para suas famílias.

A esposa de Cliber estava em casa assistindo aos noticiários com parentes. Ela não sabia se estava tudo bem com o marido. "Era uma situação de pânico total", relembrou. "Só nos restava sentar e esperar." Ela só foi ter notícias dele às oito da noite.

Caminhando pela entrada de carros na direção da mansão, Scheib gritava com os colegas que estavam saindo da casa, instando-os a andarem o mais rápido que conseguissem. Ele gritava com os funcionários das equipes do presidente e da primeira-dama que estavam deixando as Alas Oeste e Leste, alertando-os de que a polícia acreditava que outro avião estava voando na direção da Casa Branca.

"Todo mundo que trabalhava para mim na Ala Leste – em sua maioria jovens mulheres que esperavam ter um emprego muito glamoroso na Casa Branca –, estava agora sendo instruído a tirar os sapatos de salto alto e correr", relembra Laura Bush. "Imagine só. De repente você descobre que tem um emprego em que mandam você sair correndo."

Walters e os outros removeram do Jardim Sul 190 mesas de piquenique, pesando quase cem quilos cada. "Meus joelhos não paravam de bater", contou ele. "Pareciam um bumbo." Não paravam de chegar rumores de novos ataques que teriam sido bloqueados. "Temos um serviço a fazer. Portanto, vamos fazê-lo", disse Cliber.

Mesmo em uma situação como aquela, quando parecia que o mundo tinha virado de cabeça para baixo, os funcionários continuaram concentrados em manter a casa que tanto amavam funcionando e também em não deixar escapar qualquer segredo. Ao vê-los trabalhando febrilmente para limpar a área externa do lado sul da residência, alguns repórteres lhes perguntaram se o presidente estaria voltando logo para Washington. "Não ouvi nada a respeito", Cliber lhes disse, mesmo sabendo que eles estavam lá trabalhando para acelerar o retorno do presidente.

O carro da primeira-dama estava subindo pela Pennsylvania Avenue na direção do Capitólio quando ela recebeu a notícia de que um segundo avião atingira a outra torre do World Trade Center. "O silêncio tomou conta do carro; a incredulidade nos impedia de falar", escreveu ela em suas memórias. "Um avião podia ser um acidente, por mais estranho que pareça. Mas dois aviões? Claramente era um ataque."

★★★

Betty Finney

Quando a arrumadeira Betty Finney começou a trabalhar na Casa Branca, em 1993, não tinha nenhuma experiência em tarefas domésticas exceto a que acumulara cuidando de sua própria casa, onde vivia com o marido e as duas filhas. Ela estava trabalhando em uma churrascaria em Myrtle Beach, Carolina do Sul, quando seu marido morreu inesperadamente. Betty precisava arranjar um novo trabalho, e rápido. Como acontece na maioria dos casos na Casa Branca, a vaga dela surgiu por meio de uma indicação: sua filha conhecia a governanta-chefe Christine Limerick, que a contratou.

Oito anos depois, viu-se temendo pela própria vida.

Betty estava limpando a Suíte da Rainha, onde os pais do presidente haviam dormido na noite de 10 para 11 de setembro. Quando saíram para o aeroporto, os Bush haviam esquecido a TV ligada. Betty e duas outras arrumadeiras horrorizadas ficaram ali assistindo e viram quando a segunda torre foi atingida. Apesar de estarem no centro dos acontecimentos, também neste episódio, como em muitas outras tragédias que abalaram a presidência, os funcionários só souberam o que estava acontecendo pela TV.

"Eu corri até o Salão Oval Amarelo e olhei pela janela. Não dá para ver o Pentágono dali, mas deu para ver fumaça", diz ela. "Voltei para o Suíte da Rainha e então tive de subir para fazer alguma coisa."

Mas antes de chegar ao terceiro andar, ela ouviu um agente do Serviço Secreto gritar: "Saiam da casa! Saiam da casa!". Em vez de continuar subindo, desceu correndo. "Eu não sabia o que estava acontecendo. Não sabia que tinham começado a evacuação. Nós saímos e todo mundo estava nas ruas. Foi muito assustador. Cada um corria em uma direção, para onde fosse possível correr."

No Capitólio, Laura Bush saiu do carro para se encontrar com o senador Edward Kennedy, presidente do Comitê de Educação. Ambos já sabiam que não haveria audiência naquele dia. Ele a conduziu até seu gabinete. Estranhamente, mesmo com as notícias terríveis de Nova York sendo despejadas em alto volume por uma velha TV instalada no canto da sala, Kennedy simplesmente não olhava para a tela. Em vez disso, mostrou à primeira-dama a coleção de objetos da história de sua família que guardava em seu gabinete, como, por exemplo, um bilhete que seu irmão John havia enviado à mãe quando criança. "O Teddy está engordando."

"E eu, ali, não tirava o olho da tela brilhante da TV", recorda a ex-primeira-dama. "Eu comecei a ficar apavorada, queria sair, descobrir o que estava acontecendo, processar o que via, mas estava me sentindo amarrada por uma sequência infindável de amabilidades." Mais tarde ela se perguntaria se Kennedy já tinha visto mortes demais na vida a ponto de não ser capaz de enfrentar mais uma tragédia, ainda mais como aquela, em tão grande escala.

Depois de fazerem um pronunciamento à imprensa informando que não haveria audiência do comitê naquele dia e expressando sua preocupação com os ataques, Laura Bush desceu pelas escadas a caminho do carro e da Casa Branca. Mas o chefe do Serviço Secreto encarregado de sua segurança a deteve, e também seus assessores, mandando-os correr para o subsolo. Preocupadíssima com a segurança do marido, ela aguardou até poder sair no gabinete de seu amigo Judd Gregg, o senador que era vice-líder do partido republicano no Comitê de Educação, no andar de baixo do Capitólio. Ali permaneceram juntos e ligaram para os filhos para saber se estavam em segurança. Notícias chegavam de todos os cantos, algumas menos confiáveis que outras – uma delas dava conta de que Camp David havia sido atacada, outra garantia que um avião tinha atingido a fazenda dos Bush em Crawford, Texas.

Momentos depois que o segundo avião chocou-se contra a Torre Sul, Christine Limerick correu para a rouparia no terceiro andar e mandou seus funcionários largarem tudo o que estavam fazendo e saírem imediatamente. Ela havia escutado o barulho do avião do voo 77 da American Airlines se chocando contra o Pentágono. "Pareceu uma explosão", relembrou.

Ao voltar para sua sala, ela percebeu que não sabia onde estava a arrumadeira Mary Arnold. Tentou voltar para a ala residencial, mas a equipe do Serviço Secreto não permitiu. Em vez disso, disseram que tinha dois minutos para sair da Casa Branca e que um avião estava vindo na direção deles.

"Ninguém questiona esses caras quando se trata de toque de recolher ou ordem de evacuação", disse ela. Mary de alguma forma tinha dado um jeito de sair e portava dinheiro suficiente para chegar em casa.

Christine lembra-se de ficar aterrorizada quando percebeu que nem todos seriam autorizados a evacuar o local, um alvo potencial. "Nunca vou esquecer a expressão no rosto dos agentes do Serviço Secreto quando foram informados de que tinham de ficar", disse ela. "Nunca vou me esquecer."

Funcionários afirmam que o Serviço Secreto ordenou que todo mundo seguisse para o norte porque acreditavam que o avião viria do sul, por ser uma rota de voo para a Casa Branca mais livre, com menos obstruções. Cozinheiros, mordomos, carpinteiros e arrumadeiras saíram em disparada para todos os lados, acreditando que suas vidas estavam em risco. Alguns empregados da confeitaria atravessaram juntos a ponte Arlington sobre o rio Potomac e ficaram reunidos na casa do que morava mais perto dali.

Betty Finney e meia dúzia de seus colegas foram para a casa de um dos floristas em Capitol Hill, onde se amontoaram incrédulos em torno de uma TV. Tinham saído com tanta pressa que quase ninguém teve tempo de pegar a bolsa, de modo que estavam sem suas carteiras. Naquela noite, tiveram de caminhar por vários quilômetros para pegar seus carros na Casa Branca e ir para casa, muitos ainda em choque.

Alguns empregados não conseguiram sair durante a evacuação. Havia mordomos no segundo e terceiro andares que estavam concentrados em deixar prontas as bebidas que seriam servidas no piquenique e em descascar e fatiar limões. Só souberam que algo muito sério estava acontecendo quase uma hora depois de a casa ter sido evacuada. Alguns engenheiros ficaram por horas no subsolo, ignorando totalmente o pânico que assaltara os andares acima deles e também o perigo que estavam correndo.

No meio do caos, um mordomo correu para o subsolo, onde ficava o seu armário, para se trocar e voltar para casa de moto. Mas a porta se fechou atrás dele, deixando-o preso, e ele só conseguiu sair depois que um agente do Serviço Secreto o reconheceu e finalmente abriu a porta.

Pouco depois das dez horas daquela manhã, alguns minutos após o desmoronamento da Torre Sul do World Trade Center e cerca de vinte minutos antes do mesmo acontecer com a Torre Norte, a primeira-dama foi recolhida do gabinete do senador Gregg por agentes do Serviço Secreto e do Esquadrão de Ações Emergenciais, vestidos de preto e empunhando armas para um ataque. "VOLTEM!", gritaram para funcionários do Congresso que corriam acompanhando a assustada primeira-dama até o carro que a aguardava. Mais ou menos naquele mesmo instante, o voo 93 da American Airlines caiu em um campo perto de Shanksville, Pensilvânia, depois que um grupo de corajosos passageiros tentou tomar o controle do avião das mãos dos terroristas. Se não tivessem reagido, a aeronave provavelmente teria voado diretamente para o Capitólio ou para a Casa Branca. Para muitos funcionários das duas casas, aqueles passageiros realmente salvaram sua vida.

Naqueles instantes confusos, houve grande discussão sobre o local para onde deveriam levar a primeira-dama. O Serviço Secreto acabou decidindo deixá-la em sua própria sede, a poucas quadras da Casa Branca. Ela permaneceu lá durante horas, acomodada em uma sala de reuniões sem janelas no subsolo, assistindo às cenas da queda das torres gêmeas, que não paravam de ser exibidas na televisão.

Com as pessoas apavoradas, tentando se certificar que seus parentes estavam em segurança, as linhas telefônicas ficaram congestionadas naquele dia. Até o presidente, a bordo do *Air Force One*, depois de ter decolado na Flórida, teve dificuldade para falar com a esposa. Pouco antes do meio-dia, depois de três tentativas malsucedidas, eles finalmente conseguiram se comunicar e ela lhe disse que tinha falado com as filhas e elas estavam em segurança.

Em paralelo, dúzias de funcionários da residência vestindo seus uniformes permaneciam juntos na Lafayette Square, na frente da Casa Branca, do outro da Pennsylvania Avenue. O *chef* John Moeller descreveu assim os momentos que se seguiram ao ataque ao Pentágono: "Dava para ver imensas nuvens de fumaça preta subindo para o céu em redemoinho... Nunca vi uma explosão tão grande como aquela na minha vida". No fim, um grupo de funcionários decidiu seguir caminhando até Capitol Hill, bairro próximo, em busca de banheiros, telefones fixos e uma televisão.

Nas imediações, a zona comercial da Connecticut Avenue estava um caos. Motoristas haviam deixado seus carros e saído correndo pela rua, temendo ser atingidos em um ataque. "Havia uma espécie de histeria coletiva", conta Scheib. "Lembro-me de ter passado por um BMW parado no meio da Connecticut Avenue com o motor ligado, as portas abertas e ninguém dentro."

Laura Bush não viu nada disso. Depois de horas sentada na sala de reuniões sem janelas, ela foi levada para o Centro de Operações de Emergência da presidência, localizado no subsolo da Casa Branca. O vice-presidente Dick Cheney e outros oficiais do alto escalão estavam reunidos lá desde a manhã. Contruído para o presidente Franklin Roosevelt durante a Segunda Guerra, o centro de comando só é acessível por meio de um conjunto de corredores que se estendem pelo subsolo, cheios de canos aparentes pendurados no teto. É lá que ela teria de esperar até reencontrar o marido.

★★★

O florista Bob Scanlan estava na pequena floricultura localizada sob o Pórtico Norte, dando os retoques finais nos arranjos que seriam colocados nas mesas do piquenique, quando um amigo ligou dando a notícia. Chocado, ele foi parar na Freedom Plaza, localizada a algumas quadras da Casa Branca. Antes de chegar, no entanto, enquanto caminhava com colegas, ouviu um barulho cortante do voo 77 da American Airlines se espatifando contra o Pentágono. "Decidimos que não poderíamos permanecer ali", disse ele. "Éramos como almas penadas." Ele e um colega caminharam mais de três quilômetros para chegar a suas casas, em Capitol Hill.

★★★

Depois de ajudar a remover as mesas que seriam usadas no piquenique, Scheib e um grupo de funcionários da mansão ficaram na cozinha das duas da tarde até as nove da noite servindo refeições (boa parte da qual preparara antes, para o churrasco que não aconteceu) ao pessoal do Serviço Secreto, da Guarda Nacional, da polícia do distrito de Colúmbia e aos funcionários da Casa Branca que não puderam ser evacuados. O que sobrou ainda foi enviado para as equipes de apoio que estavam trabalhando no Pentágono. "Quatro empregados da mansão serviram mais de quinhentas refeições para o pessoal que estava trabalhando na Casa Branca ou em seu entorno", disse Walters.

Quando as pessoas lhe agradeciam pela refeição, Scheib respondia: "Por favor, seja lá o que esteja acontecendo do lado de fora, não deixe que entre aqui, certo?".

Depois de liberarem o gramado, Cliber e meia dúzia de outros empregados finalmente tentaram sair da Casa Branca, mas encontraram as portas de segurança travadas: um avião havia sido visto nas imediações e o Serviço Secreto mandou todo mundo para o abrigo antiaéreo, um corredor que se estendia de leste a oeste sob a Casa

Branca. Tiveram de ficar no velho abrigo até por volta das oito da noite. (Descobriu-se depois que o tal avião era das forças armadas americanas.)

Ao saberem do número de vítimas fatais – no total, perto de 3 mil pessoas haviam perdido a vida naquele dia –, todos que trabalhavam na residência mais famosa do país só conseguiam pensar em uma coisa: *Poderia ter sido a gente.*

A primeira-dama só reencontrou o marido à noite, no Centro de Operações de Emergência da presidência.

O pessoal do Serviço Secreto havia recomendado que dormissem em uma velha cama no porão, mas eles se recusaram. "Preciso dormir um pouco, e na nossa própria cama", disse o presidente. Para os Bush, a Casa Branca era mais que uma moradia: era um lar. E, naquele dia, que ela quase foi destruída, eles se sentiam ainda mais apegados afetivamente a ela.

★ ★ ★

Depois dos ataques, o Serviço Secreto propôs que fossem suspensas as visitas turísticas à Casa Branca. No início da manhã de 12 de setembro, o diretor executivo Gary Walters abordou o presidente quando ele se dirigia para o Salão Oval e defendeu a tese de que as visitas deveriam continuar.

"Senhor presidente, ontem à noite o senhor disse que todo mundo deveria seguir tocando a vida e fazendo suas atividades normalmente. Bem, uma das atividades normais que será vigiada muito de perto é a visita de turistas à Casa Branca."

O presidente parou para refletir e respondeu: "Você tem razão".

Imediatamente após os ataques, no entanto, decidiu-se pela suspensão. Os atentados de 11 de Setembro, no entanto, não eram a única causa de preocupação; uma semana depois, cartas contendo esporos de antraz chegaram aos escritórios de várias personalidades do meio jornalístico bem como de dois senadores democratas.

Walters revelou que alguns empregados da mansão receberam medicação preventiva para o caso de serem infectados pela bactéria.

Bill Cliber nunca mais foi o mesmo depois do 11 de Setembro. Ele conhecia bem a sensação de pavor que o assaltava diariamente ao chegar ao local de trabalho. Afinal, começara a carreira pouco antes do assassinato de Kennedy. Mas agora era diferente.

"Aquilo me abalou. Eu já tinha completado o tempo de serviço que precisava", disse ele, referindo-se ao tempo mínimo de trabalho necessário para que servidores públicos federais recebam aposentadoria quase integral. Mesmo assim, ele não deixou o serviço, porque havia prometido a si mesmo que trabalharia na Casa Branca durante quarenta anos.

Mas depois do 11 de Setembro, o clima na mansão mudou para todo mundo. Para fins de documentação, o departamento de curadoria reuniu depoimentos de empregados em que revelavam como enfrentaram aqueles momentos. O glamour de trabalhar na Casa Branca havia perdido lugar para o medo. O *chef* confeiteiro Roland Mesnier disse que ele e sua equipe não faziam ideia do motivo pelo qual estavam sendo evacuados com tanta urgência porque não tinham uma TV em sua cozinha. Quando a normalidade foi restabelecida, ele exigiu que instalassem uma. Depois do 11 de Setembro, a maioria dos funcionários resolveu ter sempre algum dinheiro vivo à mão bem como o crachá da Casa Branca para a eventualidade de ter de sair às pressas.

Betty Monkman, responsável pela preservação e catalogação de todas as obras de arte e mobiliário importantes da Casa Branca, tinha de salvar não apenas a própria vida, mas também peças históricas, como o icônico retrato *Lansdowne*, de George Washington, que fica no Salão Leste, e o discurso de Gettysburg, exposto na Suíte Lincoln.

Refletindo sobre aquele dia horrível, ela diz que ficou furiosa por não haver um plano claro de evacuação do prédio. "De repente, aparece uma jovem que trabalhava no gabinete do diretor, invade correndo nossa sala de trabalho e começa a gritar: 'Saiam, saiam, saiam!'. Depois aparece a polícia da Casa Branca dizendo: 'Vão para o sul!'; e outras pessoas chegam dizendo: 'Vão para o norte!'. Era um caos."

Betty resolvera ir para o abrigo antiaéreo naquela manhã, mas no meio do caminho pensou: *Meu Deus, se eles nos bombardearem, ficaremos soterrados sob os escombros.*

Ela então mudou de ideia, deu meia-volta, subiu e foi para a Lafayette Square, de onde viu passar por ela ambulâncias e caminhões de bombeiro em alta velocidade a caminho do Pentágono.

Segundo Scheib os funcionários da mansão não são prioridade em uma situação de emergência e não devem esperar que o Serviço Secreto se preocupe com eles. "Somos trabalhadores domésticos, não somos o motor central de nada", disse ele. "Se você está lá, tem de entender que qualquer pessoa que trabalha na Casa Branca é um alvo potencial."

Scheib contou que ficou triste ao perceber o presidente sendo massacrado por críticas pesadíssimas. Bush literalmente parecia "carregar o peso do mundo nas costas". Convicto de que a alimentação sempre afeta o estado de espírito das pessoas, o *chef* deixou de lado a criação de pratos contemporâneos sofisticados e passou a preparar refeições mais caseiras para o presidente e para os inúmeros líderes mundiais em visita para manifestar solidariedade e montar estratégias nas semanas seguintes aos atentados terroristas. "Voltei-me para a cozinha da minha mãe", revelou Scheib.

Psicólogos do Hospital Naval de Bethesda foram convocados para conversar com os funcionários sobre os traumas que viveram. Cliber falou com um deles, mas não havia uma receita certa para tratar o que acontecera: "Ninguém jamais passara por aquilo antes".

A florista Wendy Elsasser conta que ainda não consegue falar sobre aquele dia sem chorar. Durante meses, Mesnier teve ataques de pânico quando estava tomando banho, de manhã. Sua esposa e seu filho imploraram para que ele não voltasse a trabalhar. Ouviu atentamente também as palavras do diretor Gary Walters, que reuniu os funcionários uma semana após o 11 de Setembro e disse que aqueles que não estivessem em condições de aguentar a pressão deveriam deixar o emprego.

No entanto, a exemplo de Bill Cliber, Mesnier não conseguiu pedir as contas. "Entenda: eu acredito que esse emprego foi feito para mim", ele disse. "É onde me sinto em casa."

A primeira-dama Laura Bush sentiu-se reconfortada por ninguém ter se demitido por medo. Contou-me que, quando viu os empregados voltando a trabalhar sentiu-se melhor em relação ao fato de ter de morar na Casa Branca. "Nós sabíamos que continuaríamos morando ali e tínhamos certeza de que estaríamos em segurança, mas eles, por outro lado, poderiam sair e procurar outro emprego ou simplesmente dizer: 'As coisas ficaram estressantes demais. Acho melhor sair'", ela refletiu. "Mas ninguém saiu. Nenhum deles."

Epílogo

Meu Deus, ela ficaria tão orgulhosa de mim.

James Ramsey, mordomo, refletindo sobre como sua mãe teria se sentido a respeito de sua carreira na Casa Branca se estivesse viva para acompanhá-lo

Mais um grudento dia de verão em Washington. Trinta e sete graus Celsius. O ar-condicionado funciona a mil na casa geminada de três dormitórios, tijolos aparentes, localizada no nordeste de Washington, que o mordomo James Jeffries comprou em 1979. Ainda que não fosse necessário, ele se apressa em pedir desculpas pela parede da sala de estar, que está parcialmente pintada. "A pintura deveria ter sido concluída antes da Páscoa, mas eu me canso rápido, estou com 72 anos."

Com o som alto do History Channel ao fundo e o magricelo neto adolescente dele entrando e saindo ("Eu me parecia muito com ele"), estamos sentados em torno de uma mesa coberta de fotos de seus filhos e netos; Jeffries me conta como a Casa Branca foi determinante no destino de sua família. Falando lentamente, mas com muita confiança, ele explica que tinha relação de parentesco com a maioria das pessoas que tocaram a mansão durante os últimos cinquenta anos ou simplesmente era amigo muito próximo delas. Seu nome é Jeffries, mas ele é na verdade um Ficklin; nove familiares seus trabalharam na mansão.

E mesmo os funcionários com quem ele não tinha parentesco por laços de sangue passaram a ser vistos como se fossem da família. Para ele, Eugene Allen, que assumiu o posto de *maître* depois que John Ficklin, tio de Jeffries, se aposentou, "também era como um tio". O porteiro Preston Bruce morava no mesmo condomínio que sua tia e, segundo Jeffries, era uma figura paternal para ele.

"O senhor West, o senhor Scouten, eles se mantinham nos bastidores. Meu tio John tocava a Casa Branca", afirma Jeffries, orgulhoso do círculo harmonioso de afro-americanos que fazia a residência funcionar. Reza a lenda familiar que o primeiro deles a fincar a bandeira da família na Casa Branca foi seu tio Charles, que impressionou o presidente Franklin Roosevelt quando estava trabalhando em um navio militar da Marinha. Roosevelt pediu-lhe que desenhasse como deveria ser arrumada uma mesa; então ele sentou-se e, com extrema perícia, fez um desenho perfeito. Anos mais tarde, Charles foi convidado para vir à Casa Branca para uma entrevista.

Jeffries está dando continuidade à tradição da sua família. Começou a trabalhar na Casa Branca quando tinha apenas 17 anos, em 1959. Ele lembra a data exata: 25 de janeiro. Hoje seu filho é mordomo lá, e o próprio Jeffries, mesmo já tendo passado há muito tempo a idade de aposentadoria, ainda trabalha "na casa" em meio período. O salário é de 25 dólares por hora. "O pessoal lá me ajuda; eles não pedem que eu carregue nada muito pesado ou faça qualquer tarefa mais dura."

Jeffries é testemunha da história dos Estados Unidos; é uma das poucas pessoas ainda vivas que se lembra como foi trabalhar na Casa Branca dos Kennedy, quando uma nova geração e novas tecnologias levaram o dia a dia da mansão para dentro das salas de estar das famílias americanas. Ele se lembra de um lado da primeira-dama que poucas pessoas conheciam.

"Lembro que a senhora Kennedy, às vezes, descia, pedia que puséssemos uma cadeira ali ou que a deixássemos fora do quarto e quinze ou vinte minutos depois queria que levássemos a cadeira de volta." Ele ri. "Isso acontecia comigo e com outro cara. Nós éramos os mais jovens. Todos os outros simplesmente sumiam! Eu nunca achava que tinha de fugir. Queria ficar lá com ela. Então eu ficava de prontidão e fazia tudo o que ela me pedia. Se conseguisse carregar ou mexer as coisas sozinho, eu fazia."

Anos mais tarde, em uma noite de sábado, mandaram que parasse de lavar pratos e subisse para ajudar Betty Ford com alguma coisa. Quando chegou, ela perguntou: "Onde estão os mordomos?". Ela estava procurando os mordomos que trabalhavam em tempo integral.

"Eles acabaram de descer. Posso ir chamá-los para a senhora", disse ele, já apertando o botão do elevador.

"Eu só preciso de um homem", respondeu ela, impaciente, da sala de jantar da família.

Ele dá uma piscadela e ri: "Eu disse para mim mesmo: 'Epa, o que é isso? O que essa mulher está querendo de mim?'. De qualquer forma, fui lá ver qual era o problema. Tudo o que ela queria era levar a TV de dezenove polegadas para o quarto de dormir!".

Como muitos de seus colegas, Jeffries lembra afetuosamente da gentileza do presidente George H. W. Bush. "O velho Bush me fazia sentir como se fosse uma pessoa normal como ele. Eu ficava contente quando assistia a um jogo de futebol porque no dia seguinte ou em algum dia da semana depois de um jogo, quando eu me encontrava na presença dele no segundo andar, para servir bebidas a ele e a seus convidados, ele me perguntava: 'E então, o que achou do jogo?'. Eu dava um jeito de conversar com ele. Depois de anotar o pedido, saía para preparar os drinques e, quando voltava, ele me dizia alguma coisa sobre o jogo."

Jeffries lembra-se de uma noite em que estava servindo drinques para os Clinton e seus amigos antes do jantar e, a certa altura, deparou-se com o presidente se encaminhando para o Solário. Ele então parou e confidenciou: "Se o Robert Mitchum não fosse um dos nossos convidados desta noite, eu nem desceria para jantar".

Jeffries se compadeceu do cansaço do presidente. "O senhor precisa dar uma relaxada", aconselhou.

Esse pessoal faz parte de uma geração em extinção; são pessoas que guardam no peito doces lembranças pessoais dos Kennedy e dos Johnson, dos Nixon, Ford, Carter e Reagan. Graças a suas recordações, é possível construir uma imagem rara da intimidade dessas figuras icônicas. Nos pequenos momentos em que acontecem as pequenas coisas da vida, os empregados da mansão conseguem entrever e capturar detalhes pessoais dos presidentes e das primeiras-damas, cujas verdadeiras personalidades são muito pouco conhecidas fora dos limites da Casa Branca. Como acontece com qualquer pessoa, os líderes dos Estados Unidos têm momentos de indecisão, exaustão, frustração e alegria.

Atualmente, com frequência cada vez maior, os funcionários mais antigos da mansão só se encontram em festas de despedida de quem está se aposentando e em enterros. Até tentam se manter atualizados por meio do Facebook e do e-mail, porém os mais velhos, que nem sempre estão conectados, às vezes só sabem do falecimento de um colega bem depois do acontecido.

Durante as várias entrevistas que fiz, eu detestava quando percebia uma expressão de dor tomar conta do rosto dos entrevistados depois que eu mencionava que um de seus colegas morrera sem saber que eles ainda não tinham sido informados.

Houve também momentos deliciosos. No processo de pesquisa para este livro, algumas vezes tive a felicidade de ajudar pessoas que não se comunicavam havia muito tempo a restabelecer o contato. Dei ao assessor Chris Emery o e-mail da governanta-chefe Christine Limerick. Nelson Pierce me pediu o número do telefone de Bill Hamilton.

"Preciso ligar para aquele maluco", disse James Ramsey, seus olhos brilhando, quando me pediu o número do velho amigo Roland Mesnier.

Funcionários da mansão costumam acompanhar com paciência as novas primeiras-famílias aprenderem a viver na Casa Branca. Eles sabem que é apenas uma questão de tempo até que sua lealdade e sua discrição sejam vistas como cruciais pelo presidente e pela primeira-dama. Afinal, eles são as únicas pessoas lá para quem há exclusivamente uma motivação: servir e dar conforto.

A primeira-família e seus assessores contam com os empregados da residência em parte porque estes sabem bem como vivem as primeiras-famílias. "No fim das contas – e isso não se aplica só a mim, mas à maioria das pessoas que trabalhou lá –, não existe um registro histórico organizado das experiências anteriores, não existe um saber formal prévio a ser adquirido antes" que pode ajudá-lo a aprender como se faz o serviço, disse o assessor de Obama, Reggie Love. "Em resumo, você começa absolutamente da estaca zero e sem manual de instruções."

Apesar das consultas que fiz em arquivos antes de me lançar nessas entrevistas, eu não tinha ideia do que esperar quando comecei a me encontrar com empregados da mansão, muitos dos quais generosamente me receberam em suas próprias casas. Fiquei feliz ao descobrir que não há dissimulação; eles lhe dizem o que realmente acham. A maioria deles não é cínica ou competitiva, como muita gente na política em Washington ou que orbita em torno dela; seu desejo de contribuir ao máximo para o funcionamento da democracia americana é sincero. Eles podem até não influenciar na formulação de políticas, mas seus empregos são certamente tão importantes quando aqueles de muitos assessores politicamente nomeados. Sem eles, a Casa Branca seria inabitável.

Seja preparando refeições cotidianas para a primeira-família, seja servindo celebridades, membros do Congresso ou líderes mundiais, eles representam o que há de melhor nos Estados Unidos na arte de servir, ao mesmo tempo que praticam sua singular forma de diplomacia. E, implícita ou explicitamente, seu esforço é recompensado pela gratidão dos homens e das mulheres mais poderosos do planeta.

O almirante Stephen Rochon assumiu o posto de diretor executivo em 2007, cerca de dois meses antes de uma das várias visitas oficiais da rainha Elizabeth II. "Causamos ótima impressão à rainha, a ponto de ela convidar a mim e mais dois outros funcionários para uma visita ao palácio de Buckingham para ver como os ingleses trabalhavam."

Ao chegar ao palácio, Rochon ficou atônito quando a rainha atravessou o salão em sua direção – a versão britânica do primeiro andar da Casa Branca –, parou à sua frente e perguntou: "E quem é você, jovem senhor?".

"Bem, majestade, sou o almirante Rochon, diretor da Casa Branca", ele respondeu. "Nós a servimos em sua visita oficial."

O rosto da rainha pareceu iluminar-se e ela começou a agitar os braços na direção do marido, que estava na outra extremidade do recinto. "Philip, Philip, venha rápido!"

Fazer tudo parecer natural é um dos motivos pelos quais os funcionários da Casa Branca deixam impressão tão duradoura nas pessoas. "Os mordomos circulam suave e sutilmente. De repente você se vê com um prato de comida à sua frente sem saber exatamente como ele apareceu ali", relembrou a secretária de imprensa de Betty Ford, Sheila Rabb Wiedenfeld, acerca do primeiro jantar diplomático oficial ao qual compareceu. "Tudo é perfeito e todos são bonitos e elegantes, porque fazem parte do ambiente mais bonito e elegante do mundo."

É em tempos de crise ou tragédias que os funcionários da mansão demonstram todo seu valor. A primeira-dama Rosalynn Carter contou-me que, durante a crise dos reféns do Irã, "eles mostraram-se particularmente atenciosos, porque estavam preocupados. Estavam preocupados *conosco*".

Os funcionários estão totalmente afinados com a família a que estão servindo e por elas fariam qualquer coisa – sacrificando com frequência seus próprios casamentos, horas de lazer com os filhos e, no triste caso de Freddie Mayfield, até a própria vida. "Eles são os melhores atores do mundo", brinca Luci Baines Johnson. "São capazes de fazer todo presidente que passa por lá achar que é o favorito deles."

E é verdade: o mordomo James Ramsey sabia exatamente quando o presidente George W. Bush, estava precisando dar uma boa risada; a governanta-chefe Christine Limerick sabia que devia ficar quieta quando Nancy Reagan estava dando suas contundentes broncas; o *chef* confeiteiro Roland Mesnier sabia quando Hillary Clinton ficaria contente de poder saborear uma fatia do seu bolo mocha favorito.

Ramsey não parecia estar perto de morrer quando o entrevistei. Mas ele sabia que estava doente – tinha câncer no cólon que já se espalhara para o fígado – e várias vezes pediu para jogarmos mais para a frente meus insistentes convites de nos encontrarmos para um almoço. ("Você é uma senhora bacana, meu bem. Eu ligo para você.") Sempre jovial, ele nunca demonstrou a dor que estava sentindo. Pensava com entusiasmo na vida e no futuro; descreveu com alegria os jantares com sua nova namorada e falou do desejo de viajar para Las Vegas com o chefe da despensa Bill Hamilton.

Tempos depois, sua filha contou-me que havia recorrido às plantas medicinais para ajudar a combater o câncer que estava devastando seu corpo.

Quando morreu, em 19 de fevereiro de 2014, as famílias que ele tanto amou retribuíram o afeto: Laura Bush fez um discurso em homenagem a ele no funeral, cartas dos presidentes Obama e Clinton foram lidas na cerimônia, à qual compareceram dezenas de amigos dos tempos de Casa Branca. Seu caixão foi carregado por colegas mordomos.

"Ele sempre parecia saber quando precisávamos urgentemente tomar uma dose do seu bom humor, o que acontece com grande frequência na Casa Branca", escreveu Clinton. "Hillary, Chelsea e eu temos, cada um de nós, nossas lembranças do Ramsey. O cara sabia contar histórias como poucos e suas opiniões sobre os acontecimentos em curso, da política aos esportes, eram muitas vezes engraçadíssimas." Os Obama enalteceram seu "inabalável patriotismo" e afirmaram que "James testemunhou grandes momentos na história da nossa nação".

Laura Bush levou a filha Jenna para a missa de corpo presente, realizada na igreja Trinidad Baptist, na região nordeste de Washington. A ex-primeira-dama louvou o mordomo que proporcionou ao seu marido momentos ansiosamente aguardados de leveza em um período em que o mundo parecia estar desmoronando em volta dele. ("Ela me levou às lágrimas", conta Valeria, filha de Ramsey.) Ele era mais que um simples empregado, disse a senhora Bush, era um amigo dedicado. Como todos seus colegas, ele ainda possuía qualidades como lealdade, dedicação e discrição, que não se aprendem na escola.

Perante os presentes à cerimônia, Laura Bush afirmou que Ramsey fazia mais que simplesmente cuidar e servir. "Ele fazia os presidentes rirem. Levantava o astral deles e os animava. Iluminava-lhes os dias." Em nome de toda a família Bush, disse ela, "agradeço a Deus por colocar James Ramsey em nossas vidas".

Ramsey sentia que servir às primeiras-famílias dera um sentido e um propósito à sua própria vida. Quando perguntei que sensação teve quando começara na Casa Branca, décadas antes, ele respondeu melancolicamente: "Puxa, meu Deus, eu estava tão feliz".

Posfácio

Nenhum autor conta o que acontece depois que seu primeiro livro é lançado. Eu brincava com amigos dizendo que *Por dentro da Casa Branca* era meu terceiro filho; hoje isso soa absurdo, mas na realidade eu estava apenas exagerando um pouco meus verdadeiros sentimentos. Como acontece com pais e mães, para a maioria dos autores um instinto aguçado de proteção – e às vezes um pouco de medo – sobrevém quando seu primeiro livro é publicado. Eu estava preocupada com a recepção que *Por dentro da Casa Branca* teria por parte de leitores e críticos; mais que isso, estava apreensiva com as reações dos incríveis funcionários da residência que compartilharam comigo passagens muito pessoais de sua vida.

Menos de duas semanas após a publicação, recuperei a tranquilidade quando meu marido me entregou um vistoso envelope cor de laranja. Era uma mensagem de Gloria Nuckles, cujo pai, o mordomo Lynwood Westray, havia passado várias horas comigo falando sobre sua carreira a serviço das primeiras-famílias, desde os Kennedy até os Clinton. Infelizmente, ele morrera em 14 de dezembro de 2014, aos 93 anos de idade. Embora ele não tivesse visto o livro, Gloria, que é professora de detentos em uma penitenciária no Texas, estava agradecida pelo pai ter sido lembrado ao longo de suas páginas. "Eu chorava e sorria", ela escreveu em seu bilhete. "Obrigada pela homenagem (a ele e à nossa família)." Ela até anexou uma ordem de pagamento de 75 dólares, explicando que era para eu me dar de presente um almoço caprichado; gesto notável de uma mulher que não me devia absolutamente nada. Mas este é o modo de ser desses funcionários e suas famílias: generoso, gentil e sem nenhuma malícia.

Quando Gloria me ligou naquele dia frio e cinzento de dezembro para dar a notícia da morte do pai, imediatamente lembrei como ele me contara a história da morte de sua amada Kay um ano antes de ele mesmo falecer, em especial como ele a beijara na testa antes que partisse. "Nunca sabemos quando Deus vai nos chamar", me disse em uma das nossas muitas conversas em sua casa, na região nordeste de Washington. Lembrei também da última vez em que o vi, durante um almoço no restaurante Carolina Kitchen, perto da Rhode Island Avenue, num abafado dia de verão. Ele não conseguiu comer mais que a metade do seu prato, e nós tivemos de fazer um grande esforço para conversar devido ao alto volume da música ambiente.

A cerimônia do funeral de Lynwood foi realizada na igreja batista Zion, em Washington. A forte nevasca que atingia a região naquele dia de janeiro não impediu que mais de cinquenta pessoas comparecessem, muitas delas com botas para neve e ternos escuros. Como parte da cerimônia, houve uma comovente interpretação da canção gospel "In the Garden", que arrebatou totalmente os presentes. "Lynwood nasceu", disse o pastor, "com o coração sempre disposto a servir."

Uma das últimas vezes em que vi Lynwood foi na pequena cozinha de sua casa, onde ele lenta e meticulosamente descascava maçãs sobre a mesa. Estava preparando uma receita de maçãs fritas de Kay que ele adorava. "Minha mulher era da Carolina do Norte e as garotas da Carolina do Norte sabem cozinhar!", dizia, rindo. Contou-me que cozinhava porque queria provar a amigos e parentes que sabia cuidar de si mesmo depois da morte de Kay. Mas era evidente que ele estava sofrendo muito; acabou morrendo menos de dois anos depois dela. Gloria sabia que os pais tinham vivido um amor indescritível ao longo de 65 anos de casamento. "Ao ver meu pai olhando para ela na casa de repouso com amor e adoração... amor que dava para enxergar estampado em seu rosto... fiquei pensando que gostaria que meu marido olhasse para mim daquele jeito."

Chorei quando recebi o cartão de Gloria, não apenas por causa de Lynwood, mas também por ser mais um sinal de como essas pessoas tão serenas e dignas, que trabalhavam incansavelmente e tinham tanto orgulho disso, estão, uma a uma, indo embora. Com elas, vai-se também a memória de como os Eisenhower, os Kennedy, os Johnson, os Nixon realmente eram a portas fechadas.

Infelizmente, Lynwood é apenas uma de várias pessoas que entrevistei que morreram nos dois últimos anos, entre elas o *chef* Walter Scheib, o contínuo Nelson Pierce, os mordomos James Ramsey e James Hall, o pintor Cletus Clark e a assistente pessoal e confidente de Jacqueline Kennedy, Providencia Paredes. Foi "Provi" – como carinhosamente a senhora Kennedy a chamava – quem ajudou a traumatizada primeira-dama a tirar o terno cor-de-rosa manchado de sangue quando chegou à Casa Branca após o assassinato do marido. A experiência vivida por Provi foi uma das histórias mais dramáticas que me contaram os empregados da residência. Foram momentos memoráveis como esse – de triunfos pessoais e também de períodos angustiantes de raiva e desespero particulares – que ajudaram a lançar luz sobre as primeiras-famílias. Impossível não pensar em todas as histórias que provavelmente jamais conheceremos, justamente porque esses funcionários eram honrados e discretos demais; histórias que preferiram manter como segredo só deles e das famílias que amavam.

O pintor Cletus Clark, que comandou o departamento de pintura da Casa Branca de 1969 a 2008, morreu aos 79 anos, em 20 de fevereiro de 2015. Carolyn, sua esposa por 56 anos (começaram a namorar na oitava série), me ligou para dar a triste notícia. Pediu-me para ajudá-la a avisar os outros funcionários e passar informações sobre o enterro, o que, claro, eu fiz. Cerca de duas dúzias de colegas de Casa Branca de Clark estavam entre as quase trezentas pessoas que compareceram ao seu funeral, em 27 de fevereiro, em Glenn Dale, Maryland, um subúrbio de Washington. Os funcionários da Casa Branca, entre eles alguns ainda na ativa, sentaram-se juntos em bancos do lado esquerdo da igreja. Havia carpinteiros e pintores, curadores e cozinheiros, todos cantarolando a canção gospel "Oh, I Want So See Him".

O ex-contínuo Skip Allen veio de carro de sua casa na Pensilvânia, uma viagem de quase duas horas, para estar presente no funeral do amigo. O antigo diretor Gary Walters ("Conhecia Cletus desde a década de 1970. Conheço seu filho") e o ex-*chef* confeiteiro Roland Mesnier ("Se eu dizia que precisava de alguma coisa em 25 minutos, o Cletus resolvia em dez") se mantinham lado a lado enquanto assistiam a imagens projetadas em dois telões de Cletus posando ao lado de presidentes e primeiras-damas ao longo de décadas; Cletus radiante entre os Clinton em uma festa de Natal, Cletus apertando a mão de George W. Bush no Salão Oval, Cletus entre o presidente Ronald Reagan e a primeira-dama Nancy Reagan. As famílias mudavam, mas o contagiante sorriso de Cletus permanecia o mesmo. Ele nunca se deslumbrou com a proximidade do poder, permanecendo um homem humilde, amado por amigos e familiares.

Cletus levava a ferro e fogo o código de discrição dos empregados. "Sou como um fantasma", contou-me. "Somos uma mosca na parede: não ouvimos nada, não vemos nada, não dizemos nada." Cletus nunca deixou de ter consciência do quão incrível era seu emprego. Ser pintor na Casa Branca exigia aprender, por exemplo, como operar gruas para pintar paredes externas de trinta metros de altura, mas também como lidar com os caprichos de cada nova família. Como a oficina de pintura ficava no subsolo, onde não havia luz natural suficiente, ele costumava levar suas amostras de tinta para fora a fim de ver melhor as cores. Durante o governo Clinton, ele batalhou para encontrar o tom perfeito para o Salão Oval Amarelo, que não era pintado fazia décadas. "Não havia nenhuma anotação de qual era a cor original ou qual mistura tinha sido feita para chegar a ela. Eu acabei preparando uma nova cor e Hillary gostou mais do que da original!" Como muitos dos seus colegas, Cletus foi testemunha ocular da história; ele estava no Solário do terceiro andar misturando tintas com a senhora Reagan e seu decorador de interiores quando ela recebeu a notícia de que o marido tinha sido baleado. "Nunca me esquecerei disso", ele disse, se arrepiando.

O almirante Stephen Rochon, que dirigiu a residência de 2007 a 2011, fez o discurso fúnebre em homenagem a Cletus, descrevendo-o como um "homem humilde e despretensioso". "Levou a sério seu trabalho de manter a casa mais famosa do mundo lindamente pintada para oito presidentes e primeiras-damas." Rochon lembrou-se da ocasião em que a primeira-dama Laura Bush desautorizou seu próprio decorador de interiores e ficou ao lado de Cletus na hora de escolher uma cor para um quarto da residência. "Mesmo sendo diretor, eu olhava com respeito imenso para este homem íntegro, sentia que deveria me dirigir a ele como 'senhor Clark'", contou Rochon à congregação. "Em vez disso, no entanto, ele insistia em ser chamado apenas de Cletus. Cheguei a tentar convencê-lo a me chamar de Steve, mas ele respondeu: 'Certo, Almirante'." Carolyn Clark, esposa de Cletus, me contou que a chuva de manifestações de amor e admiração por seu marido foi "acachapante". Numa conversa recente, ela disse que está tocando a vida da melhor maneira possível. "Tenho de seguir em frente, porque é isso que Cletus gostaria que eu fizesse."

Essas pessoas que dedicam sua vida à Casa Branca têm o mesmo "coração sempre disposto a servir", como disse o pastor em relação a Lynwood. Sou muito agradecida por elas terem me contado suas histórias, especialmente porque, para algumas, esta acabou sendo a única vez que tiveram a oportunidade de compartilhar suas memórias com o resto do mundo.

Agradecimentos

Poucas semanas após o nascimento da nossa filha Charlotte, saí um pouco de casa para tomar ar fresco e ver se havia correspondência na caixa do correio. Fiquei surpresa ao encontrar um envelope imaculadamente branco. O endereço do remetente era "Pennsylvania Avenue, 1.600". Era uma mensagem assinada pelos Obama nos cumprimentando pelo nascimento da Charlie. Esse tipo de carta normalmente é enviado a VIPs, amigos e familiares de funcionários da Casa Branca e eu não conseguia imaginar quem teria feito isso por nós. Não porque eu não conhecesse ninguém que faria esse tipo de gentileza, mas, ao contrário, porque havia simplesmente gente demais que, sim, poderia ter tomado a delicada iniciativa.

Para minha pesquisa, entrevistei mais de cem funcionários da mansão, assessores presidenciais e membros da primeira-família, e muitos deles foram profundamente generosos. No fim, por eliminação, acabei identificando o remetente: o chefe da despensa Bill Hamilton, que havia começado a carreira na residência oficial quando Eisenhower era o presidente. Quando liguei para agradecer, Hamilton respondeu: "Puxa, me desculpe. Eu queria ter mandado o cartão antes". Essas pessoas são assim. Dedicaram-se a cuidar da primeira-família e nada têm a ver com os operadores do mundo político, que só pensam nos próprios umbigos, tão comuns nesta cidade.

Na verdade, os funcionários parecem continuar sendo cuidadores profissionais pelo resto de suas vidas.

Este livro me levou a uma jornada que começou em outubro de 2012, quando eu estava 24 horas por dia cuidando do Graham, nosso filho recém-nascido. Com os olhos já turvos, eu estava assistindo a uma maratona da série *Dowton Abbey* e fiquei fascinada pelo relacionamento intenso entre dois grupos de pessoas que conviviam no mesmo espaço físico, mas que eram totalmente diferentes entre si. Isso imediatamente me fez lembrar de um almoço privado de repórteres com a primeira-dama Michelle Obama ao qual eu comparecera. Lembrei-me dos arranjos florais cor-de-rosa e verdes e das taças de champanhe tilintando no meio do dia – para uma repórter acostumada a comer sanduíches em um cubículo enfurnado no subsolo da Casa Branca, aquilo me pareceu extremamente luxuoso. Mas o que mais se destacava na minha lembrança era a imagem de um mordomo, que parecia deslizar silenciosamente ao sair e entrar no ambiente.

Iniciei então o projeto de encontrar essas pessoas que mantêm a famosa mansão funcionando, e a experiência mostrou-se muito mais reveladora do que eu poderia supor. Tive o privilégio de entrevistar empregados que viram um lado brincalhão de Jackie Kennedy quando estava nos aposentos privados da família e entrevistei o eletricista que caminhou em um emocionado percurso do Salão Oval até a ala residencial ao lado do presidente Richard Nixon logo depois de este anunciar sua renúncia.

Nada disso teria sido possível sem a generosidade dos seguintes funcionários da Casa Branca, muitos dos quais abriram suas casas e seus corações para mim: Christine Limerick, Lynwood Westray, Skip Allen, Betty Finney, Bob Scanlan, Bill Hamilton, James Jeffries, Roland Mesnier, Nelson Pierce, Frank Ruta, Cletus Clark, Stephen Rochon, Bill Cliber, Linsey Little, Wendy Elsasser, Chris Emery, Ronn Payne, James Hall, Wilson Jerman, Worthington White, Gary Walters, Betty Monkman, Mary Prince, Walter Scheib, Vincent Contee, Milton Frame, John Moeller, Jim Ketchum, Tony Savoy, Ivaniz Silva, Nancy Mitchell, Providencia Paredes, Ann Amernick,

Pierre Chambrin, Alvie Paschall e Herman Thompson. Margaret Arrington compartilhou comigo histórias sobre seu marido, Reds, já falecido, e Charles Allen falou com grande carinho sobre seu pai, Eugene. Faço aqui um agradecimento especial a James Ramsey, cujo sorriso iluminou uma casa inteira. Sou muito agradecida pelo tempo que passamos juntos.

Nada disso teria sido possível sem meu agente literário, Howard Yoon. Ele acreditou em mim desde o princípio e esteve presente em todas as etapas. Além de ser um agente muito talentoso, é também um bom amigo, que me deu sábias dicas sobre como cuidar dos filhos ao longo dos anos. Sou grata também à notável Gail Ross e à Dara Kaye, que também faz parte do time de craques da Ross Yoon Agency. O lema deles é "Livros mudam vidas". Posso dizer que certamente mudaram a minha, e fico feliz por isso.

Também gostei muito de trabalhar com o talentosíssimo Cal Morgan, da Harper-Collins, cujas revisões ajudaram a dar maior clareza e vivacidade ao original, e à competente Emily Cunningham, por colocar tanta energia no projeto e por trabalhar para que o livro alcançasse todo seu potencial. Também sou grata ao apoio do visionário Jonathan Burnham e pela orientação do meu primeiro editor, Tim Duggan, cuja paixão pelo tema do livro era contagiante. E um obrigada à Robin Bilardello, cujo projeto gráfico de capa superou todas as minhas expectativas, e à Beth Silfin, por suas opiniões abalizadas.

Sou muitíssimo grata ao meu marido, Brooke, que eu sempre quero ver mais e mais e que torna minha vida muito mais doce. E aos nossos incríveis filhos, Graham e Charlotte, que nos trazem tanta felicidade. Agradeço à minha mãe, Valerie, a mulher mais inteligente e carinhosa que eu conheço. (Ela é também uma editora muito capacitada que me ajudou a organizar estas histórias e a encontrar minha voz.) E ao meu maravilhoso pai, Christopher, que é o meu maior exemplo e que instilou confiança em minha irmã, Kelly, e em mim. Kelly, é muito legal vê-la crescer e se transformar em uma mulher tão inteligente e generosa. Obrigada também à Nancy Brower (também conhecida por Mom Mom), à toda a nossa família extendida, e à

Mini e Elizabeth. Sempre continuarei desejando ter convivido mais com Bill Brower, que foi um bom homem, um grande pai e um carinhoso Pop Pop.

As primeiras-damas que entrevistei tinham a intenção de dar destaque às pessoas que tornaram suas vidas na Casa Branca suportáveis. Agradeço pelo tempo que dedicaram e por suas percepções, conhecedoras profundas que são da vida na Casa Branca. Laura Bush me falou sobre o horror que foi o 11 de Setembro e como foi o processo de recuperação pelo qual passaram, juntos, ela e a equipe de empregados. Barbara Bush rememorou a amizade e o clima descontraído com os funcionários. "Você não brinca e se diverte com quem você não gosta. Você só caçoa de quem você gosta... E eles retrucavam, me provocando também. Eu merecia." Rosalynn Carter elogiou os funcionários por fazerem sua família se sentir mais à vontade durante os tensos 444 dias da crise dos reféns do Irã. Ela me pareceu sinceramente comovida pela gentileza que lhe dedicaram. Tricia Nixon, Luci e Lynda Johnson, Steve e Susan Ford, e Ron Reagan ajudaram a revelar realmente o que é viver na "grande prisão branca".

Também gostei muito de conversar com as ex-chefes de cerimonial Amy Zantzinger, Desirée Rogers, Julianna Smoot e Bess Abell. Agradeço a ajuda de Sally McDonough, Kaki Hockersmith, Melissa Montgomery, Deanna Congileo e Wren Powell. Agradeço aos assessores presidenciais que contribuíram com uma visão importante sobre a relação entre a equipe de colaboradores políticos e os funcionários da mansão; são eles: Anita Dunn, Reggie Love, Katie Johnson, Katie McCormick Lelyveld, Reid Cherlin, Adam Frenkel, Julianna Smoot, Andy Card e Anita McBride.

Obrigada também ao Pete Williams, vencedor do prêmio Emmy, que generosamente fez a minha foto para a orelha do livro e conseguiu me fazer rir no processo. Também sou grata ao departamento de curadoria e patrimônio histórico da Casa Branca, à White House Historical Association e aos funcionários da Biblioteca e Museu Presidencial John F. Kennedy, da Biblioteca e Museu Presidencial Lyndon Baines Johnson, da Biblioteca e Museu Presidencial Richard Nixon, da Fundação Richard Nixon, especialmente a Jonathan

Morroydis, que fez de tudo para ajudar, da Biblioteca e Museu Presidencial Gerald R. Ford, da Biblioteca e Museu Presidencial Jimmy Carter, da Biblioteca e Museu Presidencial Ronald Reagan, da Biblioteca e Museu Presidencial George Bush, da Biblioteca e Museu Presidencial William J. Clinton, e da Biblioteca e Museu Presidencial George W. Bush.

Gayle Tzemach Lemmon me deu este conselho simples e necessário depois de meses e meses de entrevistas e pesquisa: "Sente-se e comece a escrever!". Gayle, que é autora de livros *best-sellers* e também experiente jornalista, foi uma importante leitora-beta para mim ao longo do caminho. Obrigada também às minhas incríveis amigas Erica Werner, Carol Lee, Christina Warner e Annie Kate Pons. Annie, eu também amo "levar a vida com você", mesmo que estejamos em lados opostos do país.

Sou eternamente grata a Al Hunt, da Bloomberg, que me deu a oportunidade de uma vida ao me designar para cobrir a Casa Branca, e à Kathryn Kross, e aos editores Joe Sobczyk, Steve Komarow, Jeanne Cummings e Mark Silva por me ajudarem a descobrir os prazeres de ser repórter.

Mordomos da Casa Branca aguardando para atuar em um jantar oficial oferecido ao presidente francês Valéry Giscard d'Estaing, em 1976.

John Kennedy Jr. em pé nos degraus de sua casinha na árvore no Jardim Sul, observado por sua babá Maud Shaw e pelo *maître* Charles Ficklin. Um dos nove cachorros de estimação dos Kennedy, um terrier galês chamado Charlie, também participa da brincadeira.

Em seu último dia na Casa Branca, Jacqueline Kennedy e John-John se despedem em meio a lágrimas de empregados da residência, entre eles o porteiro Preston Bruce, à esquerda de Jackie.

Caroline Kennedy (a primeira à esq.), dias depois do assassinato de seu pai, na classe do jardim de infância criada especialmente para ela no Solário, localizado no terceiro andar da mansão.

Zephyr Wright (no centro), a cozinheira que trabalhou por muitos anos para os Johnson, em um encontro de empregados da residência oficial da presidência realizado na fazenda Smokey Glen, na periferia de Washington, em junho de 1983. Ela era uma das poucas pessoas que conseguia peitar Lyndon Johnson. Disse que teve de "enfrentá-lo sem se deixar intimidar" muito antes de ele se tornar presidente.

Lynwood Westray (o primeiro em pé à esq.) com o colega mordomo e amigo Samuel Washington (o terceiro da esq. para a dir.) em uma festa de fim de ano com o presidente Johnson, em 16 de dezembro de 1964.

O presidente Nixon com o empregado da cozinha Frankie Blair. Uma noite, eles ficaram jogando boliche até as duas da madrugada. "É possível que uma garrafa de scotch tenha participado da brincadeira", recorda um funcionário.

Steve Ford conversando com (a partir da dir.) o mordomo Johnny Johnson, o *chef* Henry Haller, o mordomo Eugene Allen e o mordomo Alfredo Saenz (o primeira à esq.) à porta da cozinha da família, no segundo andar da mansão.

Amy Carter e sua babá, Mary Prince – que cumpria pena de reclusão por assassinato quando conheceu os Carter –, brincando no Jardim Sul, em fevereiro de 1977. As duas tornaram-se inseparáveis no instante em que se conheceram.

O porteiro Frederick "Freddie" Mayfield apertando as mãos do lendário Muhammad Ali no Salão Azul, após um jantar oficial para o rei Hussein I e a rainha Alia, da Jordânia, em 30 de março de 1976. Mayfield era tão dedicado que adiou uma cirurgia para implantação de ponte de safena porque não queria faltar ao trabalho. Acabou adiando por tempo demais: morreu de ataque cardíaco em 1984, com apenas 58 anos.

O presidente Jimmy Carter e a primeira-dama Rosalynn Carter com empregados da Casa Branca no jantar oficial para o xá do Irã e sua esposa, em 15 de novembro de 1977. Do alto à esquerda, em sentido horário: a arrumadeira Viola Wise, o mordomo Wilson German, Frankie Blair, que trabalhava na cozinha, e o porteiro Frederick "Freddie" Mayfield.

O assessor Chris Emery foi chamado para substituir um mordomo afro-americano e segurar o guarda-chuva que protegia o presidente Reagan de uma chuva inesperada no Jardim Sul durante a histórica visita do líder soviético Mikhail Gorbachev à Casa Branca, em 1987. O mordomo-chefe Gary Walters não queria que parecesse que a Casa Branca era "a última fazenda de escravos", disse Emery.

Nancy Reagan examinando um arranjo de decoração natalina enquanto é observada pelo presidente Reagan e pelos floristas Ronn Payne (segundo da dir. para a esq.) e Nancy Clarke (terceira da dir. para a esq.), em dezembro de 1987. A senhora Reagan era perfeccionista, difícil de agradar. Por conta desse gênio forte, um incidente específico levou um empregado a se demitir.

No Salão Oval, os Reagan se despedem de Eugene Allen em seu último dia de trabalho, em 1986. O mordomo e *maître* de tantos anos foi a inspiração para o filme *O mordomo da Casa Branca* (2013), de Lee Daniels.

Os Clinton tinham uma relação particularmente complicada com os empregados. Nesta foto, o presidente Clinton cumprimenta a governanta-chefe Christine Limerick na frente da rouparia da residência no dia da posse, em 20 de janeiro de 1993. Ao fundo, a arrumadeira Anita Castelo.

O *chef* confeiteiro Roland Mesnier com Hillary Clinton, em 8 de março de 1996. Mesnier trabalhava na Casa Branca durante o escândalo Lewinsky e mantinha-se pronto para receber uma ligação da primeira-dama pedindo que lhe preparasse sua sobremesa favorita, bolo mocha, quando estava tendo um dia especialmente difícil.

O mordomo James Jeffries e sua mãe, Estelle, irmã dos lendários mordomos da Casa Branca, John e Charles Ficklin, em uma festa de Natal na mansão com o presidente George W. Bush e Laura Bush, em 19 de dezembro de 2006.

O presidente George W. Bush e sua família adoravam o mordomo James Ramsey. E Ramsey também os adorava. "Mesmo que viva cem anos, nunca esquecerei sua família", disse Ramsey.

O presidente Obama conversa com o diretor Stephen Rochon em sua caminhada diária da ala residencial para o Salão Oval, em 6 de março de 2009. O presidente costuma usar esses momentos para fazer qualquer reclamação sobre o funcionamento da mansão. "Se a pressão da água não está boa ou se o wi-fi não está funcionando, você precisa falar com alguém sobre isso, certo?", diz o ex-assessor de Obama, Reggie Love.

O mordomo James Ramsey, conversando com Sasha e Malia Obama no Salão de Jantares Oficiais, é observado pela avó das meninas, Marian Robinson. Os Obama têm uma relação singular com a equipe de mordomos, composta majoritariamente por afro-americanos.

Mais de cinquenta anos depois de seu primeiro dia na Casa Branca, o porteiro Wilson Jerman conduz os Obama no elevador para a ala residencial da mansão, em 4 de maio de 2009. Jerman se lembra até hoje de, em pé sob o Pórtico Norte da Casa Branca, ouvir o ploc, ploc, ploc do casco dos cavalos enquanto o caixão do presidente Kennedy, coberto pela bandeira do país, era levado para a Rotunda do Capitólio, onde ficaria exposto e receberia as honrarias oficiais.

Fontes e Notas

Notas sobre a apuração

Em minha pesquisa para *Por dentro da Casa Branca* tive conversas abertas com mais de cem pessoas com algum envolvimento direto com a Casa Branca. Entrevistei três ex-primeiras-damas, filhos ou filhas de quatro ex-presidentes e inúmeros assessores presidenciais. No entanto, os detalhes mais reveladores emergiram a partir de minhas conversas com cerca de cinquenta antigos funcionários da mansão e um ainda na ativa, a maior parte dos quais nunca havia falado com tanta riqueza de detalhes sobre suas experiências servindo as primeiras-famílias dos Estados Unidos. Na verdade, a maioria deles nunca havia sido abordada por um repórter antes. Muitas dessas conversas se realizaram pessoalmente. Em algumas poucas situações, as fontes pediram para não ter suas identidades reveladas devido à delicadeza dos assuntos e eu atendi seus pedidos. Os relatos dessas fontes primárias da vida na mansão foram complementados por extensa pesquisa em arquivos, inclusive registros orais obtidos em bibliotecas presidenciais, livros de memórias escritos por empregados da residência e assessores políticos, bem como biografias.

Introdução

Para este capítulo, a autora baseou-se em conversas com Laura Bush, Rosalynn Carter, Barbara Bush, Reggie Love, Reid Cherlin, Susan Ford, Frank Ruta, Betty Finney, Amy Zantzinger, Stephen Rochon, Ron Reagan, Cletus Clark, Katie Johnson, Tricia Nixon, Julianna Smoot, Katie McCormick Lelyveld, Bob Scanlan, Tony Savoy, Nelson Pierce, Christine Limerick, Walter Scheib, Skip Allen, Ronn Payne, Roland Mesnier e Worthington White. Fontes secundárias a partir de material já publicado: Preston Bruce, *From the Door of the White House* (Nova York: Lothrop, Lee and Shepard Books, uma divisão da William Morrow and Company, Inc., 1984); Lillian Rogers Parks com Frances Spatz Leighton, *My Thirty Years Backstairs at the White House* (Nova York: Ishi Press International, 1961); Faye Fiore, "Jacqueline Kennedy's Pink Hat is a Missing Piece of History", *Los Angeles Times*, 26 de janeiro de 2011; Dominique Mann, "In Wake of New Film 'The Butler', Black Ex-White House Staffers Reflect", *MSNBC.com*, 14 de setembro de 2013; Hillary Rodham Clinton, entrevista da primeira-dama à *House Beautiful*, 30 de novembro de 1993, por Marian Burros, Biblioteca e Museu Presidencial William J. Clinton; "Jacqueline Kennedy in the White House", Biblioteca e Museu Presidencial John F. Kennedy; Sue Allison Massimiano, "Those Who Serve Those Who Serve", *Life*, "*The White House 1792–1992*", 30 de outubro de 1992; (FY) 2014 Congressional Budget Submission – the White House; o registro oral da história de Preston Bruce está disponível na Biblioteca e Museu Presidencial John F. Kennedy; Liz McNeil, "Jackie Kennedy: New Details of her Heartbreak", *People*, 13 de novembro de 2013; Carol D. Leonnig, "Secret Service Fumbled Response to 2011 Shooting", *Washington Post*, 28 de setembro de 2014; Carol D. Leonnig, "White House Intruder was Tackled by Off-Duty Secret Service Agent", *Washington Post*, 30 de setembro de 2014; William Safire, "Inside the Bunker", *New York Times*, 13 de setembro de 2001; Laura Bush, *Spoken from the Heart* (Nova York: Scribner, 2010); Letitia Baldrige, *A Lady, First: My Life in the Kennedy White House and the American Embassies of Paris and Rome*

(Nova York: Viking Penguin, 2001); James Bennet, "Testing of a President: The Overview; Clinton Admits Lewinsky Liaison to Jury; Tells Nation 'It Was Wrong, but Private'", *New York Times,* 18 de agosto de 1998; Courtney Thompson, "Obamas Called on Chicago Vendors for State Dinner Décor, Stage and Lighting", *BizBash*, 2 de dezembro de 2009; Abigail Adams, "Letter to Her Daughter from the New White House", White House Historical Association, 21 de novembro de 1800; White House Dimensions and Statistics, White House Historical Assiociation; J. B. West com Mary Lynn Kotz, *Upstairs at the White House: My Life with the First Ladies* (Nova York: Warner Books, 1973); Carl Cannon, "November 21, 1963", *Real Clear Politics,* 21 de novembro de 2013; Claire Faulkner, "Ushers and Stewards Since 1800", *White House History: At Work in the White House: Journal of the White House Historical Association,* n. 26, 2009; Robert Klara, *The Hidden White House: Harry Truman and the Reconstruction of America's Most Famous Residence* (Nova York: Thomas Dunne Books, St. Martin's Press, 2013); William Seale, *The President's House*, volumes I e II (Washington, D. C.: White House Historical Association with the cooperation of the National Geographic Society, 1986); Katherine Skiba, "Chicagoans and the Forefront of White House Holiday Décor", *Chicago Tribune*, 5 de dezembro de 2013; Walter Scheib and Andrew Friedman, *White House Chef, Eleven Years, Two Presidents, One Kitchen* (Hoboken: John Wiley and Sons, Inc., 2007); Sheila Rabb Weidenfeld, *First Lady's Lady: With the Fords at the White House* (Nova York: G. P. Putnam's Sons, 1979); John and Claire Whitcomb, *Real Life at the White House: 200 Years of Daily Life at America's Most Famous Residence* (Nova York: Routledge, 2002); William Seale, "Secret Spaces at the White House?", *White House History: Special Spaces: Journal of the White House Historical Association*, n. 29, 2011.

Capítulo I – Caos controlado

Para este capítulo, a autora baseou-se em conversas com Desirée Rogers, Luci Baines Johnson, Rosalynn Carter, Stephen Rochon,

Barbara Bush, Nelson Pierce, James Jeffries, Kaki Hockersmith, Bill Cliber, Betty Monkman, Laura Bush, Gary Walters, Bess Abell, Christine Limerick, Bob Scanlan, Tony Savoy, Skip Allen, Katie Johnson, Jim Ketchum, Chris Emery, Linsey Little, Ronn Payne, Walter Scheib, Michael "Rahni" Flowers, Daryl Wells, David Hume Kennerly, Milton Frame, Roland Mesnier, Reggie Love, Ivaniz Silva, Cletus Clark, Susan Ford, Lynwood Westray e Katie McCormick Lelyveld. Fontes secundárias a partir de material já publicado: Michael Ruane e Aaron C. Davis, "D. C.'s Inauguration Head Count: 1.8 Million", *Washington Post*, 22 de janeiro de 2009; Krissah Thompson e Juliet Eilperin, "The Elusive Mrs. R: Marion Robinson, the White House's Not-So-Typical Live-In Grandma", *Washington Post,* 31 de março de 2014; Kate Andersen, "Roger Heats Up Obama Social Calendar That Economy Can't Chill", *Bloomberg,* 10 de abril de 2009; Kate Andersen, "Obama Invites LeBron James to Play at White House Court Opener", *Bloomberg*, 20 de junho de 2009; Letitia Baldrige, *A Lady, First: My Life in the Kennedy White House and the American Embassies of Paris and Rome* (Nova York: Viking Penguin, 2001); Laura Bush, *Spoken from the Heart* (Nova York: Scribner, 2010); entrevista com o presidente Barack Obama, *The Tom Joyneer Morning Show*, 27 de agosto de 2013; entrevista com a primeira-dama Michelle Obama e Jill Biden, *The Gayle King Show*, 19 de abril de 2011; Thom Patterson, "Special Ops: How to Move a President in a Few Hours", CNN, 19 de janeiro de 2009; Traphes Bryant com Frances Spatz Leighton, *Dog Days at the White House* (Nova York: Macmillan Publishing Co., Inc., 1975); Preston Bruce, *From the Door of the White House* (Nova York: Lothrop, Lee and Shepard Books, uma divisão da William Moorow and Company, Inc., 1984); Alonzo Fields, *My 21 Years in the White House* (Nova York: Crest Books, 1961); Anne Kornblut, "Reggie Love, Obama 'Body Man', to Leave White House by Year's End", *Washington Post*, 10 de novembro de 2011; Carl Anthony, "Jackie Kennedy's Last White House Days & What She Found in JFK's Desk", carlanthonyonline.com, 6 de dezembro de 2013; Patricia Leigh Brown, "A Redecorated White House, the Ways the Clintons Like

It", *New York Times*, 24 de novembro de 1993; "Power Shifts Hand in Flurry of Activity", *USA TODAY*, 22 de janeiro de 2001; Sally Bedell Smith, *For the Love of Politics: Inside the Clinton White House* (Nova York: Random House, 2007); Ann Devroy e Ruth Marcus, "Clinton Takes Oath as 42nd President Asking Sacrifice, Promising Renewal", *Washington Post*, 21 de janeiro de 1993; Nancy Gibbs e Michael Duffy, *The President's Club: Inside the World's Most Exclusive Fraternity* (Nova York: Simon and Schuster, 2012); Lauren Collins, "The Other Obama: Michelle Obama and the Politics of Candor", *New Yorker*, 10 de março de 2008; Jodi Kantor, *The Obamas* (Nova York: Little, Brown and Company, 2012); Roland Mesnier com Christian, Malard, *All the President's Pastries: Twenty-Five Years in the White House* (Paris: Flammarion, SA, 2006); Lady Bird Johnson, *A White House Diary* (Nova York: Holt, Rinehart and Winston, 1970); entrevista de Nancy Mitchell a James Deutsch para o Ralph Rinzler Folklife Archives and Collections do Center for Folklife and Cultural Heritage do Instituto Smithsonian, Washington, D. C., 27 de agosto de 2007; Henry Haller, entrevista para o Ralph Rinzler Folklife Archives and Collections do Center for Folklife and Cultural Heritage do Instituto Smithsonian, Washington, D. C., 27 de agosto de 2007; Sheryl Gay Stolberg, "On Moving Day for 2 First Families, a Bit of Magic by 93 Pairs of Hands", *New York Times*, 20 de janeiro de 2009; J. B. West com Mary Lynn Kotz, *Upstairs at the White House: My Life With the First Ladies* (Nova York: Warner Books, 1973); Tim Carman, "White House Memories: *Chef* John Moeller on Pretzels, Maple Syrup and Calorie Counting", *Washington Post*, 18 de fevereiro de 2014; Nancy Reagan e William Novak, *My Turn* (Nova York: Random House, 1989); Liz Carpenter, *Ruffles and Flourishes* (Nova York: Doubleday, 1970); John e Claire Whitcomb, *Real Life at the White House: 200 Years of Daily Life at America's Most Famous Residence* (Nova York: Routledge, 2002); Hillary Rodham Clinton, entrevista da primeira-dama para a *House Beautiful*, 30 de novembro de 1993, por Marian Burros, Biblioteca e Museu Presidencial William J. Clinton; presidente Bill Clinton e primeira-dama Hillary Rodham Clinton, entrevista para a *National Geographic*, 25 de julho de 1995,

Biblioteca e Museu Presidencial William J. Clinton; os registros orais das histórias de Anne Lincoln e J. B. West podem ser encontrados na Biblioteca e Museu Presidencial John F. Kennedy; "Clinton Ok'd Using Lincoln Bedroom for Contributors", CNN, 25 de fevereiro de 1997; Jim Kuhnhenn, "Obama Returns to Chicago Home After Illinois Fundraiser", Associated Press, 2 de junho de 2012; Barbara Bush, *Barbara Bush: A Memoir* (Nova York: Scribner, 1994); Andrew Rosenthal, "Bush Encounters the Supermarket, Amazed", *New York Times*, 5 de fevereiro de 1992.

Capítulo II: Discrição

Para este capítulo, a autora baseou-se em conversas com Rosalynn Carter, James Ramsey, Stgephen Rochon, Skip Allen, Jane Erkenbeck, Betty Monkman, Worthington White, Reggie Love, Cletus Clark, Laura Bush, Gary Walters, Bill Hamilton, Barbara Bush, Herman Thompson, Margaret Arrington, Frank Ruta, Walter Scheib, Roland Mesnier, Nelson Pierce, Ron Reagan, Steve Ford, Vincent Contee, Luci Baines Johnson, Ronn Payne, Ivaniz Silva, James Jeffries, Susan Ford, Bess Abell, Andy Card, Katie McCormick Lelyveld, Katie Johnson, Tony Savoy, Chris Emery e Christine Limerick. Fontes secundárias a partir de material já publicado: Gerald Boyd, "Nancy Reagan's Maid Is Accused of Helping to Export Ammunition", *New York Times*, 14 de agosto de 1986; Irwin "Ike" Hoover, "Who's Who, and Why, in the White House", *Saturday Evening Post*, 10 de fevereiro de 1934; Wilson Jerman, entrevista para o Ralph Rinzler Folklife Archives and Collections do Center for Folklife and Cultural Heritage do Instituto Smithsonian, Washington, D. C., 2 de outubro de 2007; Walter Scheib e Andrew Friedman, *White House Chef: Eleven Years, Two Presidents, One Kitchen* (Hoboken: John Wiley Sons, Inc., 2007); Roland Mesnier com Christian Malard, *All the President's Pastries: Twenty-Five Years in the White House* (Paris: Flammarion, SA, 2006); Alonzo Fields, *My 21 Years in the White House* (Nova York, Crest Books, 1961); Sheila Rabb Weidenfeld, *First Lady's Lady: With the Fords at the White House* (Nova York: G. P. Putnam's Sons, 1979);

White House Historical Association, "The Working White House"; Douglas Jehl, "Chief White House Usher 'Grounded'", *New York Times*, 18 de março de 1994; John e Claire Whitcomb, *Real Life at the White House: 200 Years of Daily Life at America's Most Famous Residence* (Nova York: Routledge, 2002); J. B. West com Mary Lynn Kotz, *Upstairs at the White House: My Life with the First Ladies* (Nova York: Warner Books, 1973); Traphes Bryant, *Dog Days at the White House* (Nova York: Macmillan Publishing Co., 1975); o registro oral da história de Betty Monkman pode ser encontrado na Biblioteca e Museu Presidencial Gerald R. Ford; Hillary Rodham Clinton, *An Invitation to the White House* (Nova York: Simon and Schuster, 2000); "Maid Cleared, Nancy Reagan Wants Her Back", United Press International, 4 de novembro de 1986; Betty Monkman, entrevista para o Ralph Rinzler Folklife Archives and Collections do Center for Folklife and Cultural Heritage do Instituto Smithsonian, Washington, D. C., 27 de agosto de 2007.

Capítulo III – Dedicação

Para este capítulo, a autora baseou-se em conversas com Barbara Bush, Cletus Clark, Rosalynn Carter, James Jeffries, Letitia Baldrige, Nelson Pierce, Roland Mesnier, Worthington White, Wendy Elsasser, Linsey Little, Christine Limerick, Chris Emery, Gary Walters, Skip Allen, Katie Johnson, Luci Baines Johnson, Desirée Rogers, Stephen Rochon, Nancy Reagan, por intermédio de sua assistente Wren Powell, e Tony Savoy. Fontes secundárias a partir de material já publicado: Barbara Bush, *Barbara Bush: A Memoir* (Nova York: Scribner, 1994); J. B. West com Mary Lynn Kotz, *Upstairs at the White House: My Life with the First Ladies* (Nova York: Warner Books, 1973); Sheila Rabb Weidenfeld, *First Lady's Lady: With the Fords at the White House* (Nova York: G. P. Putnam's Sons, 1979); Irwin Hoover, "Who's Who and Why, in the White House", *Saturday Evening Post*, 10 de fevereiro de 1934; o registro oral da história de Zephyr Wright pode ser encontrado na Biblioteca e Museu Presidencial Lyndon Baines Johnson; o registro oral da história de

Isaac Avery pode ser encontrado na Biblioteca e Museu Presidencial John F. Kennedy; Sue Allison Massimiano, "Those Who Serve Those Who Serve",*Life, The White House, 1792–1992*, 30 de outubro de 1992; Carol D. Leonnig, "Secret Service Fumbled Response to 2011 Shooting",*Washington Post,* 28 de setembro de 2014; Carol D. Leonnig, "White House Intruder Was Tackled by Off-Duty Secret Service Agent", *Washington Post,* 30 de setembro de 2014: Roland Mesnier com Christian Malard, *All the President's Pastries: Twenty-Five Years in the White House* (Paris: Flammarion, SA, 2006); Gerald Boyd, "Nancy Reagan's Maid Is Accused of Helping to Export Ammunition", *New York Times,* 14 de agosto de 1986; "Former White House Chief Usher Recalls Serving 7 Presidents at Oakland Town Hall", *Oakland Press News,* 9 de abril de 2014; "Maid Cleared, Nancy Reagan Wants Her Back", United Press International, 4 de novembro de 1986.

Capítulo IV – Solicitações incomuns

Para este capítulo, a autora baseou-se em conversas com Luci Baines Johnson, Barbara Bush, Skip Allen, Margaret Arrington, Bill Cliber, Herman Thompson, Christine Limerick, Frank Ruta, Wendy Elsasser, Roland Mesnier, Cletus Clark, Bess Abell, Ronn Payne, Lynda Bird Johnson Robb e John Moeller. Fontes secundárias a partir de material já publicado: Hillary Rodham Clinton, entrevista da primeira-dama para a *House Beautiful,* 30 de novembro de 1993, por Marian Burros; Biblioteca e Museu Presidencial William J. Clinton; presidente Bill Clinton e primeira-dama Hillary Rodham Clinton, entrevista para a *National Geographic,* 25 de julho de 1995, Biblioteca e Museu Presidencial William J. Clinton; Sue Allison Massimiano, "Those Who Serve Those Who Serve", *Life, The White House 1792–1992,* 30 de outubro de 1992; Traphes Bryant, *Dog Days at the White House* (Nova York: Macmillan Publishing Co., 1975); Hillary Rodham Clinton, *An Invitation to the White House: At Home with History* (Nova York: Simon and Schuster, 2000); Adam Bernstein, "Rex Scouten, Longtime White House Chief Usher, Dies at 86", *Washington Post,* 22 de fevereiro de 2013; J. B. West com Mary Lynn Kotz, *Upstairs at the White House: My Life with the First Ladies* (Nova York: Warner Books, 1973); Preston Bruce, *From the Door of the White House* (Nova York: Lothrop, Lee and Shepard Books, uma divisão da William Morrow and Company, Inc., 1984); Sheila Rabb Weidenfeld, *First Lady's Lady: With the Fords at the White House* (Nova York: G. P. Putnam's Sons, 1979); o registro oral da história de Zephyr Wright pode ser encontrado na Biblioteca e Museu Presidencial Lyndon Baines Johnson; Wilson Jerman, entrevista para o Ralph Rinzler Folklife Archives and Collections do Center for Folklife and Cultural Heritage do Instituto Smithsonian, Washington, D. C., 2 de outubro de 2007.

Capítulo V – Dias sombrios

Para este capítulo, a autora baseou-se em conversas com Barbara Bush, Bill Cliber, Walter Scheib, Herman Thompson, Gary Walters, Laura Bush, Cletus Clark, Nelson Pierce, Jim Ketchum, Tricia Nixon, Roland Mesnier, Betty Monkman, Ron Reagan, James Hall, Linsey Little, Skip Allen, Chris Emery, Bill Hamilton, Worthingon White, James Ramsey, Betty Finney, Ronn Payne e Tony Savoy. Fontes secundárias a partir de material já publicado: Sheila Rab Weidenfeld, *First Lady's Lady: With the Fords at the White House* (Nova York: G. P. Putnam's Sons, 1979); Laura Bush, *Spoken from the Heart* (Nova York: Scribner, 2010); Preston Bruce, *From the Door of the White House* (Nova York: Lothrop, Lee and Shepard Books, uma divisão da William Morrow and Company, Inc., 1984); Thaphes Bryant com Frances Spatz Leighton, *Dog Days at the White House* (Nova York: Macmillan Publishing Co., Inc., 1975); Todd Purdum, "With Resolve, First Lady Lays Out Defense", *New York Times*, 17 de janeiro de 1996; Hillary Rodham Clinton, entrevista da primeira-dama para a *House Beautiful*, 30 de novembro de 1993, por Marian Burros, Biblioteca e Museu Presidencial William J. Clinton; entrevista de Susan Thomases, Miller Center da Universidade da Virgínia, Projeto História Presidencial Oral William J. Clinton, 6 de janeiro de 2006; Lady Bird Johnson, *A White House Diary* (Nova York: Holt, Rinehart and Winston, 1970); J. B. West com Mary Lynn Kotz, *Upstairs at the White House: My Life with the First Ladies* (Nova York: Warner Books, 1973); Monica Lewinsky Timeline, *Wahington Post*, 13 de setembro de 1998; Roland Mesnier com Christian Malard, *All the President's Pastries: Twenty-Five Years in the White House* (Paris: Flammarion, SA, 2006); Douglas Jehl, "Chief White House Usher 'Grounded'", *New York Times*, 18 de março de 1994; os registros orais das histórias de Maud Shaw e Lawrence J. Arata podem ser encontrados na Biblioteca e Museu Presidencial John F. Kennedy; Jane Whitmore, "Mr. Nixon's Man Manolo Finds His Job Fetching", *Pittsburgh Post-Gazette*, 21 de maio de 1969; Bill Cliber, entrevista para o Ralph Rinzler Folklife Archives and Collections do Center for Folklife and Cultural Heritage do Instituto Smithsonian, Washington, D. C., 22 de agosto de 2007; Henry Haller, entrevista para o Ralph Rinzler Folklife Archives and Collections, Center for Folklife and Cultural Heritage do Instituto Smithsonian, Washington, D. C., 27 de agosto de 2007; Richard Nixon/Frank Gannon entrevista, Biblioteca de Acervos Especiais da Universidade da Geórgia, The Walter J. Brown Media Archives and Peabody Awards Collection, 10 de junho de 1983.

Capítulo VI – Sacrifício

Para este capítulo, a autora baseou-se em conversas com Nelson e Caroline Pierce, Desirée Rogers, Walter Scheib, Bess Abell, Charles Allen, Katies Johnson, Wendy Elsasser, Reid Cherlin, Chris Emery, Worthington White, James Ramsey, James Jeffries, James Hall, Adam Frankel, Linsey Little, Skip Allen, Herman Thompson, Christine Limerick, Luci Baines Johnson, Nancy Reagan, por intermédio de sua assistente Wren Powell, e Lynda Johnson Robb. Fontes secundárias a partir de material já publicado: J. B. West com Mary Lynn Kotz, *Upstairs at the White House: My Life with the First Ladies* (Nova York: Warner Books, 1973); o registro oral da história de Isaac Avery pode ser encontrado na Biblioteca e Museu Presidencial John F. Kennedy; Jodi Kantor, *The Obamas* (Nova York: Little, Brown and Company, 2012); Associated Press "Frederick

Mayfield, 58, Dies; Doorman at the White House", *New York Times*, 16 de maio de 1984; Nancy Mitchell, entrevista por James Deutsch para o Ralph Rinzler Folklife Archives and Collections do Center for Folklife and Cultural Heritage do Instituto Smithsonian, Washington, D. C., 27 de agosto de 2007.

Capítulo VII – Questões de raça

Para este capítulo, a autora baseou-se em conversas com Rosalynn Carter, Luci Baines Johnson, Bess Abell, Lonnie Bunch, Lynwood e Kay Westray, Gloria Nuckles, Alvie Paschall, Mary Prince, Charles Allen, Nelson Pierce, Bill Hamilton, James Jeffries, Chris Emery, Stephen Rochon, Otis Williams, Frank Ruta, Betty Monkman, Herman Thompson, Desirée Rogers, James Ramsey e Tony Savoy. Fontes secundárias a partir de material já publicado: Preston Bruce, *From the Door of the White House* (Nova York: Lothrop, Lee and Shepard Books, uma divisão da William Morrow and Company, Inc., 1984); Jimmy Carter, *Keeping Faith* (Nova York, Bantam Books, 1982); Catherine Clinton, *Mrs. Lincoln, A Life* (Nova York: Harper Perennial, 2010); Clare Crawford, "A Story of Love and Rehabilitation: The Ex-Con in the White House", *People*, 14 de março de 1977; Alonzo Fields, *My 21 Years in the White House* (Nova York: Crest Books, 1961); William Seale, *The President's House,* volume I (Washington, D. C.: White House Historical Association, com a cooperação da National Geographic Society, 1986); John e Claire Whitcomb, *Real Life at the White House: 200 Years of Daily Life at America's Most Famous Residence* (Nova York: Routledge, 2002); White House Historical Association, *African Americans and the White House, 1790s–1840s*; "Michelles Obama's Ancestors: Purnell Shields", *Huffington Post*, 24 de fevereio de 2012; Michelle Obama, entrevista ao programa *Good Morning America* da ABC News, 22 de maio de 2007; os registros orais das histórias de Nancy Tuckerman e Pamela Turnure podem ser encontrados na Biblioteca e Museu Presidencial John F. Kennedy; o registro oral da história de Zephyr Wright pode ser encontrado na Biblioteca e

Museu Presidencial Lyndon Baines Johnson; Traphes Bryant com Frances Spatz Leighton, *Dog Days at the White House* (Nova York: Macmillan Publishing Co., Inc., 1975); *Saturday Night Live*, 12 de março de 1977; Jodi Kantor, *The Obamas* (Nova York: Little, Brown and Company, 2012); Dahleen Glanton e Stacy St. Clair, "Michelle Obama's Family Tree Has Roots in Carolina Slave Plantation", *Chicago Tribune*, 1º de dezembro de 2008.

Capítulo VIII – Fofoca e intriga na cozinha

Para este capítulo, a autora baseou-se em conversas com Bess Abell, Bill Cliber, Lynda Johnson Robb, Christine Limerick, Bill Hamilton, Skip Allen, Ronn Payne, Roland Mesnier, Walter Scheib, Ivaniz Silva, Pierre Chambrin, Ron Reagan, John Moeller e Margaret Arrington. Fontes secundárias a partir de material já publicado: Traphes Bryant com Frances Spatz Leighton, *Dog Days at the White House* (Nova York: Macmillan Publishing Co., Inc., 1975); Robert Rosenblatt, "Harrassment at the White House Alleged", *Los Angeles Times*, 14 de setembro de 2000; J. B. West com Mary Lynn Kotz, *Upstairs at the White House: My Life with the First Ladies* (Nova York: Warner Books, 1973); o registro oral da história de Anne Lincoln pode ser encontrado na Biblioteca e Museu Presidencial John F. Kennedy; o registro oral da história de Zephyr Wright por ser encontrado na Biblioteca e Museu Presidencial Lyndon Baines Johnson; Reds Arrington, entrevista para o Ralph Rinzler Folklife Archives and Collections do Center for Folklife and Cultural Heritage do Instituto Smithsonian, Washington, D.C.; Bill Cliber, entrevista para o Ralph Rinzler Folklife Archives and Collections do Center for Folklife and Cultural Heritage do Instituto Smithsonian, Washington, D. C., 22 de agosto de 2007; Tyler Cabot, "White House *Chefs*", *Atlantic*, 1º de maio de 2005.

Capítulo IX – Crescendo na Casa Branca

Para este capítulo, a autora baseou-se em conversas com Rosalynn Carter, Lynda Johnson Robb, Luci Baines Johnson, Bob Scanlan,

Roland Mesnier, Wendy Elsasser, Walter Scheib, Mary Prince, James Jeffries, Michael "Rahni" Flowers, Gary Walters, Susan Ford, Barbara Bush, Steve Ford, Tony Savoy, Nelson Pierce, Bill Hamilton, Amy Zantzinger, Betty Monkman e Betty Finney. Fontes secundárias a partir de material já publicado: Nancy Mitchell, entrevista por James Deutsch para o Ralph Rinzler Folklife Archives and Collections do Center for Folklife and Cultural Heritage do Instituto Smithsonian, Washington, D. C., 27 de agosto de 2007; Letitia Baldrige, *A Lady, First: My Life in the Kennedy White House and the American Embassies of Paris and Rome* (Nova York: Viking Penguin, 2001); Victorino Matus, "Notes from a White House Kitchen", *Weekly Standard*, 5 de março de 2014; Jose A. DelReal e Ed O'Keefe, "Hill Staffer Elizabeth Lauten Resigns After Remarks About Obama Daughters", *Washington Post*, 1º de dezembro de 2014; Laura Bush, *Spoken from the Heart* (Nova York: Scribner, 2010); Traphes Bryant, *Dog Day at the White House* (Nova York: Macmillan Publishing Co., 1975); Roland Mesnier com Christian Malard, *All the President's Pastries: Twenty-Five Years in the White House* (Paris: Flammarion, SA, 2006); Doug Wead, *All the President's Children: Triumph and Tragedy in the Lives of America's First Families* (Nova York: Atria Books, 2003); Sheila Rabb Weidenfelg, *First Lady's Lady: With the Fords at the White House* (Nova York: G. P. Putnam's Sons, 1979); Helena Andrews, "Jenna Bush Hager, Hanky-Panky, and the White House Roof", *Washington Post*, 4 de dezembro de 2014; J. B West com Mary Lynn Kotz, *Upstairs at the White House: My Life with the First Ladies* (Nova York: Warner Books, 1973); Betty Monkman, entrevista para o Ralph Rinzler Folklife Archives and Collections do Center for Folklife and Cultural Heritage do Instituto Smithsonian, Washington, D. C., 27 de agosto de 2007; C. W. Nevius, "Just Ask Chelsea, Jenna and Barbara: Escaping the Glare of the Spotlight Isn't Easy for Kids Whose Dads Work in the Oval Office", *San Francisco Gate*, 22 de janeiro de 2004; Rachel Swarns, "First Chores", *New York Times*, 22 de fevereiro de 2009.

Capítulo X – Tristeza e esperança

Para este capítulo, a autora baseou-se em conversas com Laura Bush, Bill e Bea Cliber, Wendy Elsasser, Betty Finney, Christine Limerick, Roland Mesnier, Nelson Pierce, Jim Ketchum, Gary Walters, Betty Monkman, Walter Scheib, Bob Scanlan, Ivaniz Silva, Skip Allen, John Moeller e Lynwoord Westray. Fontes secundárias a partir de material já publicado: Lady Bird Johnson, *A White House Diary* (Nova York: Holt, Rinehart e Winston, 1970); Mimi Swartz, "Them's Fightin' Words!", *Texas Monthly*, julho de 2004; Letitia Baldrige, *A Lady, First: My Life in the Kennedy White House and the American Embassies of Paris and Rome* (Nova York: Viking Penguin, 2001); Preston Bruce, *From the Door of the White House* (Nova York: Lothrop, Lee and Shepard Books, uma divisão da William Morrow, 1984); Tom Wicker, "Kennedy Is Killed by Sniper as He Rides in Car in Dallas; Johnson Sworn In on Plane", *New York Times*, 22 de novembro de 1963; Laura Bush, *Spoken from the Heart* (Nova York: Scribner, 2010); Wilson Jerman, entrevista para o Ralph Rinzler Folklife Archives and Collections do Center for Folklife and Cultural Heritage do Instituto Smithsonian, Washington, D. C., 2 de outubro de 2007; Richard Nixon/Frank Gannon, transcrição de entrevista, Biblioteca de Acervos Especiais da Universidade da Geórgia, The Walter J. Brown Media Archives and Peabody Awards Collection, 10 de junho de 1983; Christopher Andersen, *Jackie after Jack* (Nova York: William Morrow and Company, 1998); J. B. West, com Mary Lynn Kotz, *Upstairs at the White House: My Life with the First Ladies* (Nova York: Warner Books, 1973); entrevista com Luci Baines Johnson em *Face the Nation*, na CBS News, 17 de novembro de 2013; os registros orais das histórias de Maud Shaw, Anne Lincoln e Lawrence J. Arata podem ser encontrados na Biblioteca e Museu Presidencial John F. Kennedy.

Epílogo

Para este capítulo, a autora baseou-se em conversas com Laura Bush, Rosalynn Carter, James Jeffries, Nelson Pierce, James Hall, Skip Allen,

Reggie Love, Luci Baines Johnson, James e Valerie Ramsey e Stephen Rochon. Fontes secundárias a partir de material já publicado: Sheila Rabb Weidenfeld, *First Lady's Lady: With the Fords at the White House* (Nova York: G. P. Putnam's Sons, 1979).

Fontes e créditos das fotos

Caderno de fotos– páginas 1 a 4: David Kennerly/Casa Branca, cortesia David Kennerly; Abbie Rowe/ Serviço Nacional de Parques, cortesia Margaret Arrington; Jack Rottier/Serviço Nacional de Parques, cortesia Lynwood Westray; Robert Knudsen/Casa Branca, cortesia Biblioteca e Museu Presidencial John F. Kennedy, Boston; Harold Sellers/Casa Branca, 7 de junho de 1963, cortesia Biblioteca e Museu Presidencial John F. Kennedy, Boston; Robert Knudsen/Casa Branca, 6 de dezembro de 1963, cortesia Biblioteca e Museu Presidencial John F. Kennedy, Boston; Robert Knudsen/Casa Branca, 19 de dezembro de 1963, cortesia Biblioteca e Museu Presidencial John F. Kennedy, Boston; Margaret Arrington, cortesia Margaret Arrington; fotografia oficial da Casa Branca, cortesia Lynwood Westray; Jack Kightlinger/ Casa Branca, cortesia Biblioteca e Museu Presidencial Richard Nixon; David Kennerly/Casa Branca, cortesia Biblioteca e Museu Presidencial Gerald R. Ford; Bill Fitz-Patrick/Casa Branca, cortesia Biblioteca e Museu Presidencial Jimmy Carter; Ricardo Thomas/Casa Branca, cortesia Biblioteca e Museu Presidencial Gerald R. Ford; as quatro fotos do presidente Jimmy Carter e Rosalynn Carter são de autoria de Jack Kightlinger/Casa Branca, cortesia Biblioteca e Museu Presidencial Jimmy Carter.

Caderno de fotos – páginas 5 a 8: Susan Biddle/Casa Branca, cortesia Chris Emery; Pete Souza/Casa Branca, cortesia Ronn Payne; Pete Souza/ Casa Branca, cortesia Biblioteca e Museu Presidencial Ronald Reagan; fotografia oficial da Casa Branca, cortesia Linsey Little; fotografia oficial da Casa Branca, cortesia Ronn Payne; Barbara Kinney/Casa Branca, cortesia Biblioteca e Museu Presidencial William J. Clinton; fotografia oficial da Casa Branca, cortesia Christine Limerick; fotografia oficial da Casa Branca, cortesia Roland Mesnier; cortesia James Jeffries e Biblioteca e Museu Presidencial George W. Bush; fotografias oficiais da Casa Branca, fotógrafos a partir do alto da página: Susan Sterner, Paul Morse, Eric Draper, cortesia Biblioteca e Museu Presidencial George W. Bush; AP Images/Ron Edmonds; Callie Shell/Time Magazine; fotografia oficial da Casa Branca de Samantha Appleton.

Bibliografia

ANDERSEN, Kate. "Rogers Heats Up Obama Social Calendar That Economy Can't Chill". *Bloomberg*, 10 de abril de 2009.

__________ "Obama Invites LeBron James to Play in White House Court Opener". *Bloomberg*, 20 de junho de 2009.

BALDRIGE, Letitia. *A Lady, First: My Life in the Kennedy White House and the American Embassies of Paris and Rome.* Nova York: Viking Penguin, 2001.

BENNET, James. "Testing of a President: The Overview; Clinton Admits Lewinsky Liaison to Jury; Tells Nation 'It Was Wrong, but Private'". *New York Times*, 18 de agosto de 1998.

BOYD, Gerald. "Nancy Reagan's Maid Is Accused of Helping to Export Ammunition". *New York Times*, 14 de agosto de 1986.

BROWN, Patricia Leigh. "A Redecorated White House, the Way the Clintons Like It". *New York Times*, 24 de novembro de 1993.

BRUCE, Preston. *From the Door of the White House.* Nova York: Lothrop, Lee and Shepard Books, uma divisão da William Morrow and Company, Inc., 1984

BRYANT, Traphes; LEIGHTON, Frances Spatz. *Dog Days at the White House.* Nova York: Macmillan, 1975.

BUSH, Barbara. *Barbara Bush: A Memoir.* Nova York: Scribner, 1994.

BUSH, Laura. *Spoken from the Heart.* Nova York: Scribner, 2010.

CARO, Robert. *The Years of Lyndon Johnson: Master of the Senate.* Nova York: Alfred Knopf, 2002.

__________. *The Years of Lyndon Johnson: The Passage of Power.* Nova York: Alfred Knopf, 2012.

CARPENTER, Liz. *Ruffles and Flourishes.* Nova York: Doubleday, 1970.

CARTER, Jimmy. *Keeping Faith: Memoirs of a President.* Nova York: Bantam Books, 1982.

CLINTON, Catherine. *Mrs Lincoln: A Life.* Nova York: Harper Perennial, 2010.

CLINTON, Hillary Rodham. Entrevista da primeira-dama para a *House Beautiful*, por Marian Burros, Biblioteca e Museu Presidencial William J. Clinton, 30 de novembro de 1993.

__________. *An Invitation to the White House: At Home with History.* Nova York: Simon and Schuster, 2000.

CLINTON, William J.; CLINTON, Hillary Rodham. Entrevista para a *National Geographic*, Biblioteca e Museu Presidencial William J. Clinton, 25 de julho de 1995.

COLLINS, Lauren. "The Other Obama: Michelle Obama and the Politics of Candor". *New Yorker*, 10 de março de 2008.

CORAM, James. "A White House 'Fairy Tale' with No Happily ever After". *Baltimore Sun*, 25 de março de 1994.

CRAWFORD, Clare. "A Story of Love and Rehabilitation: The Ex-Con in the White House". *People*, 14 de março de 1977.

FAULKNER, Claire. "Ushers and Stewards Since 1800". White House History: At Work in the White House. *Journal of the White House Historical Association*, n. 26, 2009.

FIELDS, Alonzo. *My 21 Years in the White House.* Nova York: Crest Books, 1961.

GIBBS, Nancy; DUFFY, Michael. *The President's Club: Inside the World's Most Exclusive Fraternity.* Nova York: Simon and Schuster, 2012.

GLANTON, Dahleen; ST. CLAIR, Stacy. "Michelle Obama's Family Tree Has Roots in a Carolina Slave Plantation". *Chicago Tribune*, 1º de dezembro de 2008.

HOOVER, Irwin "Ike". "Who's Who, and Why, in the White House". *Saturday Evening Post*, 10 de fevereiro de 1934.

JEHL, Douglas. "Chief White House Usher 'Grounded'". *New York Times*, 18 de março de 1994.

JOHNSON, Lady Bird. *A White House Diary.* Nova York: Holt, Rinehart and Winston, 1970.

KANTOR, Jodi. *The Obamas.* Nova York: Little, Brown and Company, 2012.

KLARA, Robert. *The Hidden White House: Harry Truman and the Reconstruction of America's Most Famous Residence.* Nova York: Thomas Dunne Books, 2013.

KORNBLUT, Anne, "Reggie Love, Obama 'Body Man', to Leave White House by Year's End". *Washington Post*, 10 de novembro de 2011.

KUHNHENN, Jim. "Obama Returns to Chicago Home After Illinois Fundraiser". Associated Press, 2 de junho de 2012.

MANN, Dominique. "In Wake of New Film 'The Butler', Black Ex--White House Staffers Reflect". *MSNBC*, 14 de setembro de 2013.

MASSIMIANO, Sue Allison. "Those Who Serve Those Who Serve". *Life, The White House 1792–1992,* 30 de outubro de 1992.

MESNIER, Roland; MALARD, Christian. *All the President's Pastries: Twenty-Five Years in the White House.* Paris: Flammarion, SA, 2006.

NEVIUS, C. W. "Just Ask Chelsea, Jenna and Barbara: Escaping the Glare of Spotlight Isn't Easy for Kids Whose Dad Work in the Oval Office". *San Francisco Chronicle*, 22 de janeiro de 2004.

PARKS, Lillian Rogers; LEIGHTON, Frances Spatz. *My Thirty Years Backstairs at the White House.* Nova York: Ishi Press International, 1961.

PATTERSON, Thom. "Special Ops: How to Move a President in a Few Hours". CNN, 19 de janeiro de 2009.

REAGAN, Nancy; NOVAK, William. *My Turn.* Nova York: Random House, 1989.

ROSENTHAL, Andrew. "Bush Encounters the Supermarket, Amazed". *New York Times*, 5 de fevereiro de 1992.

RUANE, Michael; DAVIS, Aaron. "D. C.'s Inauguration Head Count: 1.8 Million". *Washington Post*, 22 de janeiro de 2009.

SCHEIB, Walter; FRIEDMAN, Andrew. *White House Chef: Eleven Years, Two Presidents, One Kitchen*. Hoboken: John Wiley and Sons, 2007.

SCHIFANDO, Peter; JOSEPH, J. Jonathan. *Entertaining at the White House with Nancy Reagan*. Nova York: William Morrow, 2007.

SEALE, William. *The President's House*, volumes I e II. Washington, D. C.: White House Historical Association com a cooperação da National Geographic Society, 1986.

__________. "Secret Spaces at the White House?" White House History: Special Spaces. *Journal of the White House Historical Association* n. 29, 2011.

SEMERAZ, Megan. "Former White House Chief Usher Recalls Serving 7 Presidents at Oakland Town Hall". *Oakland Press News*, 9 de abril de 2014.

SMOLENYAK, Megan. "Michelle Obama's Ancestors: Purnell Shields". *Huffington Post*, 24 de fevereiro de 2012.

SWARNS, Rachel. "First Chores? You Bet". *New York Times*, 22 de fevereiro de 2009.

SWARTZ, Mimi "Them's Fightin' Words!". *Texas Monthly*, julho de 2004.

WEAD, Doug. *All the Presidents' Children: Triumph and Tragedy in the Lives of America's First Familes*. Nova York: Atria, 2003.

WEIDENFELD, Sheila Rabb. *First Lady's Lady: With the Fords at the White House*. Nova York: G. P. Putnam's Sons, 1979.

WEST, J. B.; KOTZ, Mary Lynn. *Upstairs at the White House: My Life with the First Ladies*. Nova York: Warner Books, 1973.

WHITCOMB, John; WHITCOMB, Claire. *Real Life at the White House: 200 Years of Daily Life at America's Most Famous Residence*. Nova York: Routledge, 2002.

Índice remissivo

Este livro foi impresso em Adobe Garamond Pro e Bliss Pro e impresso pela
RR Donnelley para a Editora Planeta do Brasil em junho de 2016.